縄文時代の植物採集活動

―― 野生根茎類食料化の民俗考古学的研究 ――

増訂版

山本 直人

溪水社

まえがき

　海にかこまれ、南北にながい日本列島の自然環境はひじょうに多様であり、こうした自然環境に適応した人びとの生活も多彩である。筆者の場合は、多様な自然環境に適応し、人間がどのようにいき、どのように生活してきたのかということに関心がある。このような関心にそって、日本の考古学で研究をすすめようとしたとき、人間・環境系、すなわち人間と自然環境との関わりが歴史の主題となる縄文時代を対象とするのが最も適しており、縄文時代は研究の絶好の場を提供してくれる。また方法論的には、人間と自然環境の相互関係を究明しようとするので、おのずと生態学的方法をとることになる。この方法論を採用した場合、第一義的な課題は生業や経済基盤の解明ということであり、社会組織や精神文化もそうした生業や経済基盤との関連において考察されることになる（秋道・市川・大塚1995）。

　これまで、このような縄文時代の見方に立脚して研究をすすめてきており、実践的研究の一例として植物採集活動の民俗考古学的研究を紹介しようとするものである。これが本書の第一の目的であり、縄文時代の植物採集活動のなかでも、とくに野生根茎類の食料化に関する仮説を提示しようとするものである。

　第二の目的は、縄文時代の植物採集活動の研究を進展させるうえでの基礎研究を充実させることである。本書における基礎研究とは、遺構・遺物といった考古資料を解釈するための作業仮説を構築することや初歩的なデータを蓄積することを意味する。

　生態人類学者の西田正規氏は佐原真氏との対談のなかで、縄文時代の植物採集活動の研究においては、初歩的な「手のとどくデータの蓄積が弱い」ことを指摘している（西田・佐原1998:22）。基礎的データの蓄積の弱さは、なにもこの分野にかぎったことではなく、日本考古学全般にあてはまることである。縄文時代の植物採集活動の基礎研究は、どちらかというと他のテーマにくらべてすすんでいる方であり、こういう問題点を生態人類学者に指摘されるほどに、日本の考古学では基礎研究が全般的に遅滞しているということである。

　第三の目的は、植物採集活動の研究において民俗考古学的な研究方法を実践し、その研究方法の吟味をこころみることである。伝統的な考古学の方法だけでは問題の解明が困難もしくは限界がある考古資料について、民俗考古学的な研究方法はそれを克服するための一つの手段であり、それによってすべて解明されるわけではないが、現状よりは諸問題のいくつかが解明されることはたしかである。この研究方法の意義は、わからないことの一部をわかるようにすることができるということであり、民俗考古学的な研究方法の吟味を試行するものである。

つぎに、本書の構成と内容をしるしていく。本書は、第1部「生態考古学の方法と研究史」および第2部「縄文時代の植物採集活動の民俗考古学的研究」から構成されている。

　第1部「生態考古学の方法と研究史」は、二つの章から構成されている。第1章では、まず生態学の理論や方法論を確認し、つぎに背後に存在する梅棹忠夫氏の「文明の生態史観」をとりあげ、その内容や梅棹氏の定義する「文明」と「文化」ということばの意味について事実確認をおこなっている。第2章「生態学的方法論による縄文文化研究史」は二つの節からなりたち、第1節では生態学的な歴史観が日本の考古学にどのように導入され、縄文文化の研究がどのように進展してきたのかという研究史についてのべている。第2節では、生態考古学の現状と今後の課題を指摘している。

　第2部「縄文時代の植物採集活動の民俗考古学的研究」は、大きくは序論・本論・結論から構成されている。縄文時代の重要な生業の一つである植物採集活動をとりあげ、民俗考古学的な方法で研究を進展させるとともに、民俗考古学的研究方法の吟味をおこなっている。

　序論「植物採集活動の研究の目的と方法」は二つの章からなり、第1章「植物採集活動の研究史」では研究史を丹念にしらべあげ、今後にのこされた課題はクズ・ワラビ・ウバユリ・ヤマノイモといった野生根茎類の食料化の問題であることを指摘している。それをうけ、第2章「研究の目的と方法」では、野生根茎類の食料化を究明して仮説を提示するという目的と民俗考古学的方法を採用することを明示している。

　本論「根茎類食料化に関する民俗調査と事例研究」は、第3章から第7章の五つの章からなりたっている。第3章「根茎類の植物遺体と食料化が想定される根茎類」では、まず全国の縄文時代の遺跡から出土した根茎類の植物遺体の集成をおこない、その性質から検出例がごく少数で、炭化球根にかたよっている傾向を指摘している。遺跡から出土した植物遺体例はほとんどないにもかかわらず、民俗学的な知識や日常の生活体験から縄文時代にも食料にされたと想定されている野生根茎類が存在し、17種類の根茎類の特徴を記載している。

　このような植物遺体の検出例の少なさを補足するために、第4章から第7章までは、クズ・ワラビ・ヤマノイモなどの根茎類の民俗調査を自分自身で実施し、それをもとに事例研究をおこなっている。

　結論「根茎類食料化の民俗考古学的研究」は、第8章から第11章の四つの章からなり、第8章「クズ・ワラビ食料化に関する民俗モデルの構築と比較」では、生産性と保存性から根茎類のなかでも重要と考えられるクズとワラビについて、民俗調査や事例研究をもとに民俗モデル（作業仮説）をつくりあげている。それらと考古資料と比較・検討し、縄文時代においてもクズやワラビからデンプンをとりだして食料化していたことや、それが少なくとも縄文時代前期までさかのぼることを類推した。

　第9章「根茎類食料化の地域性と季節性」では、最初に、炭化球根類の検出が縄文早期末〜

前期初頭まで遡及すること、掘り棒のなかには前期に属するものがあること、土掘り具としての打製石斧が前期に出現し、時期をおいながら漸次分布範囲を拡大していることなど考古学的事実を明示した。そのうえで、採取用具と採取対象となった根茎類の地域性を推測し、それが前期まで遡及する可能性を指摘した。さらには、東北地方で大きな集落遺跡が多いにもかかわらず、根茎類の採取具としての打製石斧がほとんどみられないのは、木製の掘り棒でウバユリやカタクリが採取されていて、遺物として残存しないからであると解釈した。

　第10章「敲打製石製品出現の技術的背景」では、縄文時代の祭祀や儀礼につかわれたと考えられる敲打製石製品が出現する背景を、野生植物を食料化するときに多用される敲打技術との関連から考察した。すなわち、縄文時代の精神生活を食生活との関係において解明しようとしたものである。

　縄文時代の中期から晩期にかけては、石棒・独鈷石・御物石器など祭祀や儀礼につかわれたと考えられる石製品が多数みられ、敲打が多用されて製作されている。このような石製品を製作するときと根茎類や堅果類といった野生植物を食料化するときに共通する敲打技術とに着目し、敲打製石製品が出現する技術的背景をあきらかにした。堅果類や根茎類といった野生植物を食料化するための技術が時間とともに蓄積されていき、そのなかの敲打という技術が石製品の製作にも応用され、中期前葉から敲打製石製品が出現し、後期から晩期にかけて増加していったと結論づけた。そして後晩期に敲打製石製品の種類や数量が豊富なのは、植物採集活動の発達にともなって自然認識が一段とふかまり、自然に対する畏敬心がつよまることによって、それらが一段と発達していったからであると解釈した。

　第11章「今後の課題」では、縄文時代の植物採集活動に関して、今後にのこされた課題を指摘している。

　なお、本書ではおくり仮名をふる動詞については、基本的には「平仮名」で表記している。

目　次

まえがき ……………………………………………………………………………… i

第1部　生態考古学の方法と研究史

第1章　生態考古学の方法 ………………………………………………………… 3
第2章　生態学的方法論による縄文時代研究史 ………………………………… 7
　　第1節　研究史 ………………………………………………………………… 7
　　第2節　生態考古学の現状と課題 …………………………………………… 12

第2部　縄文時代の植物採集活動の民俗考古学的研究

序　論　植物採集活動研究の目的と方法

第1章　植物採集活動の研究史 …………………………………………………… 15
　　第1節　研究史 ………………………………………………………………… 15
　　第2節　問題の所在 …………………………………………………………… 22
第2章　研究の目的と方法 ………………………………………………………… 25
　　第1節　研究の目的 …………………………………………………………… 25
　　第2節　研究の方法 …………………………………………………………… 25

本　論　根茎類食料化に関する民俗調査と事例研究

第3章　根茎類の植物遺体と食料化が想定される根茎類 ……………………… 29
　　第1節　遺跡出土の根茎類植物遺体 ………………………………………… 29
　　第2節　食料化が想定される根茎類 ………………………………………… 31
第4章　クズ食料化に関する民俗調査 …………………………………………… 39
　　第1節　クズ粉生産地の地理的分布 ………………………………………… 39
　　第2節　調査事例の報告 ……………………………………………………… 41
　　第3節　調査事例の分析 ………………………………………………………108
　　第4節　まとめ …………………………………………………………………118
第5章　ワラビ食料化に関する民俗調査 …………………………………………123
　　第1節　ワラビ粉生産地の地理的分布 ………………………………………123
　　第2節　調査事例の報告 ………………………………………………………129

第3節　調査事例の分析 ……………………………………………………… 158
　　第4節　まとめ ………………………………………………………………… 164

第6章　ヤマノイモ食料化に関する民俗調査 …………………………………… 167
　　第1節　調査事例の報告 ……………………………………………………… 167
　　第2節　調査事例の分析 ……………………………………………………… 174
　　第3節　まとめ ………………………………………………………………… 175

第7章　その他根茎類食料化に関する民俗調査 ………………………………… 177
　　第1節　調査事例の報告 ……………………………………………………… 177
　　第2節　調査事例の分析 ……………………………………………………… 181
　　第3節　まとめ ………………………………………………………………… 187

結　論　根茎類食料化の民俗考古学的研究

第8章　クズ・ワラビ食料化に関する民俗モデルの構築と比較 ……… 191
　　第1節　民俗調査の留意点と問題点 ………………………………………… 191
　　第2節　クズ・ワラビ食料化に関する共通点と相違点 …………………… 193
　　第3節　クズ・ワラビ食料化の工程と関連用具 …………………………… 194
　　第4節　クズ・ワラビ食料化における民具資料と考古資料の比較 ……… 197
　　第5節　考　察 ………………………………………………………………… 211

第9章　根茎類食料化の地域性と季節性 ………………………………………… 213
　　第1節　民俗モデルの構築 …………………………………………………… 213
　　第2節　縄文時代の遺物の検討 ……………………………………………… 218
　　第3節　考　察 ………………………………………………………………… 222

第10章　敲打製石製品出現の技術的背景 ………………………………………… 225
　　第1節　研究の目的と方法 …………………………………………………… 225
　　第2節　敲打製石製品の製作技術 …………………………………………… 227
　　第3節　野生植物の食料化技術 ……………………………………………… 231
　　第4節　考　察 ………………………………………………………………… 233

第11章　今後の課題と展望 ………………………………………………………… 235
　　第1節　今後の課題 …………………………………………………………… 235
　　第2節　その後の進展と展望 ………………………………………………… 236

あとがき ……………………………………………………………………………… 239
引用文献 ……………………………………………………………………………… 241
索　引 ………………………………………………………………………………… 251

図表・写真一覧

表目次
- 表1　クズ・ワラビの採取・加工に関する民具資料と考古資料の対応表 ……195
- 表2　野生根茎類の採取・加工の時期 ……223

挿図目次
- 図1　クズ粉生産地分布図 ……40
- 図2　石川県内クズ粉生産地位置図 ……42
- 図3　石川県押水町山崎のハンギリ計測図 ……54
- 図4　石川県押水町宝達のクズ採取用具・加工用具実測図1 ……64
- 図5　石川県押水町宝達のクズ採取用具・加工用具実測図2 ……65
- 図6　石川県押水町宝達のマワシボウ実測図 ……66
- 図7　福井県上中町熊川のクズ採取用具・加工用具実測図 ……76
- 図8　福井県内の桶計測図1 ……84
- 図9　福井県内のクズ加工用具計測図1 ……85
- 図10　福井県内の桶計測図2 ……86
- 図11　福井県内のクズ加工用具実測図2 ……87
- 図12　福井県内のケショウバコ計測図 ……88
- 図13　島根県内の桶計測図 ……102
- 図14　ワラビ粉生産地分布図 ……124
- 図15　岐阜県高根村日和田のワラビ採取・加工小屋 ……135
- 図16　岐阜県内のトンガ実測図 ……143
- 図17　岐阜県内のフネ計測図 ……145
- 図18　岐阜県内のワラビ加工用具計測図 ……146
- 図19　長野県内のワラビ採取用具・加工用具実測図 ……150
- 図20　長野県内のワラビコブネ計測図 ……151
- 図21　岩手県内のワラビ採取用具実測図 ……154
- 図22　岩手県内のワラビ加工用具実測図・計測図 ……155
- 図23　ヤマノイモ採取用具実測図 ……171
- 図24　石川県内のヤマノイモ採取用具実測図 ……172
- 図25　北海道内のトゥレプタウライニ実測図 ……178
- 図26　北海道内のシッタップ実測図 ……179
- 図27　石川県御経塚遺跡の打製石斧実測図 ……198
- 図28　石川県御経塚遺跡の石皿実測図 ……204
- 図29　福井県鳥浜貝塚の丸木舟・ヨコヅチ実測図 ……208
- 図30　クズ採取用具実測図 ……214
- 図31　ワラビ採取用具実測図1 ……215
- 図32　ワラビ採取用具実測図2 ……216
- 図33　ヤマノイモ採取用具実測図 ……217
- 図34　木製掘り棒実測図 ……219
- 図35　鉤形木鍬・鉤形鹿角鍬実測図 ……220
- 図36　敲打製石製品実測図 ……226
- 図37　青竜刀形石器製作過程模式図 ……230

写真目次

写真 1	石川県押水町山崎におけるクズ採取工程・加工工程	44
写真 2	石川県押水町山崎におけるクズ加工工程1	45
写真 3	石川県押水町山崎におけるクズ加工工程2	46
写真 4	石川県押水町山崎におけるクズ加工工程3	47
写真 5	石川県押水町山崎・宝達におけるクズ採取用具・加工用具	56
写真 6	石川県押水町宝達におけるクズ採取用具・加工用具	57
写真 7	石川県七尾市小川内におけるクズ加工工程1	68
写真 8	石川県七尾市小川内におけるクズ加工工程2	69
写真 9	福井県上中町熊川におけるクズ採取工程・加工工程	74
写真10	福井県上中町熊川におけるクズ加工工程	75
写真11	福井県内のクズ加工用具	84
写真12	奈良県大宇陀町上新におけるクズ加工工程1	94
写真13	奈良県大宇陀町上新におけるクズ加工工程2	95
写真14	島根県温泉津町西田におけるクズ採取用具・加工用具	100
写真15	島根県温泉津町におけるクズ加工用具	101
写真16	福岡県甘木市秋月におけるクズ加工用具	105
写真17	岐阜県高根村日和田におけるワラビ加工工程1	136
写真18	岐阜県高根村日和田におけるワラビ加工工程2	137
写真19	岐阜県高根村日和田におけるワラビ採取用具・加工用具	138
写真20	岐阜県内のワラビ採取用具・加工用具	140
写真21	岐阜県内のワラビ加工用具	141
写真22	ヤマノイモ採取用具	170
写真23	北海道内のオオウバユリ採取用具等	180

第1部
生態考古学の方法と研究史

第1章
生態考古学の方法

　生態学的方法論を考古学に適用する場合には、三つの立場があることを安斎正人氏が指摘しており、第一は「米国考古学の新しい考古学」で、第二は文明の生態史観で、第三は土俗考古学であるとする（安斎1994:55）。また、松井章氏は考古学と生態学の関係について欧米の研究例を紹介している（松井1995）。本章では安斎氏が指摘する三つの立場をすべてとりあつかっているわけではなく、対象とするのは第二の立場のみである。

　最初に、生態考古学の意味をしるしておきたい。ここでいう生態考古学とは、生態学的な歴史観にもとづく考古学研究のことであり、生態学の理論や方法論を考古学の研究にとりいれ、人類史の再構成をこころみようとするものである。採用する生態学の理論や方法論は、今西錦司氏とその周辺の研究者たちのものであり、今西錦司・梅棹忠夫・吉良竜夫の3氏や沼田真氏らの生態学を基盤とするものである。とくに「文明の生態史観」（梅棹1957）を提唱した梅棹忠夫氏から大きな影響をうけているといえるが、「文明の生態史観」自体が同氏の思想の出発点というにすぎず、その適用範囲は時間的・空間的にもひろげられておらず、内容が豊富にされないままになっている。それで生態学的な歴史観といっても、梅棹氏の生態史観そのものではない。

　まず、生態考古学と生態史観の理論的基盤となっている生態学とは何であるか、梅棹忠夫氏の説明を中心にこの点を明確にしておきたい。梅棹忠夫氏と吉良竜夫氏は、生態学の位置づけについて「生物学が、生物的秩序だけについての閉鎖的理論体系である時代はすぎた。生物的秩序における二つのフロントは、生物学における二つのフロンティアである。具体的には、一方の極には生化学・生物物理学、分子生物学などとよばれる一群の領域が物理的秩序と生物的秩序との理論的紐帯となり、一方では、生態学・生物社会学・動物心理学などの名でよばれる諸領域が、生物的秩序と社会・文化的秩序とのかけはしとなる。（中略）われわれは、この現代生物学における第二のフロンティアの諸領域を一括して、広い意味での『生態学』ecology の名をあてる」としている（梅棹・吉良1976:31-32）。また、「生態学の素朴な定義として、『生活体と環境との関係を研究する科学』という表現がとられる場合も少なくない」とのべている（梅棹1976:35）。

　これにつづけて梅棹忠夫氏は、「主体と環境――すなわち生活体と生活の場との関連は、相互的である。環境が主体におよぼす作用を、われわれはアクション action とよび、主体

が環境におよぼす作用をリアクション reaction とよぶ。アクションとリアクションとは、つねに相互的かつ同時的に作用する。(中略) アクション・リアクションの作用様式は、相互的・同時的であるばかりでなく、相加的・漸進的である。(中略) それは、つねに矛盾をふくみ変化をはらみつつ動いていく運動系である。(中略) メスを入れて切りはなすことのできない一つの系——主体・環境系が、うごいている。メスを入れれば系が死ぬ」としるしている (梅棹1976:35-36)。

　また、生態史観のなかで重要な用語となっているサクセッション (遷移) とは、植物群落と環境との相互作用、種や生活型間の相互作用をとおしておこる植物群落の一連の変化のことで (沼田1979)、この経過はまったく自成的におこるとされている (吉良1976)。そしてサクセッション (遷移) の特徴は、しだいに大型で備蓄量の大きい群落におきかわってゆくことと、最後には安定した群落であるクライマックス (極相) に達しておわることである、とされている (吉良1976)。

　以上、生態学の定義や鍵となる用語について解説してきたので、つぎに生態史観についてのべておきたい。生態史観は、1957年に「文明の生態史観序説」という論文で梅棹忠夫氏によって提唱された歴史観で、生態学的歴史観、生態学的な歴史の見方ということである (梅棹1957)。その後、梅棹忠夫氏が1950年代後半から1960年代前半にかけて執筆した論説類がまとめられ、中公叢書として『文明の生態史観』(梅棹1967) が発刊され、その文庫本がつづけて刊行されている (梅棹1974)。

　この歴史観は生態学理論に基礎をおき、比較によって歴史における平行進化をみつけだすという方法をとり、人類の歴史の法則をあきらかにしようとするものである。梅棹氏は、生態学でいうところのサクセッション (遷移) 理論をモデルにとって、人間共同体の生活様式の変化についても法則的に把握しようとするものである。それがうまくいくとはかぎらないが、「うまくゆくかもしれないから、やってみようというのが、わたしの作業仮説である」とのべている (梅棹1957:43、1967:92)。さらに「サクセッションという現象がおこるのは、主体と環境との相互作用の結果がつもりつもって、まえの生活様式ではおさまりきれなくなって、つぎの生活様式にうつるという現象で (中略) 主体・環境系の自己運動ということ」であり、「条件がちがうところでは、運動法則がちがうのは当然である」としている (梅棹1957:44、1967:93)。

　唯物史観との関係においては、梅棹氏は「ふるい進化史観は、進化を一本道とかんがえ、何でもかでも、いずれは、おなじところへゆきつくと考えた。現状のちがいは、そこへゆきつくまでの発展段階のちがいとみたわけだ。(中略) 生態学的な見方をとれば、当然道はいくつもある。(中略) 社会がそれぞれ別の生活様式を発展させてきたところで、ふしぎではない」という考え方をしめしている (梅棹1957:43、1967:92)。このことから、生態史観は唯

物史観と正反対の学説で（梅棹・川勝 1998a）、唯物史観とはまったくちがう歴史の解釈体系であるといえる（梅棹・川勝 1998b）。

　その後、生態史観をめぐっては、梅棹忠夫氏自身が「生態学的な見方を人類の歴史に全面的に適用して、いわば生態学的歴史観ともいうべきものが成立しうるのではないかとかんがえ、その可能性をさぐろうとしたものであった。（中略）その歴史観の適用範囲を時間的・空間的に拡張し、内容を多面化することは、いわば第二段の仕事として、論じのこしたままになっている」と記述している（梅棹1967:228-229）。また、「京都大学人文科学研究所の社会人類学の共同研究班では、『生態史観』をマナイタにのせて、徹底的に討論をおこなった結果、いくつもの重要な発見がつぎつぎにおこなわれ、理論はおおはばに前進した。わたし自身も、その研究会ですっかりきたえられ、かんがえがずいぶん発展した。だから、この『文明の生態史観』は、今となっては、わたしの思想の出発点というにすぎ」ないとものべている（梅棹1967:71）。

　また、「文明の生態史観」のなかで「生態史観」とともに重要なキーワードになっている「文明」については、1957年や1967年の段階では用語としての意味づけはおこなわれておらず、文明の特徴が記述されているにとどまっている。文明の特徴として、具体的に「巨大な工業力である。それから、全国にはりめぐらされたぼう大な交通通信網。完備した行政組織、教育制度。教育の普及、豊富な物資、生活水準の高さ。たかい平均年齢、ひくい死亡率。発達した学問、芸術」をあげている（梅棹1957:36-37、1967:81）。

　その後「文明」ということばに対して、梅棹忠夫氏はいくどとなく定義づけをこころみてきているが、その内容は発表されるたびに若干のちがいをみせ、修正がくわえられている。1980年代前半に発表されたものを最後にそれ以降は言及されていないので、一応それらが最終的な定義になると考えられることから、梅棹忠夫氏が「文明」という言葉をどのような意味でつかっているのか、それを文化ということばとの関係においてみていくことにする。

　梅棹氏は文化ということばを文化人類学でいうところの意味でつかうとことわったうえで、文化とは人間の生活のしかた一般をさし、さらに後天的・社会的に習得されたものをさすとし、文化は「人間精神の内面において形成された、価値の体系によってささえられているもの」であるとしている（梅棹1981:8）。一方、文明については、人間・装置系のことを文明とよぶとしている。巨大な建築物、道路等の施設群や精密にくみたてられたさまざまな制度のような「人間をとりまく有形無形の人工物のすべてを一括して、人間の生活をなりたたせている『装置群』とかんがえることができ（中略）人間の現実的なあり方というのは、人間と装置とで形成する一つの系、システムである」とするものである（梅棹1981:8）。そして「文化と文明の差をいうならば、人間・装置系としての文明が具体的な存在であるのに対して、文化というのはその精神的抽象である」とむすんでいる（梅棹1981:9）。

その3年後、文明とは「装置群と制度群をふくんだ人間の生活全体、あるいは生活システムの全体のこと」を意味し、文化とは「その全システムとしての文明のなかにいきている人間の側における、価値の体系のことで（中略）さまざまな装置群、制度群の精神面へのプロジェクション（投影）」であるとしている（梅棹1984：13-14）。

第2章
生態学的方法論による縄文時代研究史

第1節　研究史

　生態学的方法論が縄文時代の研究に適用されてきた研究史は、大きくは3期にわけることができる。第1期は問題提起の時期、第2期は検討の時期、第3期は定着の時期として認識することができる。以下においては、時期ごとに期間と特色をのべ、ついで研究の詳細を記述していくことにする。

第1期　1967（昭和42）年～1980（昭和55）年
　第1期は、中公叢書の『文明の生態史観』（梅棹1967）刊行以降、その考え方が普及し、縄文時代の経済基盤の研究に対して生態学的アプローチが適用され、研究が具体的に展開していった時期とすることができる。ことに福井県三方町鳥浜貝塚や京都府舞鶴市桑飼下遺跡の発掘調査がその進展に大きな役割をはたしたといえる。また、この時期に縄文文化を「照葉樹林文化」の一環としてとらえる仮説が提示されており、この仮説の前提には「照葉樹林」という生態系の設定がある。
　中尾佐助氏は『栽培植物と農耕の起源』のなかで生態学的な観点から農耕文化の原型や系譜を考究し、そのなかで「照葉樹林文化」という概念を提出している（中尾1966）。翌年には「農耕起源論」を著し（中尾1967）、照葉樹林帯における農耕方式の発展段階をしめした。
　その後、上山春平氏や中尾佐助氏を中心に「照葉樹林文化」をめぐるシンポジウムが開催され、その記録が発表された（上山編1969）。これは考古学の研究者にもよまれて普及し、「照葉樹林文化」の概念がひろく認知されていった。その7年後には、続編の『続・照葉樹林文化』が刊行されている（上山・佐々木・中尾1976）。
　そのシンポジウムに参加した岡崎敬氏は、日本の考古学研究に生態学的方法を導入する必要性を強調した。まず、遺物・遺跡を歴史的な問題として把握するためには、細分化した遺物・遺跡を「一つの『場』のうえで総体としての諸関係を分析する」ことが重要であるとし、日本古代の考古学研究を「遺物・遺跡の考古学」から「場」に力点をおいた「遺物・遺跡と

場の考古学」へ発展させる必要性をのべている（岡崎1971:53）。そして当時の日本考古学が「南北に長く四面海をめぐらした日本の各地域とそれをふまえた人々の生活生業を基礎として整理する段階にある」と指摘し（岡崎1971:53）、縄文時代の経済基盤研究に関しては、その「基本的食糧については、当時の自然景観を復原し、この全体の組合せの中からといていくほかはない。この点、日本の樹林学および植物生態学者の日本の樹林帯の区分は注意する必要がある」と指摘している（岡崎1971:42）。

おなじ1971年には佐々木高明氏が『稲作以前』を刊行している（佐々木1971）。焼畑農耕の比較分析をとおして日本農耕文化の原型を探求し、縄文後晩期に照葉樹林焼畑農耕文化が成立していたことを論証しようとしている。

生態学の理論や方法論を縄文文化の研究に導入し、本格的に研究を進展させたのは渡辺誠氏である。とくに、『縄文時代の漁業』（渡辺1973a）と『縄文時代の植物食』（渡辺1975）をとおして、縄文時代の経済基盤の研究方法を確立していった。まず、「前階級社会である縄文時代の歴史を、日本列島の多様性に富む自然環境に対して、縄文人がしだいに適応を深めていく過程そのものであるということを確認しておくことから、私の場合は出発する。適応を深める過程で生産手段としての技術の革新が行なわれ、生産関係等の調整のために社会的環境もしだいに発達したものと考える」と自身の立場を明確にしている（渡辺1973a:2）。そして「経済基盤のうちとりわけ生産活動について実証的に研究を進めるためには、諸遺物等から直接的手段としての技術を研究し、一方それによって採集・捕獲された対象物を、貝塚等に残された食料の残滓から研究しなければならない。そしてさらに両者の間に成立した生産活動の諸類型を確認し、その時期的変遷を追跡しなければならない」と方法を明示し（渡辺1973a:1-2）、研究を進展させた。

また、渡辺誠氏は上記の視点にそって縄文前中期に列島上に展開した8小文化圏をみとめている（渡辺1974a:160-167）。その背景には、第一に多様性にとむ日本列島の自然環境に対する適応が一定の段階に達したこと、第二に植物利用が主、動物利用が従となり、相互に複雑にからみあって各地域の利用が効率的にすすんだことを考えている。

1979年には、生態学を一つのものの見方としたいという専門分野以外の人たちにも役だつように、沼田真氏が『生態学方法論』を再改稿して刊行している（沼田1979）。

第2期　1981（昭和56）年〜1989（平成元）年

第2期は、縄文時代の経済基盤の研究に生態学的アプローチがひきつづき適用され、深化していった時期とすることができる。また、当期には日本の基層文化としての「照葉樹林文化」に対するアンチ・テーゼとして「ブナ帯文化」が提示されている。さらには第2期を通じて蓄積されてきた研究に一応のまとまりがつけられ、1980年代後半には生態学的な観点か

らの縄文文化論が発表されている。

　縄文時代の漁業と植物食の研究をつうじて確立された経済基盤の研究方法を、渡辺誠氏は『縄文時代の知識』のなかで平明かつ簡潔にのべ、生業活動の研究対象と相互の関連性をまとめている（渡辺1983b）。自然環境を客観的環境（A）と主体的環境（B）にわけ、前者と後者はイコールではないとし、両者の間に存在する技術水準・適応類型・行動半径を解明しようとする。また、環境は自然的環境と社会的環境にわけられるが、この場合、社会的環境は縄文時代においては社会構成の復元になると考えるものである。このような生態学的な研究方法を、渡辺誠氏自身は「考古生態学」と呼称している（渡辺1982a:14）。

　市川健夫氏らは、日本列島の植生では中部地方の山岳地帯から東北地方、北海道にかけてはブナ林が分布し、日本文化の深層を「照葉樹林文化」論のみでかたることに疑問を呈し、「ブナ帯文化」を提唱してその文化複合の構図についてのべている（市川1981、市川・山本・斎藤編1984）。この仮説の前提にも「ブナ林」という生態系の設定がある。

　佐々木高明氏は、照葉樹林帯にのこる文化要素を比較検討し、照葉樹林文化の側面から日本文化の原像の特色を解明しようとしている（佐々木1982）。その後、「照葉樹林文化」に「ナラ林文化」をくわえ、二つの作業仮説を対比しながら縄文文化の位置づけをおこない、日本の基層文化の形成を考究している（佐々木1986）。

　さきに渡辺誠氏は縄文前中期における八つの小文化圏の概念図を提示していたが、その後沖縄県を主とする南西諸島をくわえて9小文化圏に訂正している（渡辺1985）。そして日本列島の「自然環境の多様性を反映して、きわめて地域性の強い九つの小地域文化が発達」し、後晩期になると4大文化圏が形成され、大文化圏と小文化圏は重層化するようになると指摘し、9小文化圏の実体を説明している（渡辺1986b:73）。このような考えを背景に、渡辺誠氏は照葉樹林文化論と縄文文化研究とのあいだには乖離があることを指摘している（渡辺1984・1985）。その大きな原因の一つは、縄文時代の経済基盤では漁撈や狩猟のしめる割合も大きく、それらの地域差も大きく、植生との対比のみで単純化して議論することはできないにもかかわらず、照葉樹林文化論では単純化して議論してしまっているところにあると考えている。そこには、あきらかに生態学的な観点の誤用が横たわっており、この点に関しては照葉樹林文化論ばかりでなく、ナラ林文化論も同様である。

　さきに生態史観と唯物史観は対峙するとのべたが、廣松渉氏は梅棹忠夫氏の生態史観および生態学的歴史観一般を唯物史観の立場から批判している。まず、廣松渉氏は「梅棹氏が提起した史観的視座と、それに立脚して氏自身が打出された具象的な論点とは、相対的に区別する必要がある。現に、氏自身、その後、具象的な論点を補修・追録しているが、前掲論文だけをとってみるかぎり、生態史観とは宛然名目のみで実質的には一種の地理的風土史観にすぎないという印象すら与えかねない。氏のその後における論稿を併せてすら、この印象は

容易には払拭しがたい」と批判している（廣松1986：1、1991：19）。つづけて、梅棹の「論趣には体制側のイデオローグを随喜せしめるものがあり、さなきだに、マルクス学徒の神経を強く逆撫でする言辞に充ちている。けだし、梅棹論文が唯物史観を採る者にとって甚だ"癪に障る"代物である」としている（廣松1986：1、1991：19）。そして梅棹忠夫氏の生態史観を「唯物史観の構造的契機として包摂し得るように思う」と結論づけている（廣松1986：2、1991：20）。

それに対して、安田喜憲氏は『世界史のなかの縄文文化』のなかで生態史観を高く評価し、未来の人類文明の構築に寄与し、未来の地平をきりひらく歴史観として重視している（安田1987・1998）。そして梅棹氏の生態史観に追加する点は二つあり、一つは時代区分を確立することで、もう一つは法則性・個別性を探求する動態的環境論の視点を導入し、生態史の帰納法による個別的事例研究を具体的に展開することとしている。さらに「われわれに課せられた課題は、この生態史の帰納的手法を具体的なフィールド・ワークのもとに確立・実施していくこと」で、梅棹氏が確立した「演繹的手法と帰納的手法が生態史の両輪となって、独自の時代区分を提示しえたとき、梅棹の提唱した生態史観は、世界史を再構築する普遍的歴史観として、名実ともに市民権を得ることができるであろう」としている（安田1987：31）。そして「人類史における自然と人間のかかわりの歴史的実態とその展開を解明し、先史時代の世界史を明らかに」（安田1987：33-34）する研究の一環として、生態史観の立場にたって縄文時代の世界史的位置をあきらかにしようとしている。

西田正規氏は、人類が定住生活をはじめたのは約1万年前で、この定住生活を「人類史の流れを変える革命的なできごとであった」と認識し（西田1986：48）、「定住革命」という用語を創出している（西田1984・1986）。これらのなかで、「定住生活」を「数家族からなる集団が、少なくとも1年間以上にわたって1カ所の根拠地（村）を継続的に維持し、季節の変化に応じたさまざまな活動のほとんどを、村から通える範囲内でおこなっている生活」を意味するものとしている（西田1986：16）。

その後、西田氏は『縄文の生態史観』という題の著書を発表している（西田1989）。この本の題自体は西田氏が考えたものではなく、戸沢充則・佐原真の両氏が考えたものであると記述されている。このなかで、西田氏自身は生態人類学的な視点から縄文時代を素描し、人類史における縄文文化の位置をさぐろうとしている。定住生活が縄文文化をうみだし、「縄文文化は、定住化という人類史研究の大テーマにとって、極めて重要なフィールドになりつつある」という見解をしめしている（西田1989：70）。このように西田正規氏は定住生活が時代を画するメルクマールになるという考えをしめしているが、渡辺誠氏も定住村落が時代区分の指標になりうる可能性を指摘している（渡辺1983b）。

第3期　1990（平成2）年以降

　「文明の生態史観」が発表されてからおおよそ40年がすぎようとしていた1990年代後半には、その歴史的意義や今日的意義について総体的な位置づけをおこなうという企画がすすめられた。一方、時をおなじくして川勝平太氏が『文明の海洋史観』を発表し、そのなかで梅棹忠夫氏の生態史観が海からの視点をかいていることを批判し、再検討している（川勝1997）。こうした背景のもとで、「文明の生態史観」の歴史的・今日的意義をめぐる梅棹忠夫氏と川勝平太氏の対談が1998年7月におこなわれ、それが『季刊民族学』誌上に掲載されている（梅棹・川勝1998b）。また、それに先だち同年6月には『文藝春秋』の企画で両氏の対談がおこなわれ、その中核には「文明の生態史観」がすえられている（梅棹・川勝1998a）。その後、この2回の対談を再掲した『文明の生態史観はいま』が刊行されている（梅棹編2001）。

　両者の対談をうけて、大島襄二氏は『文明の生態史観はいま』のなかでコメントを執筆している（大島2001）。このなかで、大島氏は「『海の論理』は『陸の論理』と同列に論じられるものではないのです。ひょっとしたら、海こそ「生態史観」が、その有効性を存分に発揮できる場ではないかと思うのです」と重要な指摘をしている（大島2001：126）。漁撈が生業活動のなかで重要な位置をしめた縄文時代においては、生態史観は一段と有効な方法論になりうると考えられる。このことは、渡辺誠氏が縄文時代の経済基盤の研究で、最初に漁業の研究に着手し、その方法論を植物食に拡大していったことからも明白にうかがわれる。

　縄文文化の研究に関していえば、その経済基盤の研究にある程度めどをつけた渡辺誠氏が、精神文化の研究へと止揚している。渡辺氏は梅原猛氏との共著で『縄文の神秘』をあらわし（梅原・渡辺1989）、7年後にはそれをやきなおした形で『よみがえる縄文人』を刊行している（渡辺1996a）。また、縄文時代の研究があらたな展開をみせたとして、食料と宗教とを関係づけて考察している（渡辺1995a）。すなわち、縄文時代の経済基盤の研究をすすめないで精神文化や社会組織を研究してもだめであるという観点から、その経済基盤の研究をすすめ、一定の成果をあげてきた。そしてその経済類型の歴史的変遷をあとづけることによって、縄文時代およびその文化の基本的な性格を把握することができたので、研究を精神文化や社会組織など、つぎの段階にすすめていると理解される。縄文時代の経済類型と文化類型がどのようにかさなるのか、どのようにずれるのか、両者の整合関係を究明しているものと考えられる。

　佐々木高明氏はそれまで発表した著書や論考を再編成し、あらたな資料を追加し、あらたな考えを補足しながら『日本史誕生』（佐々木1991）や『日本文化の基層を探る』（佐々木1993）を発表し、日本の基層文化の形成過程を探求している。

　この時期には「文明の生態史観」の提唱者である梅棹忠夫氏が、青森市三内丸山遺跡の調

査結果をもとに、縄文時代について発言している。梅棹氏は自身の「文明」の概念規定にそって「縄文文明」という古代文明の存在を想定している（梅棹・小山・岡田1996）。

　生態史観と対極に位置する唯物史観について、この時期に言及されたものをひろいあつめていくと、川勝平太氏は「ヘーゲルに西田幾太郎を、ダーウィンに今西錦司を対置することに、それほど異論はないであろう。しかし、マルクスに梅棹忠夫を対置することは、どこか無理がある」としている（川勝1997）。そして、この川勝平太氏の指摘を梅棹氏自身もみとめた発言をしている（梅棹・川勝1998a）。また、環境考古学の立場をとる安田喜憲氏は「かつてあれほどマルクスに傾倒していた先生方が、いつの間にかころりとマルクスを捨てている。私はマルクスの歴史観の中にはまだまだ学ぶべきことが多々あると思うのだが、この変わり身の早さはいったいどういうことなのだろうか」とのべている（安田1997:11）。

　梅棹忠夫氏本人は、「一元的な唯物史観の図式は多元的な生態史観のひとつの特殊ケースではないかとかんがえているのである」としている（梅棹編2001:13）。

第2節　生態考古学の現状と課題

　まず、生態考古学の現状として指摘できる点は、日本考古学の研究者のなかで生態考古学の立場で研究をすすめているのは、渡辺誠氏とその学恩をうけた研究者だけで、その数がきわめて少ない点である。

　つぎに、研究史をみることによって、うきぼりになってきた課題を二つ指摘しておきたい。

　第一の課題は、生態考古学は縄文時代の経済基盤の研究では大きな成果をあげてきたが、精神文化や社会組織などの分野では成果をあげはじめている段階にすぎない。それらを究明し、設定される経済類型と文化類型の関係まで論究する必要があるということである。

　第二の課題は、生態考古学は縄文時代では研究成果をあげてきたが、縄文時代ばかりでなく、他の時代においても通用する方法論なのか、歴史理論としての普遍性がとわれる点である。生態考古学の立場で、渡辺誠氏と故久保和士氏は日本の近世考古学にあらたな境地を開拓しているし、筆者自身も日本中世の考古学に関して二、三の論文を発表している。しかしながら、日本の中世考古学および近世考古学において、生態考古学の成果は現在のところ散発的でしかなく、研究の主流になるものでもない。また、数少ない研究をとおして普遍性をとうこころみはおこなわれているものの、現在の段階ではその萌芽しかみとめることはできない。

第 2 部

縄文時代の植物採集活動の民俗考古学的研究

序　論
植物採集活動研究の目的と方法

第1章
植物採集活動の研究史

　本書で対象としている縄文時代においては、その主な生業は植物採集活動・狩猟・漁撈の3者からなりたっている。そして狩猟・漁撈は動物食、植物採集活動は植物食を供給しており、生産性と保存性の面からとくに重要であると考えられるのは植物食で、それが縄文時代の主要食料になっていたと考えられる。しかしながら3主生業のうち、植物遺体ののこりにくさから、もっとも重要な植物採集活動の研究がもっともおくれている分野であるといえる。また、生活の基本となる食料を獲得する生業や食行動は、一つの文化の中では伝統的かつ保守的である。それゆえに、その文化の特質が色こく反映されていると考えられ、縄文文化でも同様であると考えられる。

　このように縄文時代の生業ばかりでなく、縄文文化の特質を究明するうえで、植物採集活動の研究は重要であるにもかかわらず、おくれた領域であるので、その研究を進展させることには意義があると考えられる。

　第1節　研究史

　最初に、縄文時代の植物採集活動の研究史を整理し、研究がどのようにすすんできたのかをみておきたい。その研究史は大きくは3期にわけることができ、第1期は1947（昭和22）年～1968（昭和43）年、第2期は1969（昭和44）年～1989（平成元）年、第3期は1990（平成2）年以降である。さらに第2期は前半と後半に細分され、第2期前半は1969（昭和44）年～1975（昭和50）年、第2期後半は1976（昭和51）年～1989（平成元）年である。

　本書では『縄文時代の植物食』（渡辺1975）と『京都府舞鶴市桑飼下遺跡発掘調査報告書』（渡辺編1975）を高く評価し、それらが刊行された1975年を一つの小画期として第2期を前半と後半にわけている。その理由は植物採集活動研究史全体の流れのなかでいえば、それらは小結あるいは変節点にしかすぎない。しかしながら、そこでしめされた研究方法がその後の縄文時代および日本考古学の研究方法に大きな影響をあたえているからである。さらにいうならば、そこでしめされた研究方法が即効的に効果をあらわしたのではなく、おおよそ20年ぐらいすぎたあとでその影響があらわれてきたといえる。

第1期　1947（昭和22）年～1968（昭和43）年

　山内清男氏は、1947年ころから縄文文化の主食の問題について座談ではふれていたが（渡辺1995b）、山内氏の考えが印刷されて公になったのは『日本原始美術』の「日本先史時代概説」においてである（山内1964）。そのなかで、縄文式文化の生業は自然があたえるものを獲得することであるとし、貝塚にのこる獣骨・魚骨・貝殻などが狩猟・漁撈・採集の証拠でもあるとする。植物性食料として利用されている各種の救荒食料を想定し、とくに泥炭層や貝塚から出土するクリや、貯蔵穴の堅果類、縄文土器にみられる堅果類の底部圧痕から、堅果類が重要な食料であったとし、秋に採集されて保存されていたことやその食用化にあたってはシブ抜きされたことも考えている。また、縄文時代の南西部は木の実を、東北部は木の実とサケを主食としていたと考えているが、山内清男氏がこのように考える背景には、カリフォルニアのネイティブアメリカンの北部ではサケとドングリを保存食料とし、南部ではドングリが主食であるという民族誌によるモデルがある。

　酒詰仲男氏は縄文時代の栽培植物としてクリを重視し、クリを人工的に保護したクリ畑の存在を推定している（酒詰1957）。その後、縄文時代の動植物質食料の集成をおこなうなかで、「クリ栽培のし易さに注目して（中略）クリの苗畑をつくり、次の年には、それを畑に移植して、三年目からは、それが結実することを利用しはじめるのである」とクリの栽培を積極的に主張している（酒詰1961：319）。

　渡辺誠氏は、日本列島の石器時代史が土器の有無をもって旧石器時代と縄文時代に二大別されているにもかかわらず、土器の重要性が解明されていないことと、それが考慮されることなく先験的に時代区分しえるものとみなされていることを指摘し、縄文土器が出現する契機と背景を解明するための研究方法や観点に関する問題提起をおこなっている（渡辺1968）。そして後氷期の環境変化「に対する人類の適応の結果の一技術として土器が発達したにすぎないと解される」とし（渡辺1968：177）、この技術がはたした真の役割を解明するためには、植物採集・狩猟・漁撈の実体の解明が先決であることを指摘している。

第2期前半　1969（昭和44）年～1975（昭和50）年

　上山春平編による『照葉樹林文化』が刊行された1969年から、『縄文時代の植物食』（渡辺1975）と『京都府舞鶴市桑飼下遺跡発掘調査報告書』（渡辺編1975）が発刊された1975年までである。

　1966（昭和41）年に、中尾佐助氏は『栽培植物と農耕の起源』を著し、照葉樹林文化についてのべ、クズやワラビの食用化や水さらし技術の発達について言及している（中尾1966）。その1年後、中尾佐助氏は「農業起原論」を著し（中尾1967）、照葉樹林文化により開発された食用植物を表にまとめ、野生植物ではワラビ・クズ・テンナンショウ類・ヒガンバナ・

ジネンジョ、栽培植物としてはサトイモ・ナガイモ・コンニャクをあげている。さらに、ヒマラヤ地域から中国の中・南部をへて日本にひろがる照葉樹林帯における農耕方式の発展段階を、以下のような形でしめした。このなかで注視すべき点は、クリの管理栽培が主張されている点である。

 Ⅰ 野生採集段階
   ナット〔クリ・トチ・シイ・ドングリ・クルミ〕
   野生根茎類〔クズ・ワラビ・テンナンショウ〕
 Ⅱ 半栽培段階──品種の選択・改良はじまる．クリ・ジネンジョ？・ヒガンバナ
 Ⅲ 根栽植物栽培段階
   サトイモ・ナガイモ・コンニャク
   焼畑〔ブッシュ・ファロー〕
 Ⅳ ミレット栽培段階
   ヒエ・シコクビエ・アワ・キビ・オカボ〔グラス・ファロー？〕
   西方高文化影響下に成立
 Ⅴ 水稲栽培段階
   イネ水田栽培・灌漑その他の施設・永年作畑

上山春平・中尾佐助・吉良竜夫・岡崎　敬・岩田慶治の5名が参加して、日本文化の深層をさぐるために「照葉樹林文化」に関するシンポジウムがおこなわれ、1969年にその記録が刊行された（上山編1969）。そのなかで中尾佐助は縄文文化を「照葉樹林文化」の一環として把握する視点を示唆し、照葉樹林帯における農耕方式の発展段階をくりかえし掲載している。さらに照葉樹林文化の農耕の発展段階として、照葉樹林前期複合・照葉樹林複合・水稲栽培の3段階を設定している。

　初回のシンポジウムに参加した岡崎敬氏は、「縄文時代の基本的食糧については、当時の自然景観を復原し、この全体の組合せの中からといていくほかはない。この点、日本の樹林学および植物生態学者の日本の樹林帯の区分は注意する必要がある」とし、縄文時代の食料研究に生態学的な観点を導入する必要性をはじめて指摘した（岡崎1971:42）。これは縄文時代研究に生態学的なものの見方をとりいれる嚆矢となった。

　この研究分野を大きく推進していったのは渡辺誠氏であり、渡辺氏は縄文時代の経済基盤の実証的かつ総合的な研究の一環として植物採集活動の研究をすすめた。また、縄文農耕論が1960年代から重要な仮説として提示されていたが、研究者の関心がその存否の問題に集中し、肯定・否定いずれの論者の場合も、生産基盤の実証的かつ総合的な研究姿勢が欠如・軽視されていることを指摘し、全生産活動の体系的理解を指向することが重要であるとのべている（渡辺1972）。

第２部　縄文時代の植物採集活動の民俗考古学的研究

　渡辺誠氏は1969年に「植物質食料採集活動」という用語をつかいはじめ（渡辺1969）、1973年にはそれを「植物採集活動」にいいかえて（渡辺1973a）、現在にいたっている。そして1969年から1974年にかけて発表した植物採集活動に関する一連の論文をまとめ（渡辺1969・1972・1973b・1974bc）、1975年に『縄文時代の植物食』を刊行している（渡辺1975）。渡辺氏が意図する研究の目的・方法・意義は、一連の論文よりも『縄文時代の植物食』に一層明確にしめされているので、ここではそれを中心にとりあげ、関連する論文は必要に応じて随時とりあげていくことにする。

　まず、『縄文時代の漁業』（渡辺1973a）と同様に「前階級社会である縄文時代の歴史を、日本列島の多様性に富む自然環境に対して、縄文人がしだいに適応をふかめていく過程そのものであるということを確認しておくことから、私の場合は出発する」（渡辺1975：3-4）と歴史観を明確にしめしたうえで研究をすすめている。そこで第一義的課題は経済基盤の解明ということで、「生産活動の実証的な研究を行うためには、生産用具の研究、捕獲対象物の研究、及びその両者の関係」を研究することに主眼がおかれる。その「結果として復元される経済類型の、時間的空間的な分布状態の研究は、とりもなおさず縄文人の環境に対する適応の過程、すなわち縄文時代史の実証的研究の基礎となるものである」としている（渡辺1975：6-7）。

　それとともに、縄文時代の経済基盤のなかでの植物採集活動の位置づけを明確にしている。その経済基盤はおもに狩猟・漁業および植物採集活動の３者によってささえられるとし、植物採集活動には初期農業の可能性がふくまれているとする。このうちの漁業は縄文時代から開始され、狩猟は旧石器時代にまでさかのぼり、植物採集は人類をふくめた霊長類の基本的な生業であるとする。

　つぎに、植物食の研究をおこなう三つの目的を明示している。第一は、縄文文化の特質を解明するうえで重要な研究分野である植物食および植物採集活動の研究を推進させることによって、縄文文化の研究を大きく前進させることである。第二は、重要な仮説である縄文農耕論を植物採集活動と統一的に理解することによって、問題解決の進展に寄与することである。第三は、縄文時代の経済基盤研究に関する方法論を確立することであるとしている。

　さらに、植物食を重視する三つの理由をあげている（渡辺1975：6）。第一は、縄文前期から中期にかけての小文化圏図が列島の植生図と一致率が高いことから、「食料資源としての植物利用がきわめて高度に発達していたことを示していると理解される」ことである。第二は、三つの主生業のうち狩猟は普遍性が強すぎ、漁業は特殊性が強すぎるので、「狩猟・漁業の重要性は高く評価されるものの、これらでは全般的な統一的理解は不可能であることが明確になったこと」である。第三は、「狩猟・漁業が男性、植物採集を女性とする性別分業を予測する」ことである。

そのうえで、実証的研究に困難がともなう植物採集活動の問題点を3点指摘している（渡辺1975:7）。第一は、捕獲対象物の遺存状態がひじょうに悪いことである。第二は、石皿や磨石など生産用具の研究がおくれていることである。第三は、堅果類のアク抜きの全工程に関する民俗資料が重視されるにもかかわらず、蓄積された民俗学的資料が少ないことである。このような問題点を指摘するだけではなく、それらを克服するための方策がのべられている。その第一は、土壌の水洗選別をおこなうことによって植物遺体を検出することである。第二は、客観的な自然環境の復元研究である。第三は、アク抜きに関する民俗学的研究で、縄文研究者みずから民俗調査をおこなうことの必要性が強調されている。

さらに本論では、植物遺体の考古学的研究とアク抜きに関する民俗学的研究に重点をおいて、こうした困難性を克服する方策を実践する方向で研究がすすめられている。縄文農耕論についても検討がくわえられ、問題の再整理がなされている。

食料残滓としての植物遺体の研究については、酒詰仲男氏の先駆的な業績がある（酒詰1961）。それ以来植物質食料の遺体と出土遺跡の集成は等閑にされており、それらの再集成を開始している（渡辺1969）。その後資料の集成がすすんだ分を第二報として発表している（渡辺1972）。さらには急速に増加した資料を集成し、208遺跡から39種の植物遺体の出土を確認している（渡辺1975）。また、ドングリの種・属・森林帯・分布地域・他堅果類・アクの強弱の相互関係を整理し、分類表を作成している（渡辺1974c）。この分類表は8年後にほぼ完成をみている（渡辺1982b）。

堅果類のアク抜きに関する民俗学的研究については、自分自身で民俗調査をおこない、技術伝承の記録作成の必要性をのべている。民俗資料の調査にあたっては、残存文化の調査ではなく、生態学的・社会的・技術的な3要因の変動にともなうアク抜き技術の変化を追求する条件調査であることを明確にする必要をのべ、「社会的伝統を共有する小地域における詳細な調査と、逆に広範囲な地域間の比較研究が必要になってくる」とのべている（渡辺1975:62）。

縄文農耕論について再検討をくわえている。まず、文化的高揚の説明原理として縄文中期農耕論に対しては藤森栄一氏の『縄文農耕』（藤森1970）を対象とし、肯定資料としている18項目を農耕作業と文化現象にわけ、前者に属する栗帯文化論と打製石斧を検討している。照葉樹林文化論が登場し、アク抜きまたは半栽培段階が認識されることによって、採集と焼畑農耕の中間段階に位置づけ、文化的高揚の説明原理としてつかい、中期農耕論を発展的解消させている。西日本の縄文晩期農耕論に関しては、東日本から伝播した半栽培的文化基盤との関連で再検討される必要性をのべている。

結論としては、以下のような植物採集活動の類型と段階を設定している。

第Ⅰ期　野性植物採集段階（旧石器時代）

第II期　同じく野生植物採集段階であるが、煮沸具としての土器の出現により可食範囲の拡大をみた時期（縄文草創期〜同前期前半）
第III期　アク抜き技術等を開発をみた半栽培段階（縄文前期後半以降）
第IV期（？）可能性としての、西日本における後期後半〜晩期焼畑農耕。

第2期後半　1976（昭和51）年〜1989（平成元）年

　1976年から縄文土器の起源やトチのコザワシの実体が残存している範囲で解明された1989年ころまでである。

　渡辺誠氏の『縄文時代の植物食』（渡辺1975）をその2年前に出版された『縄文時代の漁業』（渡辺1973a）と比較すると、植物食は漁業よりも未完成な部分を多くのこしていて完成度は低いが、裏がえしていえばそれだけに開拓の余地がたくさんあるということでもある。発刊時点ではまだ不十分であった植物遺体の考古学的研究とアク抜きに関する民俗学的研究に重点をおき、のこされた課題を究明する方向で研究をすすめ、研究の成果を発表してきている。とくに1978年ころから1989年ころにかけては、堅果類のなかでもアク抜きのむずかしいトチについて研究を進展させている（渡辺1978b・1980・1981a・1983a・1989）。

　ドングリ食について民俗学的研究を展開してきた渡辺誠氏は、1980年以降には韓国で民族学的研究をすすめている（渡辺1986a・1987a）。そうした成果にもとづいて、ドングリのアク抜きには果実加工と製粉加工の二つの方法があり、前者が後者より古いことを指摘している（渡辺1987a）。さらには鹿児島県東黒土田遺跡では草創期の貯蔵穴から出土したドングリはアク抜きを必要とする種類であること、石皿や磨石などの製粉具が早期に出現して前期から中期にかけて発達すること、縄文土器が草創期から晩期までをつうじて煮沸形態を基本としていることなどの考古学的事実を確認したうえで、ドングリのアク抜きにおける2方法のうち製粉加工は早期までしかさかのぼらず、それより古くなるのは果実加工であることを根拠に、縄文土器の「出現の背景として、植物の煮炊きをきっかけとするドングリのアク抜きがあると考えたい」としている（渡辺1987a:111）。

　その後、渡辺は上記のことを時間順に整理しなおしている（渡辺1987b）。縄文早期にはまだ製粉技術は発達していないので、アク抜きの必要なドングリを粒のまま加熱と水さらしをくりかえす方法（果実加工）でアク抜きがおこなわれたとする。縄文土器はこの加熱処理のため発明され、発達していったと考えている。縄文前期になると製粉技術の発達がみられるようになることから、製粉加工のアク抜きもおこなわれるようになったとし、2種類のアク抜き方法が残存していることと深鉢形縄文土器の器形の変化から、両方の方法が並存していたことを推測している。最後に、今後の研究課題として、植物食に関連する遺構・遺物の再整理と野生植物利用の諸段階を総合的にすすめていくことが重要であると指摘している。

このように渡辺誠氏は1968年に縄文土器の出現の背景についての問題提起をおこなって以来、ほぼ20年後に自分自身で解決への一つの道筋をつけたといえる。1964（昭和39）年ごろ胎動がみられた研究が、四半世紀母胎のなかで生育し、無事誕生したといえよう。

このほかに堅果類に関しては、潮見浩氏が貯蔵穴を中心に縄文時代の食用植物の集成をおこなっている（潮見1977）。

野生根茎類の食用化に関しても成果があり、それを紹介しておくものである。神村透氏はワラビ粉の重要性に注意を喚起し（神村1977）、橋口尚武氏はテンナンショウとワラビの聞きとり調査をおこなっている（橋口1978・1983）。辻秀子氏はウバユリから澱粉を採取するアイヌの民族誌を紹介している（辻1983）。

中尾佐助氏は、民族植物学的観点から先農耕段階の主要なものとして、雑草種子採集、ナッツ・ドングリ澱粉採集、根茎澱粉採集、草原種子採集の4類型を設定し、これらを一つの農業とみなして先農耕農業としている（中尾1988）。縄文時代には列島の自然植生のため草原種子採集類型はなく、のこりの3類型の先農耕段階農業が存在したと考えている。

第3期　1990（平成2）年以降

研究の中心となっていた堅果類では停滞傾向がみとめられる一方で、根茎類食用化の研究の萌芽がみとめられる時期である。また、1980年代から貯蔵穴や水場など低湿地型遺構の調査がふえてきたが、その調査例が一段と増加した時期でもある。

まず堅果類の研究について記述していくと、クリの管理栽培に関しては、前述したように1950年代後半から60年代初頭に酒詰仲男氏がすでに指摘し（酒詰1957・1961）、1960年後半には中尾佐助氏はクリが半栽培段階にあった可能性を示唆している（中尾1967、上山編1969）。1970年代以降、クリの管理栽培に関する仮説は一般に認知されていたが、佐藤洋一郎氏らは青森県青森市三内丸山遺跡や富山県小矢部市桜町遺跡から出土したクリのDNA分析をおこない、管理栽培の裏づけをとる研究をすすめている（佐藤・小山・岡田1996、高橋・佐藤他1998・1999、佐藤1999）。

近年、縄文時代の遺跡から出土した堅果類のなかにナラガシワが存在することが、鈴木三男氏らの同定によってあきらかにされてきている。2000年11月現在で8遺跡から出土していることが報告されている（鈴木・吉川・菅野2000）。

堅果類の研究の停滞傾向については、第2期までこの研究分野を先導してきた渡辺誠氏が経済基盤の研究に一応の区ぎりをつけ、経済類型と文化類型の関係を解明するために、研究の重点を精神文化にうつしていることと無関係ではないと考えられる。くりかえすと、この分野は渡辺誠氏の独壇場で、研究の中核をになってきた渡辺誠氏はいくつかの論考を発表しているものの（渡辺1990b・1995b）、この分野の研究にあまり時間をさかなくなったことに

原因があると考えられる。

つぎに根茎類の研究について言及していくと、その食用化の問題についても、堅果類と同様に植物遺体の考古学的研究と食料化に関する民俗考古学的研究の2側面に重点がおかれて、研究がすすめられてきている。

最初に、根茎類・球根類の植物遺体の考古学的研究についてみていくことにする。渡辺誠氏によって3遺跡2種類の植物遺体が集成されていたが（渡辺1975）、この分野の研究をいちじるしく進展させたのは長沢宏昌氏で、山梨県内の遺跡から炭化球根類を検出し、その種類の同定を松谷暁子に依頼している。それとともに、全国規模で炭化球根類とその出土遺跡の集成をおこなっている（長沢1994・1998）。

つぎに、根茎類食料化に関する民俗考古学的研究についてみていくと、四国地方では、四万十川流域において高橋龍三郎氏がアラカシとヒガンバナの食用化に関する民俗調査をおこない、先学の民俗事例を集成しながら植物食についての民俗考古学的研究を展開している（高橋1992）。九州地方においては、栗田勝弘氏が堅果類の植物遺体を出土した遺跡を集成するとともに、堅果類と根茎類について民俗調査をおこない、その民俗考古学的研究をすすめている（栗田1993）。

根茎類を採取したと推測される遺構については、東和幸氏が鹿児島県国分市上野原遺跡を例にあげて詳述している（東2001）。

縄文時代の低湿地遺跡について言及すると、いまのところ確認されている利用形態は大きくは三とおりある。第一は食料のたべ滓の廃棄場で、特殊泥炭層や特殊粘土層が該当する。第二は野生植物の貯蔵場で、堅果類の貯蔵穴がそれにあたる。第三は野生植物の加工処理のための作業場で、いわゆる水場遺構がそれである。このような貯蔵場・作業場・廃棄場と居住域が一体となって縄文集落は構成され、低湿地型遺構が縄文集落の研究にあらたな展開をもたらすことになったと考えられている（渡辺1990a・1992）。また、1990年代にはいって注目をあびているのは、調査例が少ない水場である。これに対して、渡辺誠氏は野生植物食用化の全過程のなかで水場がはたした役割を明確にすることが重要であると指摘している（渡辺1996b）。そして物事を分断して水場だけとりだして議論しても意味がないとし、そのような形に問題が矮小化されている傾向に警鐘をならしている。

第2節　問題の所在

研究史でみたように、野生堅果類と野生根茎類の食用化からなる植物採集活動のうち、堅果類について研究はすすめられてきたが、根茎類に関してはほとんど研究がすすめられてい

ないといえるほどの状況である。後者については、1970年代以降わずかに研究の萌芽はみとめられるが、散発的で、体系だった研究は進展しているとはいいがたいのが実状である。また、植物採集活動の研究にあっては、どちらかというと堅果類偏重の傾向がつよく、そのような傾向を是正し、植物採集活動全体のなかで堅果類や根茎類の食料化を位置づけていく必要がある。このような状況を考慮したとき、今後早急に解決をはかるべき問題点は、根茎類の食料化の実体を究明することであると考えられる。

上記のように堅果類の研究が進展する一方で、根茎類の研究が遅滞した背景には、二つの理由があると考えられる。

第一には、植物遺体の種類による残存率である。トチノキやドングリ類などの堅果類では植物遺体が検出されるのに対して、根茎類が検出された例はごくわずかで、それも炭化した球根類が数遺跡で確認されているにとどまり、クズやワラビなどの根茎が検出されたことはいまだにしられていない。このように根茎類の植物遺体の出土例が皆無にひとしく、確証がえられていない状況のもとでは実証的な研究は困難であり、実証的な研究を重視する日本考古学においては、研究資料の少ない根茎類の問題はとりあげられず、研究の対象とされてこなかったからである。

第二には、植物採集活動のなかで重要度による研究の優先順位の問題である。堅果類と根茎類をくらべた場合、堅果類の方が食料として重要であると考えられる。しかも植物遺体が遺存していて民俗事例も残存しているので、堅果類の方が優先順位は上位にくる。植物遺体がほとんど遺存していない根茎類食料化の研究は、それをうけた形ですすまざるをえないからである。

第2章
研究の目的と方法

第1節　研究の目的

研究の目的は、以下の3点である。

第一は、野生根茎類の食料化に関する民俗モデル（作業仮説）を構築することである。

第二は、構築された民俗モデルと考古資料の比較をとおして、縄文時代における野生根茎類の食料化に関する段階的仮説を提示することである。

植物採集活動の研究にあってはこれまで堅果類偏重の傾向がつよく、それを是正し、植物採集活動全体のなかで堅果類や根茎類の食料化を位置づけていく必要がある。そうしなければ、植物採集活動のただしい全体像が把握できないからである。

第三は、植物採集活動の観点から、縄文文化の特質を解明するための一助とすることである。

生活の基本となる食料を獲得する生業や食行動に縄文文化の特質が色こく反映されていると考えられ、植物食を供給する植物採集活動の実体を究明することによって、地球上で展開した先史文化のなかにおける縄文文化の普遍性と特殊性をあきらかにし、その特質を解明するための一助としたいと考えている。

第2節　研究の方法

1．民俗考古学的方法

根茎類食料化を直接あらわす資料は採取対象植物と採取用具および両者の相互関係であると考えられることから、それらに相当する縄文時代の考古資料を検討する。しかしながら、野生根茎類はその性質によるものか、縄文時代の遺跡からは植物遺体として検出されたことがほとんどなく、そのため植物遺体による研究にはおのずと限界がある。それをこえるためには民俗学・民具学[1]の研究が必要で、根茎類の採取・加工に関する民俗モデル[2]を構築す

る必要が生じてくる。

　クズ粉やワラビ粉など根茎類食料化についての民俗調査はおこなわれているものの、いずれも民俗学的目的や農学的目的によるものであり、考古資料と比較研究しようとした場合、採取技術・加工技術およびそれらに付随する用具の記述が不十分であったりする。それでどうしても自分自身で技術伝承や用具を記録することが必要となってくる（渡辺1975）。この場合、現在と縄文時代とでは自然環境や社会環境が異なっているため、民俗調査は残存調査ではなく、生態学的・技術的・社会的な3要因を考慮した条件調査となる。さらには、これまでの野生根茎類の食料化に関する民俗的研究や農学的研究[3]は、どちらかというと個別事例の報告とそれにもとづく考察といった段階にとどまっていると考えられる。そこで本書では個別の調査事例を重視するとともに、先学の研究成果を基礎にして全国的なひろい視野で研究をおこなおうとするものである。さらにクズ粉・ワラビ粉の生産工程について聞きとり調査ができても、つかわれた用具がのこっているとはかぎらず、それを補足するために地元の博物館や歴史民俗資料館に収蔵されている生産用具を実測・計測・写真撮影し、学術資料化するものである。

　一方、技術伝承が蓄積されている山村の生活様式は1970年代の経済高度成長期以後大きく変容してしまっており、技術伝承者も高齢で食料化の技術を記録できる時間もきわめてのこり少なく、調査がいそがれるということもある。このような理由から、根茎類食料化に関する民俗調査を自分自身でおこない、その調査結果や先行研究をもとに、民俗モデル（作業仮説）を構築していくというものである。構築された民俗モデルと考古資料を比較・検討し、縄文時代における野生根茎類の食料化の仮説や、その地域性や季節性についての仮説を提示しようとするものである[4]。

　根茎類食料化については、まず根茎類の採取工程・加工工程および各工程で使用される道具の民俗モデルを確認する。つぎに、根茎類食料化に関連する縄文時代の植物遺体・採取用具に関して、基本的な事実と研究の現状を確認する。そして両者を比較・検討しながら、民俗モデルと採取用具の対応関係を明確にし、考察をくわえるものである。

　地域性や季節性については、まず、民俗学・民具学の研究からえられた採取対象植物と採取用具およびその関係をあらわす民俗モデルを確認する。つぎに、野生根茎類食料化に関連する縄文時代の植物遺体・採取用具に関して、基本的な事実と研究の現状を確認する。そして両者を比較・検討しながら、採取対象植物と採取用具の対応関係を明確にし、つづいてそれらの空間的分布をあきらかにする。それが縄文時代における根茎類食料化の地域性をあらわすものとする。さらに民俗学・民具学の研究にもとづいて、それらの季節性について言及する。

2．方法論上の前提条件

　本書で採用する民俗考古学的な方法が有効性をもつためには、自然環境の同一性と文化的連続性という二つの前提条件がある。それらについて検討をくわえることにする。

　まず自然環境については、古い堆積層の地質学的分析やそのなかにふくまれる花粉の分析から、縄文時代の海水準や植生などの自然環境が復元されている（前田1980、安田1980、藤1987、安田・三好編1998）。各研究者の見解を総合的に判断すると、従来からの絶対年代でいうところの約6000年前、縄文時代早期末〜前期初頭の縄文海進最盛期（山越・上野他1981、井上・田中他1990）以降に、現在の日本列島における自然環境の原型が形成されたと考えられる。そしてそれよりも少し年代がくだり、海岸線が後退して海水準が現在とかわらなくなった時期には、植生も現在とは大きくはかわらなくなったと推測される。すなわち北海道は亜寒帯針葉樹林から冷温帯落葉広葉樹が分布し、東海・北陸以東の本州は冷温帯・暖温帯の落葉広葉樹が主体となるが、海岸部では照葉樹林（暖温帯常緑広葉樹）がひろがり、太平洋側では福島県、日本海側では新潟県までおよんでいる。東海・北陸以西の本州や四国・九州では照葉樹林が主体で、山間部には落葉広葉樹がひろがっている。沖縄県を中心とする南西諸島では照葉樹林や亜熱帯林が発達している。海岸線や植生が大きくかわらない以上、縄文時代前期中葉〜後葉以降日本列島では、クズやワラビが現在とあまりかわらない状態で山野に自生していたものと推測される。

　さらに日本列島上で展開した文化や地域性についてであるが、鎌木義昌氏は縄文土器の特徴から縄文文化の地域性を確認した（鎌木1965）。これをうけて渡辺誠氏は、縄文時代前中期における八つの小文化圏の概念図を提示した（渡辺1974a）。その後日本列島の「自然環境の多様性を反映して、きわめて地域性の強い九つの小地域文化が発達」し、後晩期になると4大文化圏が形成され、大文化圏と小文化圏は重層化するようになると指摘した（渡辺1986b:73）。また弥生時代以後の日本列島の文化を、藤本強氏は「北の文化」・「中の文化」・「南の文化」の三つの文化にわけている（藤本1982・1988）。網野善彦氏は日本史のなかでの「東」と「西」に着目し、列島で展開した文化は単一ではないとしている（網野1982）。さらに網野氏は、先土器時代以来の東西2大地域の上に、弥生時代から古墳時代の推移のなかで、五つの小地域が姿をあらわすとしている（網野1986・1990）。列島上の文化圏や地域をいくつに分類するのかという点では、研究者によって見解に相違はみられるものの、日本文化は単一ではないという点は一致しており、いくつにわけるにせよ、細分された地域の文化は現在の文化と連続性をもっていることは確実である。

第2部　縄文時代の植物採集活動の民俗考古学的研究

註

1) 宮本常一氏は、民俗学から分離・独立した学問として「民具学」を提唱している（宮本1979）。つまり、口頭伝承を研究資料とする民俗学と民具を研究資料とする民具学にわけて考えており、物質資料を素材として研究するという点で考古学と民具学とは密接に関係している。
2) 横山浩一氏は、「日本の研究者は、資料の解釈に当ってモデルを使っているという自覚に乏しく、モデルの構築や適用について理論的検討はほとんどなされていない。」と指摘しており（横山1985）、同じ内容の指摘は鈴木公雄氏によってもなされている（鈴木1988）。このような指摘をかんがみても、無意識のうちにモデルを援用して考古資料を解釈するよりも、根拠を明示して意図的にモデルをつかって考古資料を解釈したほうがよいと考えられる。
3) 先駆的な研究としては、大蔵永常が1830（文政13）年にあらわした『製葛録』（粕渕他1994）と1859年（安政6）年の『広益国産考』（飯沼1978）を指摘することができる。
4) 民俗考古学的な研究方法の有効性については、渡辺誠氏が実践して証明しており（渡辺1975）、木下忠氏（1975）をはじめとして鈴木公雄氏（1988）や甲元眞之（甲元1993）らによってものべられている。

本　論
根茎類食料化に関する民俗調査と事例研究

第3章
根茎類の植物遺体と食料化が想定される根茎類

第1節　遺跡出土の根茎類植物遺体

　1975年に渡辺誠氏が植物遺体出土遺跡の集成をおこなった段階では、根茎類・球根類は4遺跡から3種類出土していることが報告されている（渡辺1975）。
1．青森県西津軽郡木造町亀ヶ岡遺跡（晩期）：クログワイ（直良・江坂1941）
2．東京都中野区新井小学校裏遺跡（後期）：ノビル（直良1965）
3．東京都八王子市宮下遺跡（中期前半勝坂式）：ノビル（塩野1970）

　その後、長沢宏昌氏が目的意識をもった調査で炭化した球根類を検出し、また既出資料を再検討し、資料が増加するごとに集成をおこなっている（長沢1994・1997）。そして集成資料をもとに、遺跡から出土した球根類を炭化球根・オコゲ・塊状の3種類にわけ、考察をおこなっている（長沢1998）。それを以下にしめすものである。
1．群馬県新田郡新田町下田遺跡：オコゲ
2．埼玉県川越市荒川川床第1地点遺跡：オコゲ（前期諸磯b式）
3．東京都中野区新井小学校裏遺跡：炭化球根；ノビル（後期）
4．東京都八王子市宮下遺跡：炭化球根；ノビル（中期勝坂式）
5．神奈川県平塚市上ノ入遺跡：炭化球根；キツネノカミソリ（中期曾利Ⅲ式）
6．石川県金沢市米泉遺跡：オコゲ（晩期中屋式）
7．福井県三方郡三方町鳥浜貝塚：オコゲ（前期後半？）
8．山梨県北巨摩郡白州町上北田遺跡：炭化球根（前期初頭）
9．山梨県西八代郡三珠町水呑場北遺跡：オコゲ（中期井戸尻式）
10．山梨県東八代郡御坂町・八代町花鳥山遺跡
　　：炭化球根（前期諸磯b・c式）、オコゲ（前期諸磯b式）
11．山梨県東八代郡一宮町・東山梨郡勝沼町釈迦堂遺跡群
　　：炭化球根（中期曾利Ⅰ式）、オコゲ（中期狢沢式）
12．山梨県塩山市獅子之前遺跡：炭化球根（前期諸磯a・b式）

13．山梨県都留市中谷遺跡：炭化球根（中期末）

14．山梨県都留市中溝遺跡：炭化球根（早期末）

15．長野県茅野市判ノ木山西遺跡：オコゲ（中期藤内式）

16．岐阜県益田郡下呂町峰一合遺跡：塊状（前期）

17．岡山県岡山市津島岡大遺跡：オコゲ（後期中葉）

　以上のように、時期的には早期末から晩期にわたり、前期から中期に集中しており、概して前期に多い傾向がみられる。空間的には列島の中央部での出土例が多いことがうかがわれ、長沢宏昌氏が在住する山梨県を中心にその周辺地域に密集しており、西は岡山県にまでひろがっている。

　また、上記の遺跡のなかで、松谷暁子氏によって種類の同定がおこなわれている資料があり、その詳細が報告されているものに関して記述するものである。

６．石川県金沢市米泉遺跡

　　　「ユリ科のネギ属としておくのが妥当と考える」と報告されている（松谷1992:144）。

11．山梨県東八代郡一宮町・東山梨郡勝沼町釈迦堂遺跡群

　　　「外形からするとユリ科のギョウジャニンニクが似ている」と報告されている（松谷1989:144）。

12．山梨県塩山市獅子之前遺跡

　　　「ユリ科のネギ属と考えられる」と報告されている（松谷1991:103）。

13．山梨県都留市中谷遺跡

　　　「種名は同定できないにしても、これまでユリ科のネギ属の鱗茎と考えてきたものと似ており、同じようなものと考えても良いであろう」と報告されている（松谷1996b:178）。

14．山梨県都留市中溝遺跡

　　　「ユリ科の球根の鱗片と考えられる構造が観察された」と報告されている（松谷1996a:49）。

17．岡山県岡山市津島岡大遺跡

　　　「ユリ科ネギ属の球根と考えられるが、ノビルかどうかはいまのところ断定できない」と報告されている（松谷1994:245）。

　このように、松谷暁子氏が走査電子顕微鏡による観察で同定を実施しているものの、炭化した状態のため同定がなかなか困難で、断定するにはいたっておらず、現段階ではユリ科ネギ属までしかいえないとしておくのが妥当とされている。

　これら以外にも、下記の２遺跡で根茎類に関する植物遺体が出土している。

　青森県青森市三内丸山遺跡では、キカラスウリの種子が検出されていることが報告されて

いる（岡田・伊藤1995）。その検出により客観的自然環境の一部があきらかになった。客観的自然環境と主体的自然環境は異なり、カラスウリが当時存在していたことと根茎からデンプンをとりだしたことは別問題である。出土したのが種子であることとその出土状況からでは、それが集落付近にはえていたことをしめすにとどまり、根茎からデンプンをとりだしていたとまではいいきれず、あくまでデンプンをとりだしていた可能性が推測されるだけである。

　京都府竹野郡網野町松ヶ崎遺跡では、前期初頭の第18層（腐植土層）から「ヤマノイモ属の炭化イモ」が出土したと写真を掲載して報告されている（南木・宮路・松井1998、戸原・堀井他1998）。また、別のところでは「イモ類の珠芽（ムカゴ）」であると報告されている（戸原2000：22）。これについても、ヤマノイモのムカゴは食用にされても、根茎はたべられなかった可能性をのこしている。常識的に考えてヤマノイモの根茎が食用化された可能性はかなり高いが、依然としてその根茎の食料化は推測の段階にとどまっている。

　上記でのべてきたことをうけて、遺跡から植物遺体が出土したと断定的に報告されている根茎類は、クログワイ・キツネノカミソリ・ノビルの3種類である。クログワイについては、近年土壌の水洗選別がすすんでいるにもかかわらず、類例がふえていないという現状がある。また、出土した亀ヶ岡遺跡（直良・江坂1941）は低湿地遺跡でクログワイの生育地に適し、調査の年代もふるく、混入の危険性もあることから、慎重を期して保留しておいた方がよいと考えられる。また、神奈川県平塚市上ノ入遺跡から出土したことが報告されているキツネノカミソリについては、出土した遺跡が1遺跡のみであり（小島・浜口1977）、類例の増加をまって検討をかさねた方がよいと考えられる。ノビルについても、山梨県のほかの炭化球根がユリ科ネギ属としておくのが妥当とされている現状では、東京都中野区新井小学校裏遺跡（直良1965）のノビルと報告されている資料も、断定的にいいきることはできないと考えられる。こうした状況を考えあわせると、キツネノカミソリとノビルの2種類についても、食料化が想定されるという程度にとどめておくのが適当であろう。

第2節　食料化が想定される根茎類

1．食料化が想定されてきた根茎類

　前節では、遺跡から出土した植物遺体について論じたので、本項では植物遺体は出土してはいないものの、縄文時代においても食料化されたと想定されている根茎類についてみていくことにする。先学の研究者によってどのような種類がこれまで想定されてきたのか、食料

化の候補にのぼった植物名をみていくものである。

　根茎類の食料化の研究で影響をあたえているのは、中尾佐助氏によって提示された照葉樹林帯における農耕方式の発展段階であるので、1960年代後半の照葉樹林文化論登場を境にその前後の時期にわけ、年代順にみていく。

（1）照葉樹林文化論登場以前
江坂　輝弥（1959）：「シダの根、カタクリの球根、ヤマイモ」、「ヤマイモ・カタクリの球根・ユリの球根」、「ヤマイモ、カタクリ、ユリ、シダなどのイモ、球根、根」

酒詰　仲男（1961）：ワラビ粉・ミズイモ・クズ粉

直良　信夫（1965）：ノビル、草本類の地下茎（ユリ類・ウキヤガラ）、ヤマノイモ類

江坂　輝弥（1967）：「山芋や里芋などの芋類」、「水芋・山芋のごとき芋類」

藤森　栄一（1970）：クズ・ヤマイモ、里イモ・クワイ類

（2）照葉樹林文化論登場以後
中尾　佐助（1967）：野生植物；ワラビ・クズ・テンナンショウ類・ヒガンバナ・ジネンジョ、栽培植物；サトイモ・ヤマノイモ、野生根茎類；クズ・ワラビ・テンナンショウ、根栽培植物；サトイモ・ナガイモ・コンニャク

渡辺　　誠（1975）：「クズ・ユリ・ワラビ・テンナンショウなどの根茎類」

渡辺　　誠（編1975）：「クズ・ユリ・カタクリ・ワラビ・テンナンショウ等の根茎類」

江坂　輝爾（1977）：ヤマイモ、サトイモ

佐々木高明（1982）：「ワラビやクズなどを含む野生のイモ類」、半栽培植物；ヒガンバナ・ワラビ・テンナンショウ・ウバユリ・クズなどの野生のイモ類、「半栽培型のサトイモやヤマノイモ」、「コウボウイモとよばれる野生のサトイモ」

渡辺　　誠（1983b）：「クズ、ワラビ、カタクリ、テンナンショウ、キカラスウリ、ユリなどの地下茎や根茎類」

佐々木高明（1986）：「クズ・ワラビ・ヤマノイモ・カタクリ・ウバユリ・ヒガンバナ・テンナンショウその他の野生のイモ類」、「澱粉採取を行うおもな野生のイモ類」

佐々木高明（1991）：「クズ、ワラビ、ヤマノイモ、ウバユリ、ヒガンバナなどの野生のイモ類」、「イシイモ、エグイモ、コウボウイモなどとよばれる野生のサトイモ」

西田　正規（1989）：「澱粉を含むイモ類や球根類」、「ヤマイモやクズなどの根茎類」、「根茎類の採集　球根類、イモ類」

　以上のように、縄文時代において根茎類の食料化を想定している研究者自体が少なく、10名にもみたないという状況である。照葉樹林文化論登場以後では、民族学者の佐々木高明氏

は積極的にサトイモをふくめているのに対し、渡辺誠氏は堅果類の食料化を根拠に慎重に類推しているためか、サトイモをふくめていない。

2．野生根茎類の種類と植物学的特徴

　これまでのべてきたような堅果類食用化研究の現状や根茎類の植物遺体の出土・同定状況、および民俗学的な知識から、筆者が食料化を想定した根茎類は17種類である。みおとしているものやこれらのほかにも想定できる種類もあるとおもわれるが、遺漏のあるものは後日補足することにして、とりあえずは、この17種類をとりあげておくものである。以下に、それぞれの植物学的特徴をしるすことにする。

　（1）**カラスウリ**（うり科カラスウリ属）

　山麓や薮陰に普通なツル性の多年草で、根は塊状となり、大きい。雌雄異株である。本州・四国・九州・中国の暖帯に分布する（北村・村田・堀1957）。

　山麓や林のふちなどにはえるツル性の多年草で、根は塊状に肥大し、束になる。雌雄異株である。本州の東北中部以南・四国・九州・琉球・台湾・中国に分布する（牧野1982・1989）。

　（2）**キカラスウリ**（うり科カラスウリ属）

　山野にはえる多年生のツル草で、根は太く、長い。塊茎からデンプンをとってテンカン粉をつくる。種子も薬用にする。北海道・本州・四国・九州・琉球に分布する（北村・村田・堀1957）。

　山野にはえるツル性の多年草である。雌雄異株で、塊茎からデンプンをとって天瓜粉をつくる。また薬用にする。日本では奥尻島から奄美大島に分布する（牧野1982・1989）。

　（3）**クズ**（まめ科クズ属）

　山野とくに鉄道の堤に多い多年草である。根は長大で、澱粉をたくわえる。秋の7草の一つである。北海道・本州・四国・九州に分布する（北村・村田1961）。

　山野に普通にはえる大型で丈夫なツル性の多年草である。根は肥大して薬用となり、また葛粉をつくる。日本各地および朝鮮半島・中国の温帯から暖帯に分布する（牧野1982・1989）。

　日あたりのよい山野に自生する落葉ツル性植物である。生育が旺盛で、いちじるしく繁茂する。性質も強健で、荒廃地や都市環境下でもよく生育する（林・古里・中村1985）。

　葛は萩・尾花・撫子・女郎花・藤袴・桔梗とともに秋の七草にあてられており、すべてススキ草原に結合した植物である（沼田1980）。

　クズが生育するには高温とつよい日射が必要であり、クズは森林のなかにはなく、そこの木々が伐採されると侵入してくる（伊野1980）。

　（4）**ヤマノイモ**（やまのいも科ヤマノイモ属）

林や薮に普通な多年草である。毎年夏から秋に、多肉で長大な根が株元から垂直にのびる。晩秋に根を掘りとってたべる。本州・四国・九州・琉球に分布する（北村・村田1964）。

ジネンジョともいう。山野に普通にはえる多年生のツル植物である。地中に直下する長くて大きな円柱形の多肉根をもっている。肉質根は白くてやわらかく、晩秋に掘りとり、すりおろして食用とする。雌雄別株である。東アジアの温帯から暖帯にひろがり、本州・四国・九州・琉球に分布する（牧野1982・1989）。

（5）トコロ（やまのいも科ヤマノイモ属）

オニドコロとして掲載されている。原野に普通な多年生ツル草。地下茎はひげ根をだし、にがい。北海道・本州・四国・九州に分布する（北村・村田1964）。

オニドコロともいう。日本各地の山野に普通にはえるツル性の多年草である。地上部は冬かれる。真の根茎で、食用とする所もあるが苦い。雌雄異株である（牧野1982・1989）。

（6）ヒメドコロ（やまのいも科ヤマノイモ属）

エドドコロともいう。山野に普通な多年生ツル草である。地下茎は水平にのびて枝わかれする。関東地方以西の本州・四国・九州に分布する（北村・村田1964）。

エドドコロともいう。本州の関東以西・四国・九州の山地にはえるツル性の多年草である。地上部は一年生で、根茎は食用となる。雌雄異株である（牧野1982・1989）。

（7）ヒガンバナ（ひがんばな科ヒガンバナ属）

マンジュシャゲともいう。堤や墓地、田のあぜなどに多い多年草で、鱗茎にあるLycorineは有毒であるから、これを7回ほど水洗してのぞけば、たべられるデンプンをえる。本州・四国・九州に分布する（北村・村田1964）。

マンジュシャゲともいう。堤防・路傍・墓地などの人気のある所に多くはえる多年生草本である。ラッキョウ型の鱗茎は有毒植物の一種であるが、この鱗茎をさらしてデンプンをとり、食用にすることがある。本州・四国・九州に分布する（牧野1982・1989）。

（8）キツネノカミソリ（ひがんばな科ヒガンバナ属）

山麓や原野にはえる多年草で、本州・四国・九州に分布する（北村・村田1964）。

原野や山麓にはえる多年生草本で、有毒植物にかぞえられている。球形のラッキョウ状鱗茎は大きい。本州・四国・九州に分布し、北海道に帰化している（牧野1982・1989）。

（9）カタクリ（ゆり科カタクリ属）

原野や山地にはえる多年草で、樺太・北海道・本州・四国・九州に分布する（北村・村田1964）。

北海道・本州まれに四国の山中にはえる多年生草本で、根茎は白色多肉の鱗片状で数個が連続する。鱗茎は癒合して筒状となっており、良質の澱粉がとれる（牧野1982・1989）。

（10）ノビル（ゆり科ネギ属）

畑や路端に普通な多年草で、鱗茎はたべられる。北海道・本州・四国・九州・琉球に分布する（北村・村田1964）。

山野または堤の上などにはえる多年生草本で、猛烈に繁殖する雑草である。日本各地に分布する（牧野1982・1989）。

(11) **ウバユリ**（ゆり科ウバユリ属）

薮のなかや山中の木陰にはえる多年草である。関東地方以西の本州・四国・九州に分布（北村・村田1964）。

山野の薮のなかや林のなかにはえる多年生草本で、鱗茎から質のよい澱粉がとれる。本州関東以西・四国・九州に分布する（牧野1982・1989）。

(12) **オオウバユリ**（ゆり科ウバユリ属）

ウバユリより全体に大きい。中部地方以北の本州・北海道・樺太・南千島に分布する（北村・村田1964）。

亜高山帯の林地にはえる多年草である。ウバユリに似るが、寒地を適地として発達し、全体に大きい。本州の中部以北・北海道・南千島・サハリンに分布する（牧野1982・1989）。

(13) **オニユリ**（ゆり科ユリ属）

田のあぜなどにはえるが、栽培して鱗茎をたべる。北海道・本州・四国・九州に分布する（北村・村田1964）。

テンガイユリともいう。山野にはえる多年生草本で、鱗茎を食用として栽培する。もとは中国原産で、ふるい時代に伝来したものが野生化したものと考えられている（牧野1982・1989）。

(14) **コオニユリ**（ゆり科ユリ属）

スゲユリともいう。日あたりがよく、適湿の山地にはえる多年生草本である。鱗茎は大きく白色で、苦味が少ないので食用として栽培される。本州・四国・九州に分布する（牧野1982・1989）。

(15) **ヤマユリ**（ゆり科ユリ属）

山地の草原や低木林のなかにやや普通な多年草で、近畿地方以北の本州に分布する（北村・村田1964）。

本州中部地方以北の低山帯にはえる多年生草本である。鱗茎は径10cmぐらいで食用とされ、人家に栽培される（牧野1982・1989）。

(16) **テンナンショウ属**（さといも科テンナンショウ属）

テンナンショウ属の種類は37種にもおよぶことが報告されている。それぞれの種類によって分布地域は異なるが、本州・四国・九州に分布するものが多い（北村・村田1964）。

(17) **ワラビ**（いのもとそう科ワラビ属）

わらび科ともいわれている（中池1982、平林1987）。

夏緑性で、山野の陽地にごく普通に群生している。径1cmの根茎は長く地中をはっている。全国的に広く分布し、東アジアでは中国南部・台湾あたりまで南下している（田川1959）。

　山野に普通にみられる夏緑性の多年生草本で、日あたりのよい所をこのむ。根茎は太くて径1cm、地中を長く横にはう。根茎をうちくだいてデンプンをとりだして蕨粉とし、食用・糊の原料にする。のこりの茎を縄にする（牧野1982・1989）。

　山林や原野の日のあたる場所にみられ、北海道・本州・四国・九州に分布する（中池1982）。

　山野の陽地に群生し、夏緑性である。根茎は径5～10mmで、地中深く、長くはう（平林1987）。

３．まとめ

　これら17種類の野生根茎類は、食料化の方法を基準に２類にわけることができる。その一つはそのまま食用とするもので、ヤマノイモ・ヤマユリが該当する。もう一つはアク・有毒成分や繊維をとりのぞいてデンプンを抽出するもので、クズ・ワラビ・カタクリ・オオウバユリ・ウバユリなどがある。デンプンを抽出する根茎類はいずれもそのままの状態では長期保存にたえるものではないが、デンプンをとりだすことによって長期間の保存が可能になり、余剰分を貯蔵することができる長所がある。また、それらは地下茎の形状から塊茎類・根茎類・鱗茎類の３類にわけられる。すなわち、塊茎類はカラスウリ・キカラスウリの２種類、根茎類はクズ・ヤマノイモ・トコロ・ヒメドコロ・ワラビの５種類である。鱗茎類はヒガンバナ・キツネノカミソリ・カタクリ・ノビル・ウバユリ・オオウバユリ・オニユリ・コオニユリ・ヤマユリ・テンナンショウの10種類である。なお、ヒガンバナは縄文時代以降の帰化植物である可能性もあり、とりあつかうべきでないかもしれないが、佐々木高明氏（佐々木1991）が史前帰化植物としてとりあげていることから、本節でもとりあげた。

　本章第１節でも詳述したように、縄文時代の遺跡から根茎類の植物遺体が検出された例はごくわずかで、それも炭化した球根類が十数遺跡で確認されているにとどまり、クズやワラビなどの根茎が検出されたことは、いまだにしられていない。このように植物遺体の出土例が皆無にひとしく、確証がえられていない状況にもかかわらず、縄文時代においてもクズ・ワラビ・カタクリ・テンナンショウ・キカラスウリ・ユリなどの根茎類が食料化されたことが、渡辺誠氏をはじめとして佐々木高明氏らによって推測されている。また、現在の日本の考古学では、それらを食料にしていたという仮説が一般にみとめられている。このように推測され、仮説が一般に認知される根拠は四つあり、それらが密接に関係づけられながら推測

されていると考えられる。第一の根拠は、根茎類を食料化したという近過去および現在における日常の生活体験や民俗学的な知識である。第二は、照葉樹林文化論である。第三は、土掘り具という機能が一般にみとめられている打製石斧の存在である。第四は、縄文時代における野生植物食用化の技術的なレベルの高さである。すなわち、考古学の研究者が意識的であろうとなかろうと、日常の生活体験や民俗学的な知識をもとにモデルをつかい、打製石斧の具体的な用途の一つとして根茎類の採取を想定し、打製石斧の存在の解釈をこころみているということである。さらには、縄文時代の植物食の研究において、トチノキやナラ類のような堅果類から水さらしや加熱処理をしてデンプンを抽出していたことがあきらかにされており、堅果類食用化の技術的なレベルから判断して、根茎類からもデンプンがとられていたと推定してもさしつかえないと考えられているということである。このような推測がおこなわれているなか、本書も縄文時代においても根茎類が食料化されていたという前提に立脚し、この条件のもとで論をすすめている。

　また、本節1でも記述したように、研究者によって「根茎類」・「球根類」・「地下茎」・「野生のイモ類」などと用語のつかい方はさまざまである。しかも、その用語がどういう種類をふくんでいるのかという点も、あまり明確になっているとはいいがたい。そこで本書では、「野生堅果類」・「堅果類」という用語に対応させて「野生根茎類」・「根茎類」という用語を使用する。また、「野生根茎類」をくりかえすと煩雑になるので、「野生」をのぞいて「根茎類」と表記するものである。そして「根茎類」という用語がふくむ植物の種類は上述の17種類である。

　なお、本書では食物一般をさす場合は「食料」をつかい、米や小麦など主食物をさす場合は「食糧」をつかっている。

第4章
クズ食料化に関する民俗調査

第1節　クズ粉生産地の地理的分布

　クズの根茎すなわちクズ根から、デンプンのクズ粉をとっていたという伝承がある地域や現在でも生産をおこなっている地域を、常道にしたがって、まず文献でしらべてみることにする[1]。

（1）現在でもクズ粉を生産している地域
1（1）　石川県七尾市山崎町小川内[2]
2（2）　石川県羽咋郡押水町宝達・山崎（斎藤1974、津川・サセック・藤井1988、村井1991）
3（3）　福井県遠敷郡上中町熊川（津川・サセック・藤井1988）
4（4）　静岡県掛川市倉真第6区・大宮（津川・サセック・藤井1988）
5（5）　奈良県宇陀郡大宇陀町上新（阪本1963、鹿谷1985、津川・サセック・藤井1988）
6（6）　奈良県御所市葛町（津川・サセック・藤井1988）
7（7）　島根県迩摩郡温泉津町西田（津川・サセック・藤井1988）
8（8）　福岡県甘木市下秋月町・上秋月町（津川・サセック・藤井1988）
9（9）　鹿児島県垂水市二川（田口1986）
10（10）　鹿児島県肝属郡串良町細山田[3]
11（11）　鹿児島県曽於郡大崎町永吉（津川・サセック・藤井1988）

（2）かつてクズ粉の生産がおこなわれていた地域
1（12）　岩手県九戸郡山形村（名久井他1991）
2（13）　岩手県下閉伊郡岩泉町（畠山1989）
3（14）　岩手県稗貫郡大迫町（野本1987）
4（15）　東京都葛飾区（津川・サセック・藤井1988）
5（16）　福井県三方郡三方町（坂本1993）
6（17）　福井県小浜市（坂本1993）

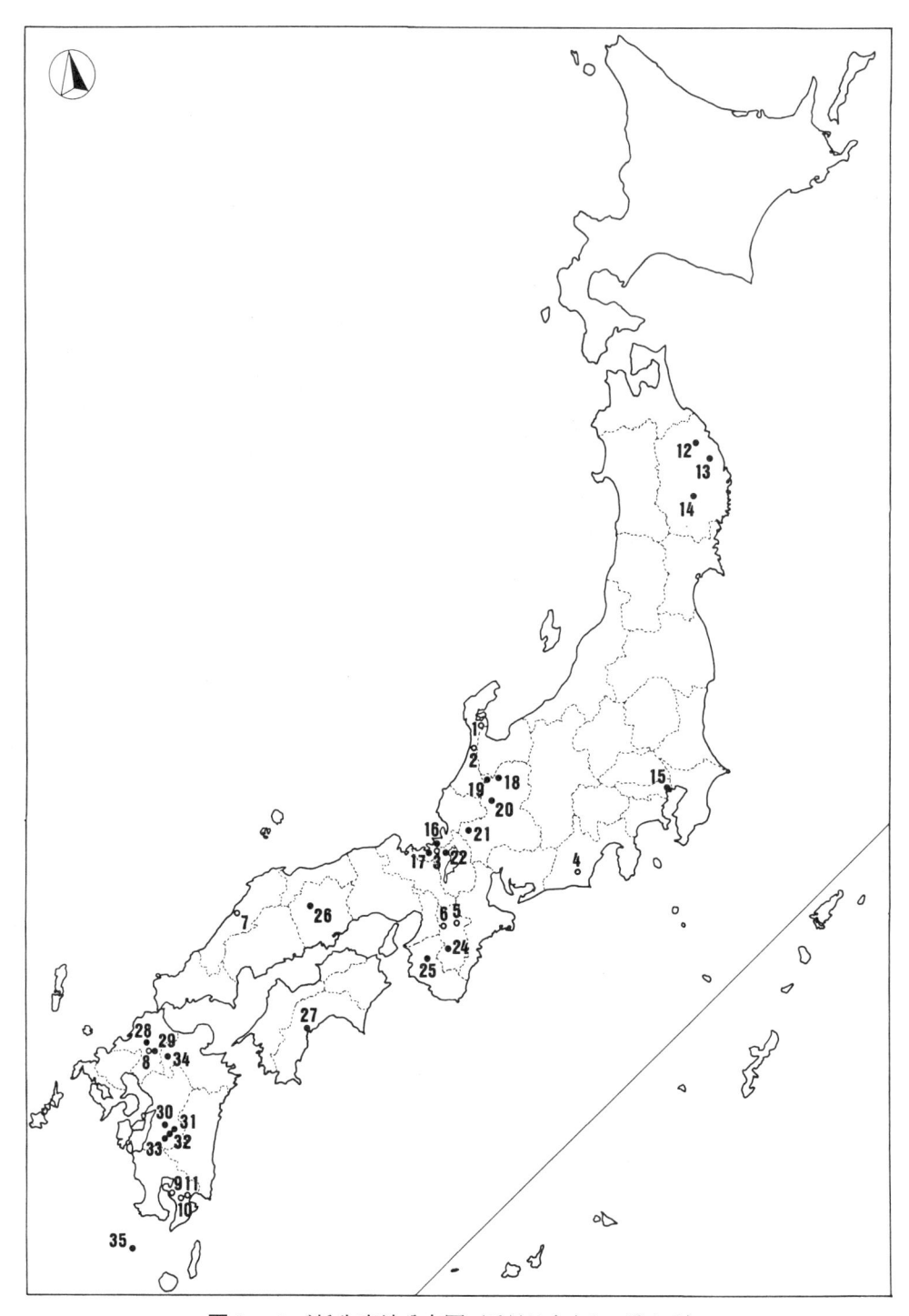

第2部　縄文時代の植物採集活動の民俗考古学的研究

図1　クズ粉生産地分布図（番号は本文と一致する）

7　(18)　　岐阜県吉城郡河合村（小山・松山他1981、富田編1930ab）
8　(19)　　岐阜県大野郡白川村（小山・松山他1981、富田編1930ab）
9　(20)　　岐阜県大野郡荘川村（小山・松山他1981、富田編1930ab）
10　(21)　　岐阜県揖斐郡徳山村（松山1982）
11　(22)　　滋賀県高島郡今津町（坂本1993）
12　(23)　　兵庫県・京都府本山（篠田1960、津川・サセック・藤井1988）
13　(24)　　奈良県吉野郡大塔村（野本1987）
14　(25)　　和歌山県有田郡清水町・有田市（津川・サセック・藤井1988）
15　(26)　　岡山県真庭郡勝山町（篠田1960、津川・サセック・藤井1988）
16　(27)　　高知県須崎市（津川・サセック・藤井1988）
17　(28)　　福岡県嘉穂郡筑穂町内野（筑紫1974、矢野編1962）
18　(29)　　福岡県甘木市江川（酒井1969）
19　(30)　　熊本県球磨郡五木村（佐々木1986）
20　(31)　　熊本県球磨郡須恵村[4]
21　(32)　　熊本県球磨郡深田村[5]
22　(33)　　熊本県球磨郡相良村[6]
23　(34)　　大分県日田市[7]
24　(35)　　鹿児島県鹿児島郡三島村黒島（岩波書店編集部1955）

　文献による調査結果、上記のように現在でもクズ粉を生産している地域は全国で11個所確認され、かつてクズ粉の生産がおこなわれていた伝承がある地域は全国で24個所確認された。そして両者の合計は35個所で、図1にしめすとおりである[8]。

　そのほかには、第2次世界大戦中から戦後の食糧難の時期には、それをおぎなうために奈良県、兵庫県、鳥取県、島根県、福岡県などでクズ粉生産がおこなわれていたという（篠田1960）。これらについては、市町村が特定されていないため、本章では除外している。

第2節　調査事例の報告

　クズの根からデンプンをとっていた伝承がある地域や現在でもクズ粉生産がおこなわれている地域は、前項でしるしたように全国で35個所確認された。そのうちの14個所について民俗調査を実施したので、それをしるすことにする。

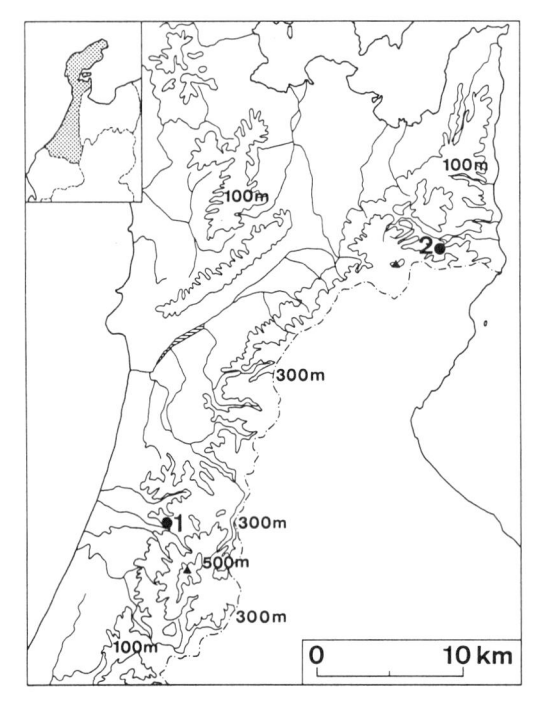

図2　石川県内クズ粉生産地位置図
（1　押水町宝達・山崎、2　七尾市山崎町小川内。縮尺1：500,000）

事例クズ1－1．石川県羽咋郡押水町山崎在住の田村重治さん・梅乃さんご夫妻におうかがいした話

　田村重治さんは大正9（1920）年うまれ、田村梅乃さんは昭和3（1928）年うまれである。1994（平成6）年1月6・7日に納屋で、同年3月7日に納屋と山でおうかがいした話である。なお、押水町山崎は同町宝達の西どなりの集落で（図2）、宝達のクズ粉は「宝達葛」としてしられている。

　このあたりでは、クズの根茎のことを「クズネ」、「クズバヅルノネ」とよぶ。

　宝達のクズ製造は200・300年前にはじまった。宝達山で金を掘るために、全国から鉱夫をあつめた。そのなかにクズの製造方法をしっている人がいてひろまった。宝達の集落はむかしなかった。藩政期に金山を掘るために、鉱夫を全国からあつめて集落ができた。むかし宝達の集落には100軒ほどあったが、70〜80軒掘っていた。ほとんどクズ製造に従事していた。田んぼのない時期にしていた。

　戦時中から戦後にかけては、食糧の代用にした。津幡や金沢の三谷の谷、いまでいう朝日町や森本まで、2カ月ほどとまりがけででかけた。人の納屋をかりて寝とまりした。掘ったクズ根を木炭車で宝達まではこんできた。他所へ道具をもって家族ででかけることもあった。現在では町が補助金をだすからといっているが、後継者がいない。鶴来の人もしていたが、登録商標がつかえないのでべつの袋にいれてうっていた。それをかった人から片栗粉がまざっていると、農協に苦情がきた。これは10年ほど前の話である。

　クズは日本の中で九州から関東にかけて、福島ぐらいまでみられる。東北や北海道にはない。北海道や東北では製造していない。熱帯植物だから寒いところではそだたない。植林されると人の手がはいるので、ツルがきられたり、葉がいたんだりしてない。あれ山にある。山をなぶらん、自然体のままになっているところにある。日あたりのよい南むきの風のあたらないところのクズ根がよい。山の南斜面に良質のクズがある。風が害になる。採集に適した、デンプンをとるのに適したクズ根ができるには10年くらいかかる。7・8年から10年は

第4章　クズ食料化に関する民俗調査

かかる。2・3年のものではだめである。クズの根によってデンプンの全然ないものもあれば、半分くらいのものもあり、たくさんのものもある。含有量はクズ根によってちがう。クズは宝達山の高いところにもあるが、含有量は少ない。標高100～200mくらいの低い山や丘程度の山のものは、含有量が多い。根の形状もさまざまである。丸いものもあれば、ゴボウのように細長いものもある。クズは人工栽培できない。畑のような土をうごかしたところはだめである。土の質によるものか、花のさくやつとさかんやつがある。秋の土用のころになるとクズの葉の色が黄色くかわってくる。

　クズの根を掘るのは、土用がおわった11月10日ごろから春の新芽がでる4月いっぱいである。それ以後は、田んぼがあるのでしていられない。

　日がえりできる範囲で、掘りにでかける。掘りにでるときは、1日かける。朝ごはんをたべて、夕ごはんまでにかえる。遠いところならば、弁当をもってでかける。天気のよいときに掘る。雨がふるとだめやね。クズのツルをさがす。ツルは年数がたつと、古いほど黒くなる。若いと、1～3年のものは白い。ツルをきってみて、断面の年輪のツル色が悪いとだめである。年輪がまっ白なのがよい。ツルのこわいのはだめで、やわらかいのがよい。クズの根のあるなしは、ツルの太さよりも株の大きさによる。細いツルでも、それが何本もあつまってきて大きい株になっていることもある。根は株から何本か、1～3本ぐらいにわかれている。やわらかい土がよく、宝達のような固い土はだめである。赤土、粘土のところに大きいのがあることがある。壁土のところで、まわりが3尺ほどのものがでることもある。石原は大きいのがない。崖は少し掘っただけで、根がでてくる。根はやわらかい岩盤のなかまではいりこんでいる。

　掘るときにつかう道具は、ノコギリ、カマ、クワ、スコッパ、ツルハシである。主体はカマとクワである。クワは畑のものよりぶあつく、ヤマグワである。宝達の山は石ばっかりで、とがった刃が片方のみついたツルハシもつかう。カマがきれなくなったら、途中に砥石でとぐ。掘る道具は山においておく。ヤマグワの木柄に赤いビニールヒモをまくのは、クズ根を掘るのは重労働であり、掘っているときにおれてしまうので、おれるのをふせぐためである。それと山にクワをおいてくるが、おなじような色をしていてわからなくなる。赤いテープをまいておくと、枝葉の下になってもちょっと赤いのがみえるとわかるからである。

　掘るときは、まずカマで下草をかる。つぎにクワとツルハシで掘っていく（写真1-1・2）。掘った土をスコッパですくったり、穴を掘ったりする。必要に応じてノコギリをつかう。掘ったクズの根にカマをいれて少しきってみて（写真1-3）、白いのがでるといい。白いのがでないやつは、そのまま山にすててくる。掘ったクズの根の枝わかれしたところをカマできりおとし、下のためてあるところまで、ほうりなげる。それをあとであつめる（写真1-4）。根の色は、黒褐色～黒色である。茶色もあり、それぞれである。

第 2 部　縄文時代の植物採集活動の民俗考古学的研究

1　ヤマグワで掘る

2　ツルハシで掘る

3　カマをいれる

4　あつめられたクズ根

5　背おってはこぶ

6　一輪車ではこぶ

7　納屋につまれたクズ根

8　クズ根をあらう

写真 1　石川県押水町山崎におけるクズ採取工程・加工工程

1　ノコギリできる 　　　　　　　　　　2　ユキでわる

3　クズ根をつぶす機械 　　　　　　　　4　クズ根をつぶす

5　ポリミにいれる 　　　　　　　　　　6　イチバンアライオケにいれる

7　アライミズをかける 　　　　　　　　8　足でふんで水分をしぼりだす

写真2　石川県押水町山崎におけるクズ加工工程1

第2部　縄文時代の植物採集活動の民俗考古学的研究

1　マワシノクワでかきまぜる

2　もみあらいする

3　足でふんで水分をしぼりだす

4　キヅチでたたきつぶす

5　アライミズを木綿袋にいれる

6　木綿袋をしぼる

7　クズの繊維を一輪車にのせる

8　道路わきにすてる

写真3　石川県押水町山崎におけるクズ加工工程2

第4章　クズ食料化に関する民俗調査

1　うわ水をべつの桶にうつす

2　カナダライにうける

3　デンプンをポリオケにうつす

4　マワシボウでかきまぜる

5　オコシで筋目をいれる

6　ホウチョウでよごれをけずる

7　小わりしてカイコカゴにならべる

8　カイコカゴを乾燥棚にいれる

写真4　石川県押水町山崎におけるクズ加工工程3

道具やクズの根をはこぶために、台のない一輪車でいく。道のないところは、クズの根をかついででんなん。クズのツルを口でさいて背おい縄にして、道のあるところまでかついででる（写真1－5）。道のあるところに一輪車をおいて、それにのせてかえる（写真1－6）。掘って、もってかえれないものは、山にかためておいておく。納屋につんであるクズ根は2カ月間で掘ってきたものである（写真1－7）。さらす作業がはじまってからは、それと掘る作業を並行させておこなう。

　クズ根をつぶすまえにあらう。むかしはクズの根を素手であらった。宝達川の水であらった。いまはゴム手袋をしてあらう。1日仕事をする分のクズ根をあらうのに、2時間かかる（写真1－8）。太いものはノコギリできり（写真2－1）、ユキでわる（写真2－2）。むかしはジョウボイシの上でクズ根をたたいてつぶした。どんな石でもよいというわけではない。表面が平坦な赤い石で、たたいても石の粉がでない。ジョウボイシというのは、丈夫な石という意味かもしれない。石屋さんに赤石の表面をたいらにしてもらう。庭の片隅のコンクリートのところにうめこむ。いまは機械をつかってつぶす（写真2－3・4）。クズ根をつぶす機械は、吉野のほうでつかっていたものを導入した。いまは1回で目方35〜40貫粉砕する。くだいたクズの根は2畳分の黄色いビニール敷物の上にのせてある。くだいたばかりのときは白いが、アクのため時間がたつと褐色に変色してしまう[9]。ホウキをつかって、ちらばった根をはきあつめる。歩どまりは5％くらいで、一定していない。平均して5％くらいで、10％はいかない。

　イチバンアライをする。昨日の午後につぶしたクズ根をオレンジ色のポリミにいれてはこぶ（写真2－5）。それをイチバンオケのなかにいれ（写真2－6）、マワシノクワでかきまぜ、手でもみあらいをする。イチバンオケの上にタケ製のザをしいて、もみあらいをしたクズ根の粗い繊維を山もりにのせる。その上にニバンオケのアライミズをかける（写真2－7）。ザの上にのり、足でふみつけ、水分をしぼりだす（写真2－8）。イチバンアライのアライミズは醤油と一緒な色である。

　ニバンアライをする。ザの上にのこったクズ根の粗い繊維をニバンオケのなかにいれる。マワシノクワでかきまぜ（写真3－1）、手でもみあらいをする（写真3－2）。ニバンオケの上にタケ製のザをしいて、もみあらいをしたクズ根を山もりにのせる。ニバンオケの横におかれた青いポリバケツのなかの水をかける。ザの上にのり、足でふみつけ（写真3－3）、水分をしぼりだす。ニバンアライのアライミズは、色が少しすくなる。

　アライの工程の最後のほうでは、マルソウケをザの上におき、マルソウケのなかに桶のなかの粗い繊維をいれ、マルソウケの底におしつけ、水分をしぼりだす。

　地下からポンプでくみあげた自家水道の水をつかう。1日に相当の量の水をつかう。自家水道の水というのは、井戸水のことである。ビニールの手袋をしていても寒の水は冷たいの

で、青い中型のポリバケツにお湯をいれておき、そこにビニール手袋ごとつけてあたためる。

　イチバンアライでも、ニバンアライでもザの上にクズ根をのせるとき、細かくくだけていないクズ根をみつけだし、桶の横のコンクリート上になげだしておく。それがある程度たまったら、コヅチでたたいてつぶす（写真3-4）。ペタペタになるまでたたきつぶしてイチバンオケやニバンオケにいれる。コヅチでたたきつぶしたとき、まわりにとびちったものがあり、それをかきあつめる。そのとき多少土や泥がはいっても、あとで沈澱させるからかまわない。

　ヨネコシザルをイチバンオケのなかにいれ、クズの繊維を下のほうにしずめ、ヨネコシザルの目をとおしてアライミズがしみだすようにする。そのアライミズを青い小さなポリバケツやテミズガケオケでくんで、青い大きなポリエチレン製オケの内側にたらしてある木綿の布袋のなかにいれる（写真3-5）。仕事の能率をあげるため、手にかからないものを袋にいれてこす。ポリエチレン製オケの水中で布袋を何度もこきざみにゆすぶってこしだす。青い大きなポリエチレン製オケの上にザをおいて、その上で体をおしつけるように袋をもんで（写真3-6）、なかの水分をしぼりだす。袋のなかのカスが多くなってきたら、それをニバンオケにいれる。ニバンオケでもイチバンオケとおなじことをする。

　木綿袋のなかにはいっている細かい繊維をヨネという。ヨネは手にかからない。ヨネは「余根」とかくのかもしれない。その色調は粗い繊維よりも褐色が強く、オカラのような感じである。木綿袋は、最初はまっ白だったが、アクで変色して白っぽい褐色に変色している。

　1月6日は青いポリエチレン製オケが4本分でき、1月7日は桶5本分できた。

　アライミズとアクミズはちがう。イチバンオケ・ニバンオケともに泡だっており、ビールの泡のようである。イチバンオケの泡は褐色をおびた白色である。ニバンオケの泡はイチバンオケのものより白っぽい。ザの上にのって足でふんで水分をしぼりだしたときのアライミズは、コーヒー牛乳のような白っぽい褐色を呈している。イチバンアライのアライミズのほうが、ニバンアライのアライミズよりデンプンをたくさんふくんでいる。クズ根の粗い繊維の色も、イチバンオケのもののほうがニバンオケのものより濃い。褐色が強い。ニバンオケのものは黄色みが強く、一輪車上のすてるものの色はゴザやムシロのような色をしている（写真3-7）。

　ニバンアライで、ザの上で水分をしぼりだしたカス、すなわちクズ根の粗い繊維を一輪車にのせておく（写真3-7）。ニバンアライのアライミズを木綿袋にいれ、水分をしみださせたあと袋のなかにのこったカスも一輪車の上にのせておく。ある程度たまったら一輪車ではこび、自分の田んぼの脇にすてておく（写真3-8）。1年ほどたったものは濃い褐色に変色してしまっている。十分にくさらせておいて堆肥にする。園芸用の腐食土としてもつかい、キクをつくるとき、よい土になる。3年間あったものは、園芸業者がもっていってしまった。

　2日目、泡はまだあるが、上のほうのアクミズをすてて、底にたまっているドロドロの状

態のものをヌノゴシ・フクロゴシにして1本にまとめる。足の強いものは白いクズになっている。

　3日目、それを一昼夜沈澱させておくと、アクミズの泡はなくなり、クズのデンプン・ドロダゴ（ドロドロの2番のもの、半製品のようなもの）・砂の3層にわかれる。デンプンは手でくじってもとれないので、オコシをつかってとる。白いプリンのようである。ドロダゴは足が弱い。ドロダゴと白いデンプンをべつのサラシオケにわける（写真4－1〜3）。水をいれて、タケ製のマワシボウでとかす（写真4－4）。7〜10日間、水をかえてアクぬきをする。

　4日目、デンプンのはいった桶のうわずみの水をすて、底にたまっているクズをオコシでおこし、そこに水をいれ、マワシボウでとかす。これを4回くりかえす。5回目にいったら、スナドリをして絹袋でこしてアゲオケにまとめる。スナドリ（砂どり）というのは、水をはってとかして10〜15分おくと、砂は重いので下へたまる。クズが水にとけている状態でアゲオケにうつすことをいう。2・3時間もおくと、クズまで沈澱してしまう。一昼夜おいたら、上の水をとって下にたまったクズの上に木綿袋を二重にかさねておき、さらにその上に灰のはいった木綿袋を上にのせておくと水分がとれる。灰のはいった木綿袋の下に木綿袋を二重にしくのは、灰のアクがしみこまないためである。

　水分がとれた状態で、ホウチョウで縦方向に筋を2本いれて、それをなぞってクズオコシキできりこみをいれていく（写真4－5）。横方向でもおなじことをし、9個にわける。そのうちの5個は20cm四方の四角い豆腐のようになったもので、四隅の4個は一辺が円弧をえがく二等辺三角形である。ホウチョウとクズオコシキで両側からはさんでとりあげる。表面についている砂やゴミを、ホウチョウでけずりとり、まっ白にする（写真4－6）。それを木箱にいれ、3個ならべる。木箱は3個でいっぱいになるので、その上に新聞をしいて、さらに新聞の上に塊をのせる。木箱を納屋2階にはこぶ。四角いテーブル上にタケ製カイコカゴをおいて、四角や三角の豆腐のようにしたクズのデンプンを手で四つにわり、棒状の直方体にする。さらにそれを手で長さ5cm×幅5cm×厚さ3cmの大きさないしは2cm四方にわって、カイコカゴの上にならべる（写真4－7）。カイコカゴの上には、まず新聞紙をしき、その上に印刷されていない新聞用紙をしき、デンプンをならべて乾燥させる。ほこりやゴミがかからないように、ならべたデンプンの上に白い新聞用紙や新聞紙をかぶせる。それがうごかないようにとめておく。印刷されていない新聞用紙をつかうのは、活字のインクがつかないようにするためである。タケ製カイコカゴを乾燥棚のなかにいれる（写真4－8）。2〜3カ月間、その状態で自然乾燥する。蔵なんかで自然乾燥する。風のあたらないようにする。風があたると、バラバラにわれて製品価値がおちる。クズをつぶし、あらいはじめてから、乾燥棚、むかしの蚕棚にあげるまでに早くて1週間、おそければ10日間くらいかかる。けずりおとしたデンプンは、べつの桶にいれてさらしなおす。

寒いほど、水がつめたいほど製品がよい。4・5月になると、水があたたかくなって、くわいる。沈澱しているクズに穴があく。春は今日とってきたら、その日のうちにしてしまう。できあがった製品は何十年ももつ。下痢をしたとき、つめたい水でとかしてたべると下痢がとまる。

　いまでは桶屋さんがいなくなって、木製の桶がない。大型の青いポリエチレン製オケは長野からとりよせたものである。テミズガケノオケは、むかしは木製の桶をつかっていたが、いまは桶屋さんがいないため、青い小さなポリバケツや味噌がはいっていた白いポリ容器を利用している。はっきりしたつかいわけはないが、味噌の白いポリ容器はザの上のクズ根にアライミズや水道水をかけるときにつかう。木綿袋にアライミズをいれるときは、小型の青いポリバケツでくみとる。マワシノクワの木柄は半分くらいにきって、先端を細くしている。

事例クズ１－２．石川県羽咋郡押水町山崎在住の田村重治さん・梅乃さんご夫妻が使用している採取用具・加工用具

　1994（平成6）年3月25日・同年4月9日・同年10月23日の3日間、採取用具・加工用具の計測と写真撮影をおこなった。

　ヤマグワ（写真1－1・2、5－1）　鉄製刃部の柄壺に木柄が装着されている。鉄製刃部では、両角がまるみをおびた基部から刃部にむけてややひろがっており、刃縁は直刃で、両角がほんの少しだけまるくなっている。柄壺をのぞいた刃部の長さは20.4cm、刃幅は13.8cm、刃厚0.1cmである。木柄は長さ86.7cmをはかり、にぎり部の断面は3.0cm×2.7cmの楕円形を呈する。

　ツルハシ（写真1－2、5－1）　細長くとがった鉄製刃部に木柄が装着されるものである。鶴の嘴状にとがった刃先の長さは18.5cm、刃部全体では長さ26.2cm、幅5.0cmである。木柄は長さ76.2cm、断面はどこでも楕円形を呈し、にぎり部は3.5cm×2.5cmである。

　スコッパ（写真5－1）　木柄の一端に刃部がつき、他端に三角形のにぎり部がつく形態である。刃先はつかいこまれてとがれたせいか、まるくなっている。刃部は長さ22.5cm、刃幅22.2cmである。全長は91.7cmである。木柄の断面は直径3.4cmの円形を呈する。

　カマ（写真1－3、5－1）　「ノ」の字状を呈する鉄製刃部に木柄がつく形態である。まっすぐな木柄に対して、刃部はやや内ぞりに角度をもって装着されている。全長43.9cm、木柄の長さ37.1cmをはかる。刃は片刃ぎみの両刃である。手でもつ部分の断面は直径2.7cmの円形である。

　ノコギリ（写真1－2、5－1）　細長い鉄製刃部に大きく湾曲した木柄がつく形態である。刃部の先端はひっかかりをつくるため、少し内湾している。横びき刃で、刃道28.4cm、鋸歯の数は75個である。全長42.5cmである。ノコギリもつかわないときは鞘におさめられ

ており、その状態での全長は43.3cm である。腰にぶらさげておくために、直径0.5cm の白いビニールヒモが２本むすびつけられている。その長さは64cm と72cm である。

ナタ（写真５－１）　鉄製刃部に木柄が装着されている。つかっているときに手からぬけおちないように、木柄の端にはひっかかりのための隆起がつくりだされている。刃部もおなじように先端は鉤状になっている。片刃である。全長42.5cm、木柄の長さは22.5cm をはかる。ナタをつかわないときはナタバコにいれておかれるが、これにナタをいれたときその頭がとびだすかたちとなる。ナタバコの大きさは長さ20.0cm、幅13.7cm、厚さ2.0cm をはかる。また腰にぶらさげておくために、直径0.7cm のビニールヒモが２本むすびつけられている。長さは33.0cm と69.0cm である。

タワシ（写真１－８）　クズ根をあらうときにつかう。

ノコギリ（写真２－１）　木柄に細長い鉄製刃部がやや屈曲して装着される形態である。横びき刃で、刃道34.4cm、鋸歯の数は94個である。全長は42.5cm である。木柄は長さ36.0cm、その断面は3.4×2.3cm の楕円形を呈する。長いクズ根を適当な長さにきるときにつかう。

ユキ（写真２－２）　木柄に鉄製刃部が装着される形態である。基本的には木柄に対して刃縁は平行しているが、やや角度をもっている。鉄製刃部は長さ22.0cm、幅3.2cm、刃わたり7.8cm である。鉄製クサビがうちこまれ、全長83.8cm をはかり、にぎる部分は4.0cm×2.8cm の楕円形を呈する。太いクズ根をわって適当な太さにするときにつかう。

クズ根をつぶす機械（写真２－３・４）　幅56.0cm、奥ゆき90.5cm の鉄製台の上に幅56.0cm、奥ゆき40.0cm、高さ73.0cm の鉄製箱がつき、その頂上に歯がついたドラムが付設されている。歯の大きさは長辺18mm×短辺2.5mm×高さ10mm、１列の歯数は16ないし17で、となりあう列の歯はたがいちがいになるようにつけられている。ドラムは台の上におかれたモーターで回転するようになっている。台の四隅にはゴムの車輪がつけられていて移動させやすくなっている。全体の高さは105.5cm をはかる。１台つかわれている。

ジョウボイシ（写真５－３）　むかしつかっていたジョウボイシが庭においてある。平面形態は隅丸台形にちかい楕円形である。長径約67cm、短径約52cm、厚さ約20cm をはかる。平坦面の表面には、アバタ状のくぼみと弱い磨耗痕がみられる。

キヅチ（写真３－４）　円筒形の槌部に柄がつく。たたかれたことにより、両面とも木柄に対して、ななめの平坦面が形成されている。平坦面の大きさは２面とも7.4cm×7.0cm である。木柄は長さ40.8cm、幅2.3～3.0cm をはかり、槌部は長さ15.5～16.0cm である。１点。

テミ（写真２－５）　オレンジ色を呈して、長さ43.0cm、幅40.8cm、高さ14.0cm である。１点のみである。

ビニール敷物（写真２－４・５）　くだいたクズの根をおいておく敷物である。表面は黄

白色を呈し、大きさは183.0×158.0cm である。

イチバンオケ・イチバンアライオケ（図3-1、写真2-6・7）　口径81.5〜83.5cm、高さ46.0cm をはかる。側板（クレ）は27枚で、幅8.0〜11.5cm、厚さ1.8〜2.0cm である。計測したときなかにアライミズがはいっていたため、底板（ウラ）の枚数は確認できず、その直径は73.6cm と推定される。下から7.0cm と12.0cm のところに太い針金のシリタガがめぐらされている。その部分にタケ製タガの痕跡がのこっている。下から25.0〜29.0cm のところに幅4.0cm のタケ製クチタガが1本めぐらされている。幅1.0cm 前後のタケ材4本でくまれている。脚が4個つくりつけられており、長さ18.5cm、高さ4.5cm である。

ニバンオケ・ニバンアライオケ（図3-2、写真2-6・7）　口径80.5〜81.5cm、高さ50.0cm をはかる。側板（クレ）は22枚で、幅8.5〜13.5cm、厚さ2.0〜2.2cm である。底板（ウラ）の直径70.0〜76.0cm、底板は4枚からなり、幅20.8〜26.5cm である。下から7.5〜15.0cm までのところに幅4cm 弱のタケ製シリタガが2本、下から29.5〜34.5cm のところに幅5.0cm のタケ製クチタガが1本めぐらされている。横からみてタガはいずれも右あがりである。脚が4個つくりつけられており、長さ21.0〜22.0cm、高さ7.0cm である。

サラシオケ・オケ（図3-3、写真4-1〜3）　口径74.5〜75.5cm、高さ55.5cm をはかる。側板は25枚で、幅3.9〜13.5cm、厚さ2.0〜2.2cm である。底板（ウラ）の直径63.5〜64.0cm、底板は3枚からなり、幅24.7cm、24.8cm、14.0cm である。下から7.0〜16.0cm までのところに幅4.5cm のタケ製シリタガが2本、下から35.0〜39.0cm のところに幅4.0cm のタケ製クチタガが1本めぐらされている。横からみてタガはいずれも右あがりである。脚が4個つくりつけられており、長さ21.0cm、高さ6.5〜7.0cm である。

ポリエチレン製オケ（写真2-6・7、3-5・6、4-3・4）　大型で、容積は200リットルである。青色を呈する。口径71.0cm、高さ70.0cm をはかる。内法で口径65.5cm、深さ67.8cm である。7点ある。

ポリエチレン製オケ（写真1-8）　小型で、容積は100リットルである。青色を呈する。口径59.0cm、高さ56.0cm をはかる。内法で口径53.0cm、深さ53.0cm である。2点おかれている。

ポリバケツ（写真2-7、3-2・5・7、4-1）　味噌をなかにいれて市販されている容器を転用したものである。黄白色を呈する。口径22.5cm、高さ17.6cm である。内法で口径21.0cm、底径16.8cm である。納屋には2点ある。

ポリバケツ（写真2-6、3-5）　青色を呈し、アライミズ・水道水用である。口径25.2cm、高さ24.1cm である。内法で口径22.8cm、底径18.8cm、深さ23.0cm である。つり手がつく。1点。

ポリバケツ（写真2-5）　青色を呈し、こごえた手をあたためるためのお湯をいれてお

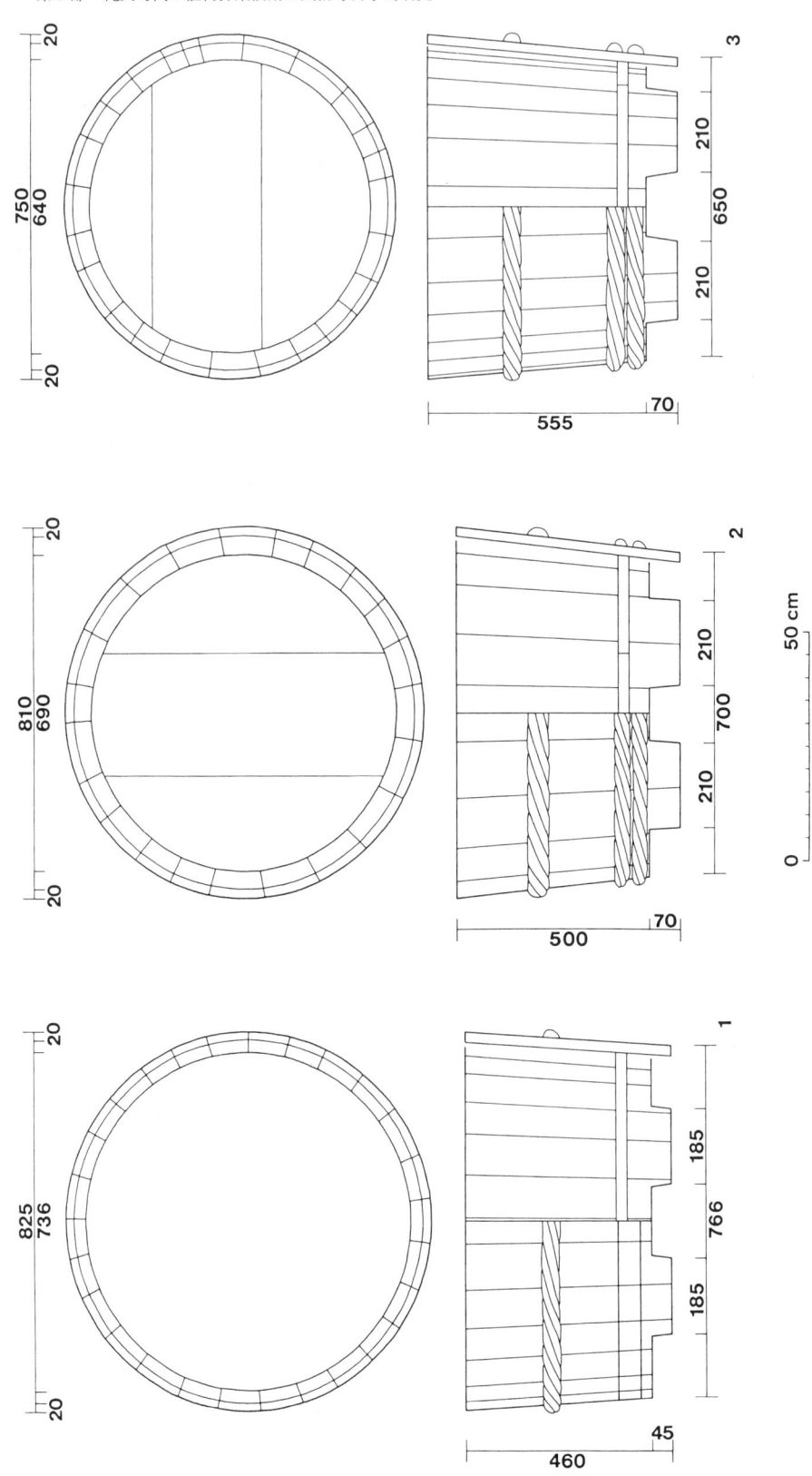

第2部　縄文時代の植物採集活動の民俗考古学的研究

図3　石川県押水町山崎のハンギリ計測図
（1　イチバンオケ・イチバンアラライオケ、2　ニバンオケ・ニバンアラライオケ、3　サラシオケ・オケ。縮尺1：15）

第4章　クズ食料化に関する民俗調査

くものである。口径29.8cm、高さ27.8cmである。内法で、26.4cm、底径22.4cm、深さ27.4cmである。つり手がつく。1点のみである。

ブリキバケツ（写真3－4）　法量は口径31.6cm、高さ28.5cmである。内法では底径20.6cm、深さ27.8cmである。納屋のなかに2点おかれている。

カナダライ（写真4－2）　金属製のタライである。内法で口径46.0cm、底径42.5cm、深さ13.5～17.0cmである。納屋のなかには3点おかれている。

マワシノクワ（写真3－1、5－2）　鉄製刃部の柄壺に木柄が装着される形式である。刃部は四つの刃先にわかれ、全長20.8cm、柄壺をのぞいた長さは16.5cm、刃幅は27.0cmをはかる。木柄は全長68.0cm、手にもつ部分の断面は楕円形を呈し、2.6×2.2cm、3.0×2.6cmである。

ザ（写真2－6～3－7）　総数3点である。いずれも太さ・長さのにかよった12・13本のタケを、ひらたく白いビニールヒモで2個所モジリ編みして製作されている。イチバンアライオケの上にあるものは、タケの太さ2.4～3.0cmで、製品は長さ90.0～94.0cm、幅41.0～42.cmである。ニバンアライオケの上にあるものは、タケの太さ2.3～3.0cmで、製品は長さ91.0～98.0cm、幅41.0～42.0cmである。太さでは2.5～3.0cmが多く、長さにはばらつきがある。タケの青味がのこっていてあたらしい。青い大型のポリオケの上にあるものは、タケの太さ2.6～3.0cmである。タケの長さは91.0～92.0cmで、比較的まとまっている。製品の幅は41.0cmと45.5cmで、両端でことなっている。

ヨネコシザル・マルソウケ（写真2－6、3－5）　ザル目編みされたタケ製品である。タテ材の幅は0.9～1.0cmで、タテ条はタテ材2本で1条が形成され、11条確認された。ヨコ材の幅は0.7～0.8cmで、ヨコ条はヨコ材1本がそのまま1条となり、83条確認された。タテ材に対してヨコ材が2本ゴエ2本クグリ1本ズレとなっている。口径55.5×53.5cmで、ほぼ円形をなす。高さ20.0cmである。

木綿袋・布袋（写真3－5・6、5－4）　並幅の反物から9尺きりとって袋にする。独特のぬい方をする。「おじゃみ」をつくるときのようなぬい方をする。長さ127.0cm、31.0cmである。

絹袋　スナドリをするときにつかう。

マワシボウ（写真2－8、4－4）　総数3点である。長さ130.0～140.0cmのタケの一端を8・9等分にわりさいて、タケのヨコ材で網代編みしてラッパのような形をつくりだしている。基本的にタテ材に対してヨコ材は1本ゴエ1本クグリ1本ズレとなっている。写真2－8の右端にうつっているものは長さ142.5cm、ラッパ状の部分は長さ22.0cmで、底面は9.0×8.5cmのほぼ円形を呈する。ヨコ条は20条確認され、ヨコ材にはむかしのテレビのアンテナ線がつかわれている。写真4－4のものは長さ138.0cm、ラッパ状の部分は長さ20.5

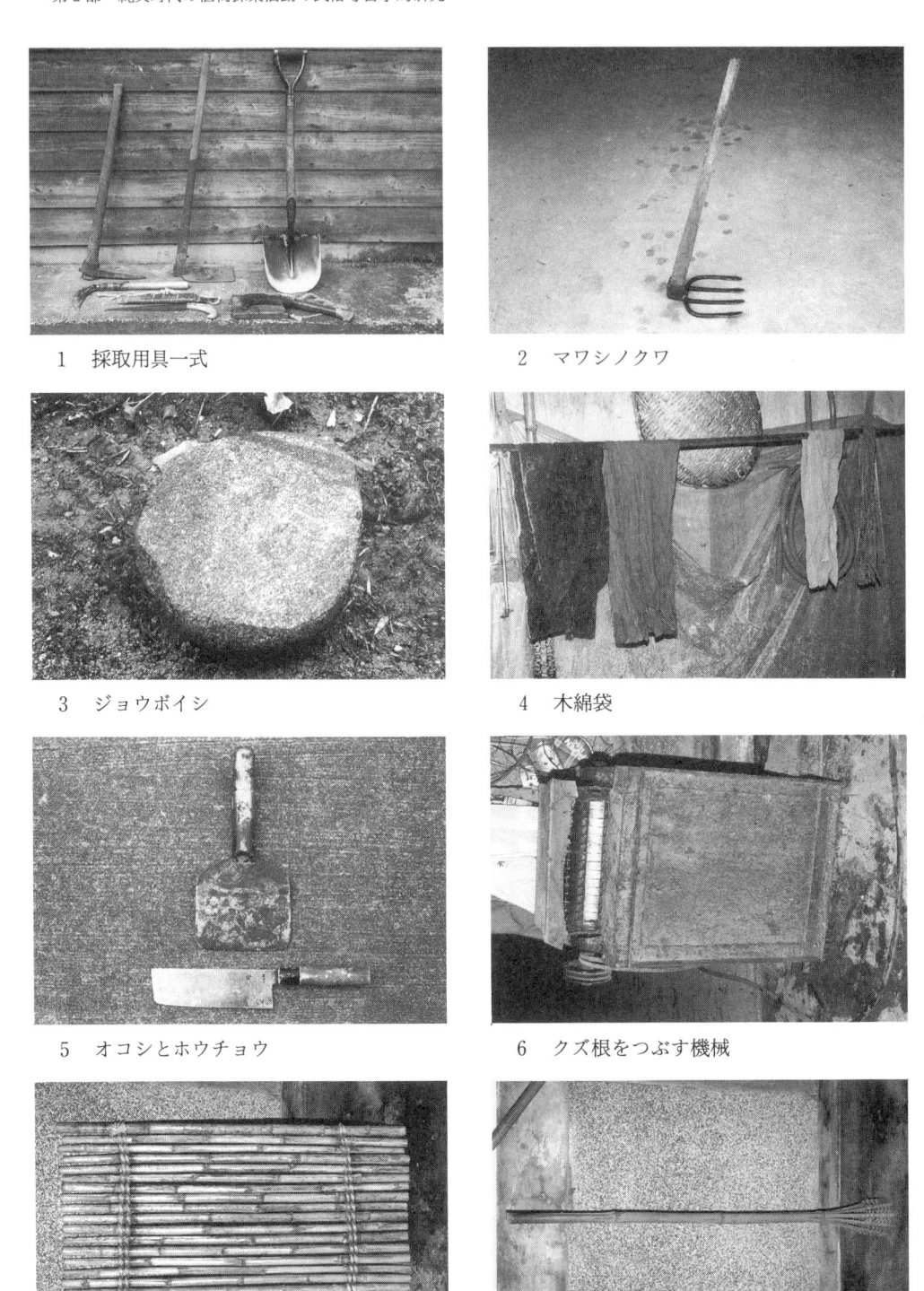

第2部　縄文時代の植物採集活動の民俗考古学的研究

　1　採取用具一式　　　　　　　　　2　マワシノクワ

　3　ジョウボイシ　　　　　　　　　4　木綿袋

　5　オコシとホウチョウ　　　　　　6　クズ根をつぶす機械

　7　ザ　　　　　　　　　　　　　　8　マワシボウ

写真5　石川県押水町山崎・宝達におけるクズ採取用具・加工用具

第4章　クズ食料化に関する民俗調査

1　ヤマグワ　　　　　　　　2　イシマワシ　　3　キヌタ

4　台石　　　　　　　　　　5　ハンギリとザ

6　つみあげられたハンギリ　　7　木綿袋

8　トキボウ　　　　　　　　9　オコシ

写真6　石川県押水町宝達におけるクズ採取用具・加工用具

cm で、底面は13.5×12.0cm の隅丸の菱形を呈する。ヨコ条は12条確認され、下から 7 条までは右撚りの白いビニールヒモがつかわれている。

桶の蓋（写真 4 - 1・2）　しあげの段階にはいってきたとき、オケのなかにゴミがはいらないようにするための蓋である。ベニヤ板製のものと板材につまみの角材が 2 本つけられたものの 2 種類がみられる。ベニヤ板製のものは 3 点で、基本的には長方形を呈し、厚さはいずれも0.4cm である。3 点の大きさをみると、85.5×80.5cm、77.0×54.0cm、82.0×61.0cm である。板材のものは58.0×55.5cm で、厚さ1.2cm をはかる。

オコシ・クズオコシキ（写真 4 - 3・5・6、5 - 5）　刃部から柄まですべて鉄製である。全長28.0cm、柄は長さ15.5cm、直径 3 cm である。両角がなで肩になる基部から刃部にむけて直線的にごくわずかひろがり、刃部幅は13.5cm である。両刃で、刃縁は両角が少し隅丸になる直刃である。柄が空洞のせいか、手にもってみるとみた目ほど重くない。660g をはかる。

ホウチョウ（写真 4 - 5・6、5 - 5）　鉄製刃部の茎に木柄が装着されているもので、菜切庖丁である。全長30.5cm、刃わたり16.5cm、木柄の長さ12.5cm である。重さ127g をはかる。

カイコカゴ（写真 4 - 7・8）　長方形を呈し、あさいタケ製のカゴである。総数は30点である。このうちの 5 点を計測したところ、74.0×105.0cm が 2 点、他は75.5×104.0cm、75.5×106.5cm、78.0×104.0cm であった。

事例クズ 2 - 1．石川県羽咋郡押水町宝達在住の山本光幸さんにおうかがいした話

　山本光幸さんは昭和13（1938）年うまれである。1993（平成 5）年12月 3 日、ご自宅でおうかがいした話である。

　宝達のクズ粉生産は、自分のおじいさんのころが最盛期ではないか。自分が子供のころ、宝達の集落は寺のある町側と河原側にわかれていて、町側のほとんどの家でつくっていた。当時集落は120軒ほどあった。100軒以上はあった。いまは70軒ほどで、宝達の出村である上野（うわの）をいれて70軒ほどである。

　クズの根は11月 5 日ぐらいから付近の山で掘りはじめる。11月にはいるとほとんどの人が掘る。クズのツルにカマをいれてみて、水分がでるようだとだめである。まだデンプンをたくわえている途中である。葉っぱが黄色くなって同化作用がすんで、根にデンプンをためていないとだめである。クズは木のあるところや潅木のあるところならどこでもおえる。クズのツルはつたって木の表（上）まであがっていく。山の南斜面のぽっこりしたところのデンプンがいい。とくに山の中腹がよく、水の多い低地はだめである。山の中腹の勾配がゆるく、黒がかったところでなく、土の新鮮なところがよい。掘れるところと掘れないところがある。

台風がきた年、ひどい年はクズの葉っぱがとんでしまってだめである。葉やツルがいたむとだめである。葉がきたない年はだめで、葉が黄色い年はいい。

　朝8時ころから掘りはじめる。山のある地点までみんなでいって、そのあとはバラバラにわかれて掘る。6km（1里半）ほどいって掘った。宝達山の左側のノダという集落まででかけることもあった。集落の人がほとんど掘りにいったから、掘るシーズンには列をなして山へいった。人のいかないところへいって掘らないとなくなってしまう。たくさん掘る人もいれば、少ない人もいた。掘るのがうまい人もいれば、へたな人もいた。いいところにあたる、あたらないもあるけれど、余計はかわらない。山のなかの道らしいところまでクズ根をだしておいて、夕方山をおりるとき、まとめて背中にかついでおりてくる。クズ根を3尺5寸くらいの長さにきってかついでくる。1日に2束（そく）、1束は少なくても12貫あるから、25貫をかついで山のなかの道らしいところをあるいて、夕方山をおりてくる。2束しかかつげない。余分に掘れたら、ゆとりをもって明日のために山にクズをおいてくる。てったいになる。道らしいところをあるいてくるので、途中でまようこともあるし、暗くなったらわからなくなる。2・3人、何人かつれそってでるというのは、山のなかではあぶないこともあるから、安全のためでもある。雪のふるまで、12月いっぱいクズ根を掘ってきてそれをためておいて、外につんでおいた。寒いから外においておいてもくさらない。

　他所の山でクズ根を掘るときは一山なんぼでお金をはらう。山をもつ在所にいくらかで契約する。毎年10月20日ころから他所の集落で山を掘らしてもらう。なかには他所へいかないで宝達周辺だけで掘る人もいたが、子供のたくさんいる人はそんなことをいっていられないので、他所へ掘りにでかけた。他人の家にとまったり、納屋をかりて自炊するのは気をつかったり、しんどかったりするからである。旅の山でも2・3人していく。他所へでかけて掘る人は地元の人からみればいいところを掘るから2倍くらいの量を掘りあげる。他所で掘ったクズ根を家まで馬車ではこんでもらった。小学校の5・6年生になったころには、馬車から木炭車にかわった。現地である程度さらしておいて、家へもってきてさらしなおしをしたこともあった。子供のころ、60人ほど掘る人がいた。最近では、年によって掘ったり、掘らなかったりする人が5・6人というところである。

　掘るのにつかう道具はクワ・ノコギリ・カマの3種類である。クワはヤマンガ、カマはヤマガマ、ノコギリは鞘にはいった1尺5〜7寸のノコギリである。ノコギリを2丁もっている人もいた。地下3〜4尺掘ったとき、クズの根がぬけそうでぬけないことがよくあり、ノコギリを穴のなかにいれてくる。土や石があってノコギリがきれなくなることがある。ヤマグワは畑用とちがって厚くて幅広で重い。ヤマグワの刃の重さは1.5kgくらいである。幅広でないと土をうごかせない。幅がせまいと何度も土をうごかさなければならない。石原でつかうときは古いヤマグワをつかう。あたらしいものは石なんかにあたると、いっぺんにだめ

第2部　縄文時代の植物採集活動の民俗考古学的研究

になるので石原ではつかわない。あたらしいときはしばらくならす。ヤマグワがへったり、かけたりしたら、鍛冶屋でさっかけで刃先をつけてもらう。つかいこむと、刃先の角がとれてU字状にまるくなる。いまでいうと1丁5千円くらいするので、あたらしいものをかっていられない。ヤマグワは2年ほどつかうとだめになる。消耗度がはげしい。柄もにぎっているところが細くなる。直径3～4cmのにぎるところが細くなってにぎれなくなる。ヤマグワの刃先の鉄と鋼がはがれて、刃先がむくれてしまってつかいものにならない。つかっていると油をかけたみたいにピカピカになる。カマは採集のシーズンにはいるまえに、何本も、10本ほどもまえもってといでおく。土をきってしまうため、すぐにきれなくなるからである。

　掘ってきたクズの根をペタペタになるまでよくたたく。根っこをかっつぶす。朝4・5時ごろから昼間の3・4時ごろまでつぶす。夜おそくまでつぶすこともある。つぶすとき、男はあぐらをかいて、女は正座をした。子供も手ったいさせられた。小学校4・5年生になると手ったいした。小学生でも小さいカケヤをもたされてクズをうった。クズの根の直径は3～30cmぐらいの太さである。太いものはマサカリやユキで薪をわるようにしてわって、たたいた。ノコギリで1尺5寸くらいのころあいな長さにして、それをたたいた。カケヤはすわってたたくため長さ30～40cmで、そのまんなかに孔をあけ、カナギのかたい枝を山からきってきて柄にした。カケヤは何丁ももっていた。カケヤの種類はいっぱいある。木の材質はイツキで、イツキはくさりにくい。

　いまクズの根をつぶすときは機械をつかう（写真5-6）。地元の鉄工所へ特別に注文してつくってもらう。何台もつくるときは大阪の鉄工所へ注文した。1台10数万円する。この機械はスパイク状のものでクズの根をくじりとっていく。下におちたものは髪の毛のようで、あらいやすい。やわらかいクズの根は塊になったままおちることもある。

　あろうがにするがに、朝4・5時から昼間からの4・5時までかかる。晩、あろうときに3・4時間かかる。1日につぶす量は10～12ブタで、1ブタというのはメカイすなわちミにもりあげた1杯分のことである。10～12ブタというのは4束で、掘った2日分である。

　アラワリをする。ゲンノウで石の上にクズの根のでかいやつをのせて、石にぶつからないようにたたく。自分の親父らがした。

　アラツブシをする。根をポタポタにならんがに、子供でもできるくらいのやわらかさにくだいておく。大人がする。

　コタタキをする。みんなしてむかい同志ですわって交代交代につぶす。漆喰の土間に直径80cmの石がおいてあった。子供でもできる。

　精一杯大きい、かたいたいらな石を土間の漆喰にうめこんであった。1軒に2つはあった。御影石で、名前はない。石のまわりをコンクリートでかためてあった。そんな石は川のなかにゴロゴロあった。大川のなかにいっぱいあった。そのころはでっかい石がゴロゴロだった

が、個人が銭になったためもっていかれた。いまはなくなった。

　1日つぶしたら、5～6本の桶であらう。1日にあらう分は10～12ブタで、あらう分だけ1日につぶす。ハンギリ（半切）という大きいタライを2本つかう。ペタペタになるまでよくたたいたクズの根をそこへいれて、もんであらう。ハンギリは深さ1尺8寸ほどのあさい桶で、あさいとあらいやすい。イチバンノオケに3分の1ほど水をいれておく。クズの根をそこへいれて、もんであらってタケのザの上にのせておく。アクとデンプンがまざっている。ほとんどでてしまうが、こすぎて全部でるわけではない。イチバンノオケのザの上でしぼったカスをニバンノオケにいれてあらう。ニバンノオケのザの上でしぼってすてる。

　ハンギリのイチバンノオケは4～5ブタあらうと、水がいっぱいになる。イチバンノオケの横に直径3尺の深い桶をおいて、ヨネとゴミをとるためにきれの袋にあける。桶に3本たまる。いいデンプンだともっと桶がいる。ヨネとはイチバンノハンギリオケにたまった、ザにかからない大鋸屑状のカスのことで、デンプンとまだ分離していない。ヨネさえたくさんでてくれば、たくさんデンプンがある。イチバンノハンギリオケをあけてしまったあと、べつの桶にヨネをいれてクワでゆすぶってデンプンをとる。忙しいからねんごろなことはしていられない。ヨネのカスはウシやウマの餌にした。馬桶に2杯ほどでるが、ウシやウマはよろこんでいっぺんにたべてしまう。アラワリ・アラツブシのカス、タケのザの上にたまった繊維状のものは道のふちでくさらした。まるい団子にしてかわかして燃料にした。畑・水田の肥料にした。

　朝早くおきて昨日のタテカエをして、朝8時ころ掘りにでることになる。タテカエを朝しないで夜する人もいたが、朝の水はつめたく、夜の水はあたたかい感じがする。むかしは集落のなかを大川が2本ながれていて、てんでんに大川までおりる段とあらい場があった。大川の水でさらすため、川にゴミをすてることはできなかった。朝いくつもの桶に水をくんでおく。タテカエをする。街道に、外に桶がおいてあった。桶の上には蓋がしてあった。

　1日目にあらうとき必要な桶は、直径5尺、深さ2尺のハンギリ2本、直径3尺のオケ3本である。2日目にアクだらけの水をあけてしまう。底にデンプンとその上にドボドボのものが層になってたまっている。オケに水をいれてマワシボウでまわしてドボドボにする。袋にいれてこして、1本のオケにあつめる。袋は目の細かいものをつかう。たたいてあらうときにつかう袋とは、目の粗さ・細かさがちがう。袋ばかりつかう。3日目もおなじようにする。1週間これをくりかえす。うわ水のきたないのをすてたあと、底にたまっているデンプンをかねのオコシでおこし、水をはってマワシボウでまわす。オコシは葉書大の大きさの鉄板で、一辺に棒がついていて柄にする。鼻先は包丁みたいにとがらせておく。砂どりをする。砂が一番重いので底にたまる。デンプンを明日とるはというときに、水を少なめにしてとける程度に水をいれる。水をいれてマワシボウでまわして30分～1時間おいておくと、砂だけ

が底にたまるので、波をたてないようにそっと袋にいれてこす。ちょっとでもうごかして撹拌させるとだめである。6分目ほど水をたしてもう1度撹拌して1日すましておく。ちったい水でないとだめである。ぬくい水をつかうと、デンプンに穴があく。空気がまじったみたいになる。明日あげるとき、桶の底に4～5cmたまる。1日4束つぶしたら4～5cmたまる。クズ根のデンプン含有量が多いときは、6～7cmもある場合がある。

桶にたまったデンプンを上からオコシでおさえつけて、きれ目をギュギュといれる。底のデンプンに四つにきれ目をいれる。「＋」印にして豆腐の大きいのにする。16に区ぎる。いいかえると、底のデンプンを縦に3個所きって4分割する。つぎに横に3個所きって16マスこしらえる。オコシでギュッとおさえていくと、きりこみをいれたところに少し4～5mm隙間があく。まだ水分をふくんでいるので少し片方へオコシでよせて、隙間をあけることができる。一番最初のやつをあげるのがたいへんである。あとは楽である。大きさは20cm四方で厚さ4～5cm、トウフの大きいやつくらいである。前日砂どりはしているが、底にきたないものがみえたりする。きたないところをけずっておき、まんなかのきれいなところをつかう。それを自然乾燥させる。けずったきたないところは、さらしなおしをしてきれいにする。

乾燥させるとき、てんでんに乾燥台をこしらえる。戸に5段ほど桟をうったものを2枚たがいにたてかけて三角にし、このなかにタケ製カゴをいれて、この上に紙をしいてデンプンをのせて乾燥させる。タケ製カゴは壁屋さんにタケをそいでもらって2～3mmの材料にし、蚕のカゴをこしらえてつかう。よごれている表裏をけずったあと、ホウチョウで約5cmのきれ目をいれ、手でわってならべてほしていく。われたり、ひびがはいったりするので外気にさらさない。2月から4月いっぱい乾燥する。3カ月間乾燥させるが、4カ月あった方がよい。

いまは4束つぶしても600gの袋で10～12個しかとれない。むかしは15・16個ほどあった。4束つぶしたら一庭（にわ）という。4束はほぼ50貫で、1貫が3.75kgだから187.5kgである。植林で山にスギをうえたら、クズのデンプンがうすくなった。

寒クズは11・12月に掘る。1月いっぱいに製造をおえてしまわないとだめで、2月にはいるとしみてしまう。春クズみたいに穴があき、寒クズみたいにきれいにならない。春クズは2・3月に掘る。雪がなければ掘れる。3月中旬になって雪がとけてから掘る。4月にも掘れる。すぐつぶさないと、青カビが木口にでて黒くなってくる。いたむと黒い水がでて、デンプンも何ものこっていない。掘るのは4月いっぱいで、5月にはいったら芽がでてだめである。ツルがうごきかかるとデンプンはない。

宝達でクズがとれなくなった原因としては、スギの植林が一番大きい。雑木林がよい。クヌギとか広葉樹のところはコケもでるし、クズもとれる。

第4章　クズ食料化に関する民俗調査

事例クズ２－２．石川県羽咋郡押水町宝達在住の山本光幸さんが使用している採取用具・加工用具

　1993（平成５）年12月13～16・20・23・24日、1994年（平成６年）１月10・11・15・17・22日の12日間、山本光幸さんがつかわれている用具を実測・計測・写真撮影させていただいた。

　ヤマグワ・ヤマンガ（図４－１）　鉄製刃部に木柄が装着される形式である。刃床平面図は内側からみた図となっている。刃部の両角は使用によって磨耗してまるくなっており、刃縁はU字状を呈し、やや片べりして偏刃となっている。柄壺をのぞく刃部は長さ16.8cm、幅13.5cm、厚さ0.3～0.5cmをはかる。柄壺は内法で、長辺4.2cm×短辺3.6cm×高さ4.6cmである。木柄は長さ92.6cmで、手にもつ部分は磨耗して細くなっている。

　ノコギリ（図５－１）　細長い鉄製刃部に短い木柄が屈曲してつく形態である。横びき刃で、刃道28.5cm、鋸歯の数は60個である。全長46.4cmである。ノコギリはつかわないときは木製の鞘におさめられている。鞘の長さは43.3cm、幅4.6cmである。腰にぶらさげておくために、直径0.3cmの灰褐色のビニールヒモが鞘にむすびつけられている。１本の紐を鞘の孔にとおしてむすび、２本の紐にわけている。その長さは64cmと72cmである。

　ヤマガマ（図５－２）　「ノ」の字状を呈する鉄製刃部に木柄がつく形態である。まっすぐな木柄に対して、刃部もほぼまっすぐに装着されている。全長46.9cm、木柄は長さ37.9cmである。刃は片刃にちかい両刃である。手にもつ部分の断面はほぼ円形で、3.0×2.7cmある。

　クズ根をつぶす機械（写真５－６）　１台つかっている。

　カケヤ（図４－３）　アラツブシにつかう。断面が楕円形を呈するように丸太の側面をけずりおとして槌部とし、中央よりやや片側によったところに直径3.4cmの孔をあけ、そこに木柄をさしこんでいる。幹の細いほうをたたき面にしている。槌部の長さ39.4cm、たたき面は長径13.0cm×短径11.6cmである。木柄は長さ89.4cm、その断面は円形を呈し、直径3.4cm前後である。全体の重さは4.2kgをはかる。樹種はイツキである。

　カケヤ（図５－３）　コタタキにつかう。直径9.0～10.0cmの丸太に直径約３cmの孔をあけ、木柄を挿入している。槌部のたたき面は剥離してボケボケになっており、現存長で20.9cmである。木柄は長さ49.6cm、その断面は円形を呈し、直径2.7～3.0cmである。現存の重さは約１kgである。樹種は不明である。

　テオケ（図５－４）　側板（クレ）の１枚がそのまま木柄となっている。本体は口径18.0～18.4cm、高さ16.1cmをはかり、側板の厚さは１cm前後、底板の直径14.6～14.9cmである。下から約1.5cmのところに幅0.1cmの針金がシリタガとしてまかれ、下から9.5cmのところに幅1.4cmのタケ製クチタガがめぐらされている。木柄は長さ15.6cm、幅4.4～6.5cm、厚さ1.0cmである。造り酒屋でつかわれていたものを転用してつかっている。

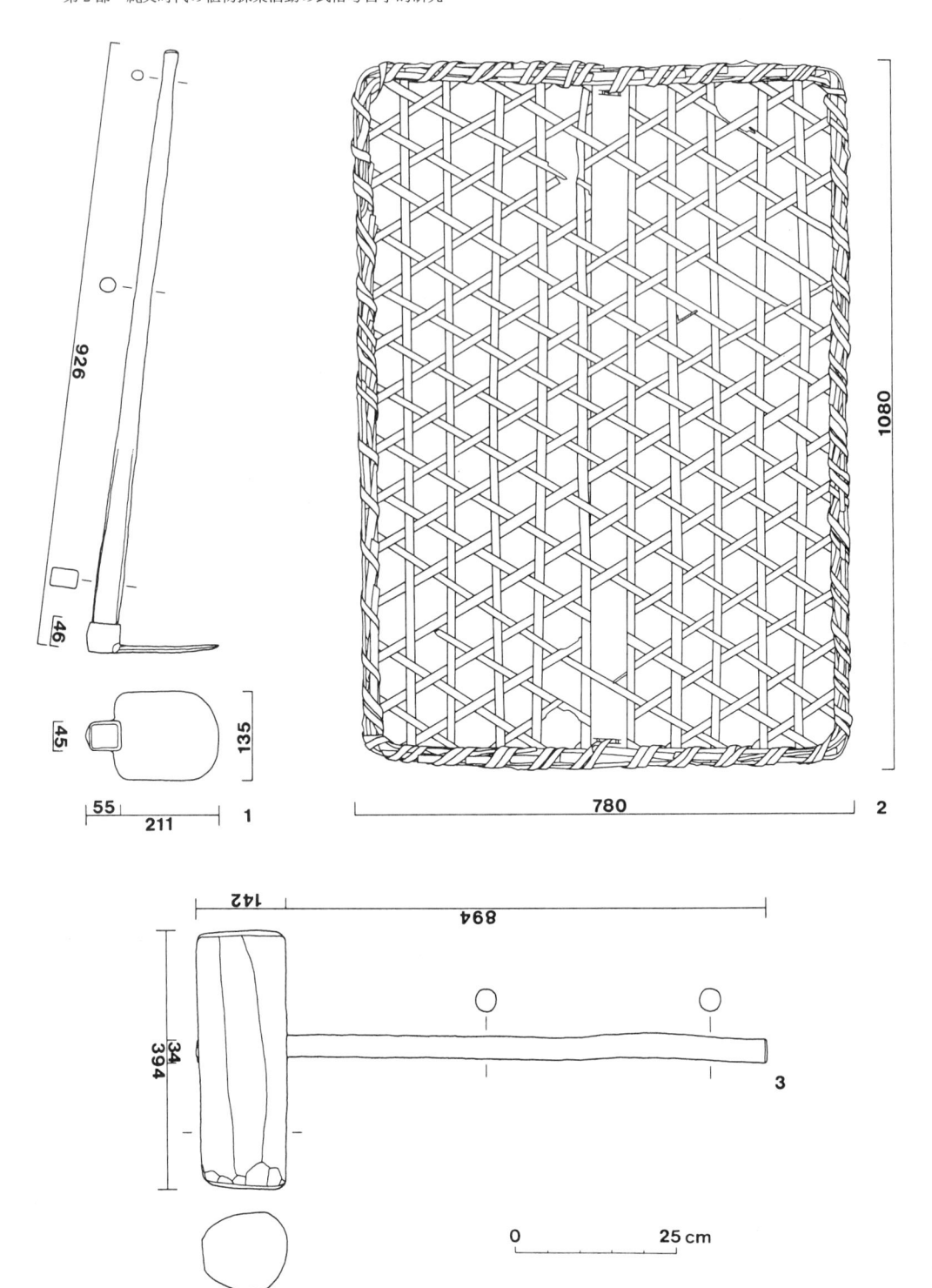

第2部　縄文時代の植物採集活動の民俗考古学的研究

図4　石川県押水町宝達のクズ採取用具・加工用具実測図1
（1　ヤマグワ・ヤマンガ、2　カイコカゴ、3　カケヤ。縮尺1：10）

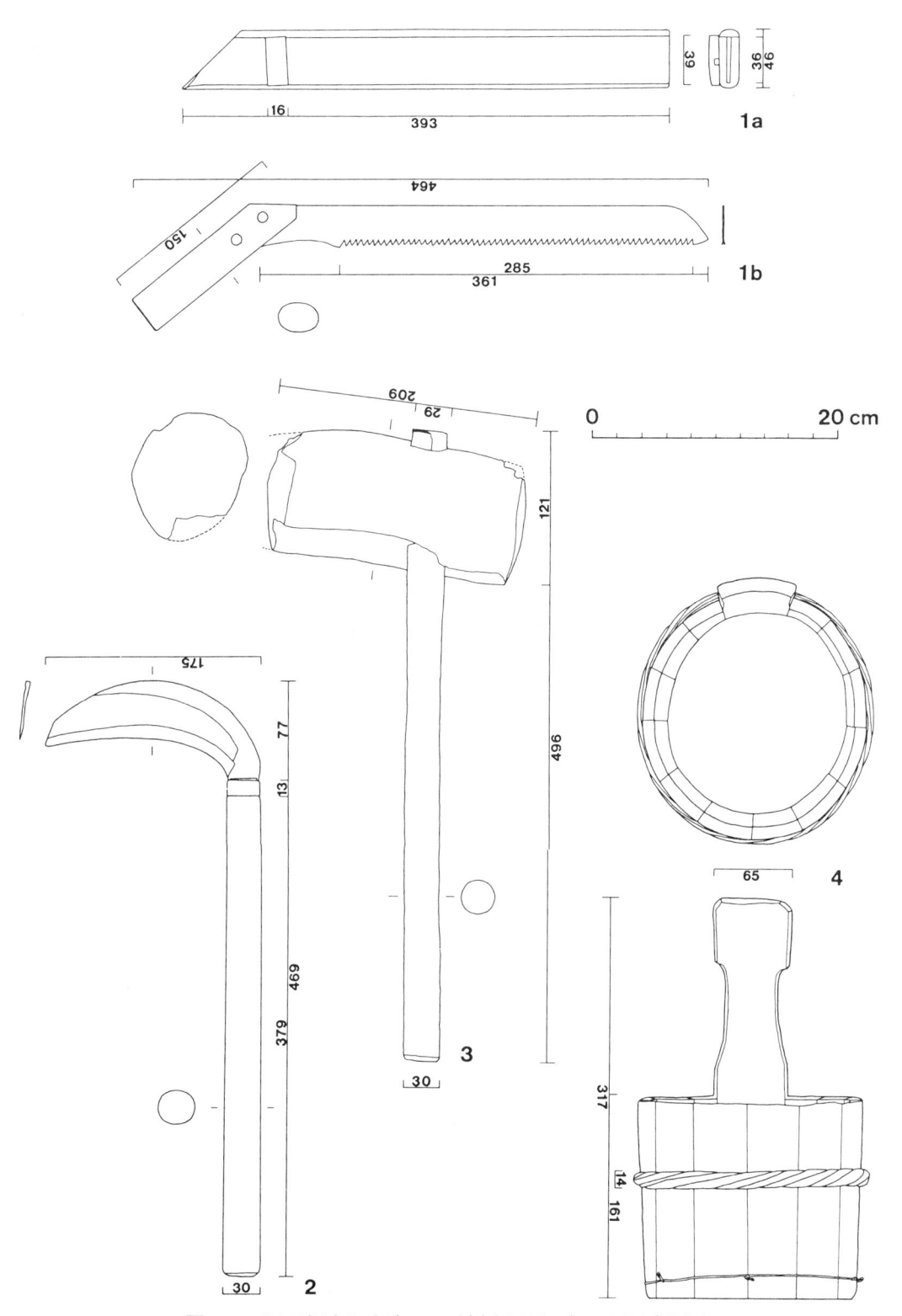

第4章 クズ食料化に関する民俗調査

図5 石川県押水町宝達のクズ採取用具・加工用具実測図2
（1 ノコギリ、2 ヤマガマ、3 カケヤ、4 テオケ。縮尺1：5）

第2部　縄文時代の植物採集活動の民俗考古学的研究

　ザ（写真5－7）　太さ・長さのにかよった20本のタケを、幅0.7cmの白いビニールヒモで両側とも2個所モジリ編みをして製作されている。たぶん錘具をつかわないモジリ編みである。編みおわりは両端のタテ材に白いビニールヒモをむすんでいる。タケの長さは94.1～95.5cmに分布し、ほとんどのものが94cm台である。直径は1.3～2.5cmで、2.0cm前後が多い。

　マワシボウ（図6、写真5－8）　長さ131.5cmのタケを節のところで放射状に9等分し、つぎの節までわりさいていく。これをタテ条とし、タテ条に同心円状にまかれる条をヨコ条とすると、基本的には素材1本で1条を形成する。タテ材は幅1.0～1.6cm、厚さ0.3cmである。ヨコ材はひらべったく薄くそがれた材で、幅0.4～0.7cm、厚さ0.06～0.2cmである。タテ条で節と節のまんなかあたりから先端にむけてひろげながら、ヨコ材で逆時計まわりにまきあげていき、ラッパのような形をつくりあげている。編み方は網代編みで、らせん状にまきあげられていっている。タテ材に対してヨコ材は1本ゴエ1本クグリ1本ズレで、場所によっては両条とも2本1条となっている。ヨコ条を2個所針金でとめている。底面は13.2cmのほぼ円形を呈する。手にもつところは手垢でよごれて、黒灰色に変色している。

　カイコカゴ（図4－2）　養蚕につかうカイコカゴを転用してつかっている。長辺108.0cm×短辺78.0cm×高さ3.0～3.5cmのタケ製のカゴである。編み方については、幅1.0～1.6cm、厚さ0.1～0.2cmのタケ材を六目編みしている。長辺の中央には補強のための幅5.8cmのタケ材がいれられている。表皮側が上面となっている。四辺は直径約1cmのササダケを芯材として外枠をつくり、六目編みしている材料と同じ材料2本で縁まきをしている。

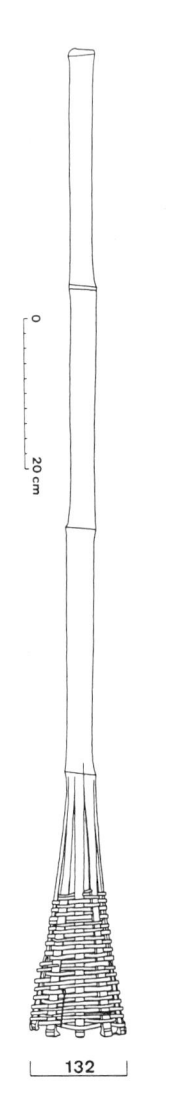

図6　石川県押水町宝達のマワシボウ実測図（縮尺1：10）

事例クズ3．石川県羽咋郡押水町宝達在住の金田実さんにおうかがいした話

　金田実さんは大正7（1918）年うまれである。1981（昭和56）年11月3日、工場でおうかがいした話である。

　クズの根は葉がヤマイモの葉のように赤くなったら掘りはじめる。早い人で11月15日ぐらいから掘りだす。だいたい11月末から雪がふって山にはいれなくなるまで掘る。雪がとけて山にはいれるようになったらまた掘りはじめ、5月なかごろまで掘る。掘るときにつかう道

具は、ヤマグワ（写真6-1）、イシマワシ（写真6-2）とカマである。ヤマグワは厚くて幅がせまい。さきにヤマグワで掘り、ヤマグワでとどかないところをイシマワシでかく。宝達の山には石灰岩の石があるので、イシマワシでこずいたり、石をほじくったりする。掘っていってクズの根をカマできるが、ちぎれるものは手でちぎる。クズ根の大きいものでは、直径15～16cm、長さ2間、重さ20貫くらいで、普通は直径5・6cmである。掘ったクズ根はネコザという背中あてをつけて山からかつぎだす。ネコザにはワラ縄製のものとビニール製のものがあり、ビニール製はぬれたときによい。

　むかしは男が掘りだしてきたクズ根を女の人がつぶした。大きな石では女の人がむかいあって交互にクズの根をキヌタ（写真6-3）でたたいた。そのため石の中央がゆるくくぼんでいる（写真6-4）。キヌタはイツキの木でつくった。イツキは手にもって重くないかたい木で、おれにくく、たたいても手にひびかない。長時間つぶしつづけてもつかれない。現在は5日ほど掘るとすぐつぶす。機械で粉砕する。クズの根はほうっておくとカビがはえてくさってしまう。

　粉砕したクズ根をハンギリのなかにいれる（写真6-5・6）。ハンギリというのは、高さが低いあらう桶である。ハンギリにタケのザをかけ（写真6-5）、その上にあがってふむ。それを木綿袋（写真6-7）にいれてこす。この袋はサラシを二重にしたもので、アクがついて黒くなり、糊がついてパリパリになっている。いっぱいになったものを一つのオケ・サラシオケにうつす。このオケ・サラシオケはあらう桶とはべつで、ふかい桶である。1週間ほどサラシカエをする。はじめのうちはアクで水の色が赤い。サラシカエというのは、地下水の水道水で水をかえることである。そのときにトキボウ（写真6-8）というタケの棒でかきまわす。とったクズの繊維は以前は堆肥や風呂の燃料にしていたが、いまではほとんどすてている。

　オケ・サラシオケで沈澱させておくと、砂は一番下にしずみ、不純物は上にうく。水分をとるために、灰をいれた布袋を桶の底にしく。布は灰をいれたものと下にしくものの2枚つかう。沈澱したデンプンをオコシ（写真6-9）で四角くきってとりあげ、表面についた砂などをけずりとる。カイコノカゴの上に白い紙をひいて、それをのせて3カ月間陰ぼしする。いまは除湿機をつかう。

事例クズ4-1．石川県七尾市小川内在住の川上栄幸さんにおうかがいした話

　川上栄幸さんは昭和2（1927）年うまれで、高地葛生産組合の組合長である。1993（平成5）年12月4日、生産組合の建物でおうかがいした話である。

　この地区を小川内（こうち）といい（図2）、ここでのクズ粉製造は70・80～100年前にはじまった。自分のなくなったおじいさんは慶応3年生まれで、製造をしていたから、ここでは明治の初期にははじまっている。「高地」の名前は昔からつかっていた。80～100年ほど前

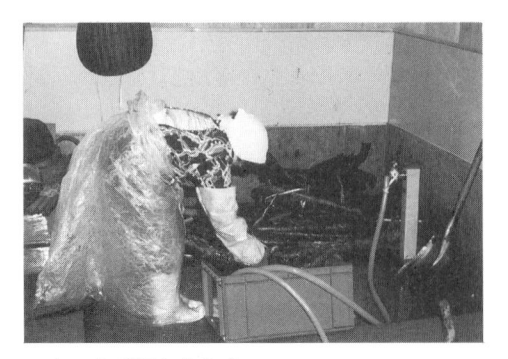

第2部　縄文時代の植物採集活動の民俗考古学的研究

1　クズ根をあらう 　　　　　　　　　　2　クズ根の粉砕機

3　粉砕したクズ根をあらうタンク 　　　4　濾過した水をポリオケにいれる

5　濾過した水をポリオケにいれる 　　　6　ポリオケのなかで布袋をゆする

7　布袋をしぼる 　　　　　　　　　　　8　クズ根の繊維

写真7　石川県七尾市小川内におけるクズ加工工程1

第4章　クズ食料化に関する民俗調査

1　うわ水をすてる 　　　　　2　ポリオケ1本にあつめる

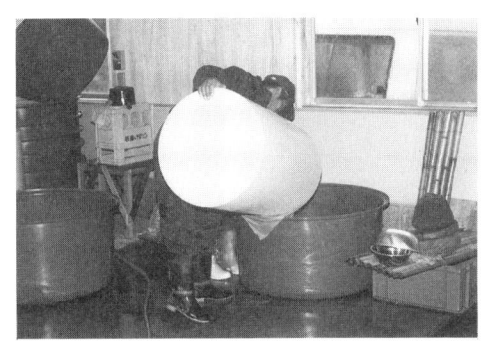

3　べつのポリオケにうつす 　　4　乾燥棚

写真8　石川県七尾市小川内におけるクズ加工工程2

の話であるが、袋を印刷するときに漢字をまちがえた。こちらのほうがとおりがよいであろうということから、そのままになっている。昭和35（1960）年ごろを最後に中断している。その当時戸数は22軒あり、25人掘る人がいた。毎年みんな掘ったので原料がなくなってしまった。これが中断の原因である。中断しているあいだに、労働力が外へでていってしまい、だれもいなくなってしまった。自分自身は17・18才から35才ごろまでやっていた。

　クズ根を掘る場所は、むかしは集落の周辺だけであった。いまは3～4kmはなれたところまでとりにでかける。南大呑地内の山でとる。集落の周辺でもとれるが、道路がない。クズの根を掘るのはたいへんじゃない。山から車までもちだすのがたいへんである。地形的に水分が多かったり、風あたりが強いところは、いいもんが少ない。品種のほうが強いのではないか。山の斜面が南むきとか、北むきとかは関係ない。フジの葉がおちた時期、11月10日ごろから掘りはじめる。その年によってちがう。来年の3月いっぱいまで掘る。雪のふるとき、雨のときは掘らない。

　むかし、男の人は桶の水をすてて濾過し、クズの根をつぶしてからでかけたので、掘りにでかける時刻は11時か、12時ごろになってしまう。午後3時か、3時半ごろまで掘って、か

第2部　縄文時代の植物採集活動の民俗考古学的研究

ついで家へかえる。家へかえるころにはまっ暗になっている。いまは朝8時には山にでかけ、4時半ごろまで掘っている。粉砕がおわったあと、午前中にでかけることもある。むかしは60〜70kg背おって山をおりてきた。いまは150kg車につんでくる。昨年200kgを1日でもってきたことがある。掘るのにつかう道具は、クワとカマである。クワだけといってもいい。クワは専用のクワをつかい、畑のものとはちがう。カマは普通のカマである。

　むかしはクズの根を大きな石の上において、キネでつぶした。石の大きさは両手をひろげたくらい、1.5mくらいの大きさである。クズの根をつぶすのは、2回つぶした。粗くつぶすのは男、細かくつぶすのは女の仕事であった。小学生ぐらいになると、子供も手つだっていた。昭和27・28（1952・1953）年ごろに粉砕機がはいり、当時小川内では2台しかなかった。いまつかっている粉砕機は、昭和35（1960）年ごろまでつかっていたやつを修理したものである（写真7－2）。クズ根を水あらいするときは、泥だけおとす（写真7－1）。いま1回につかうクズ根の量、粉砕機にかけてタンクにいれる量は80kgである。あらい場で一山になっているのが30〜40kgである（写真7－1）。

　クズの根を粉砕機（写真7－2）でつぶし、綿みたいにする。それをステンレス製のタンクのなかにいれ（写真7－3）、撹拌させる。そうすると、デンプンだけ水にとける。タンクは13,000リットルはいる。バキュウムで濾過機のなかにおくる。濾過した黒褐色の水を白い大型のポリエチレンオケのなかにいれ（写真7－4・5）、一昼夜沈澱させる。沈澱した白いデンプンは原料の1割から1割2分である。1回濾過したものを青い大型のポリエチレンオケにいれ、2昼夜かけて沈澱させる。それを何回もくりかえすから、さらすのに時間がかかる。早いもので10日間、普通は2週間くらいかかる。むかしは4回ぐらい水をかえると、黒い部分と白い部分にぴたっとわかれた。いまはなかなかわかれないので、6〜8回も濾過していて、時間のロスである。濾過には晒の袋がいる。いまはステンレスの網もつかう（写真7－6）。網は150mmメッシュをつかっているが、250mmメッシュでないとだめかもしれない。濾過しおわったら、晒の袋をタケの上でもみ、水分をだす（写真7－7）。木製の桶はむかしつかっていたやつで、白色と青色の大型のポリエチレン製オケは建物と一緒にいれた。クズ根のカスは堆肥にはつかわずにすてていた（写真7－8）。

　水は谷川の水をひいてつかっている。水道の水はカルキがはいっていてだめだし、1日に4・5tつかうから、あわない。

　うわ水をすて（写真8－1）、白い部分と黒い部分にわかれた白い部分だけさらして（写真8－2）、青い大型のポリオケにいれて、しあげをする（写真8－3）。しあげの桶から、包丁をつかってデンプンをはずす。

　棚あげして自然乾燥させる（写真8－4）。木箱にタケのスノコをひき、その上に網と茶色の紙をひいてデンプンをのせ、自然乾燥させる。乾燥させるためにはいろんな条件がある。

できるだけ低い温度で自然乾燥させる。温度を高くして乾燥させると、粉々になってしまう。粉にすると、クズの価値がなくなってしまう。温度が高いと、発酵してしまう。若いときは、4月末から5月はじめまで乾燥していた。近年の暖冬の影響か、5月だと発酵してしまう。乾燥させる期間は1カ月くらいである。換気扇をつかうこともある。色が白くみえるから、大きいほうがよい。大きいと乾燥に時間がかかる。時間的にいそいでいることもあり、細かいのにしている。木箱とタケのスノコは自分でつくった。注文しても自分のおもいどおりにつくってくれないので、自分でやったほうが早い。

製品は七尾を中心に県内で販売していた。奈良県の吉野へ10年間くらいはおくっていた。

最近の自然食ブームで、ここでのクズ粉製造を復活した。今年（1993年）の3月に生産組合の建物が完成した。1回目は平成5（1993）年2月20日ごろから3月いっぱいしたが、100kgしかできなかった。食品だから衛生面を考えているし、添加物をつかわないことを心がけている。自分のあとをつぐ人がでてくるかどうかわからないが、設備投資して近代化する必要がある。設備を機械化しているところはここだけである。

以下は筆者が観察した結果である。クズ根はレンコンくらいの大きさで、レンコンの節のない感じである。長さは長いもので110cm、短いもので50cm、60〜70cmのものが多い。太さは太いもので長径10cm、短径7cmの楕円形を呈し、細いものもあるが、直径5cmくらいのものが多い。一度濾過したアクミズは、濃い褐色をしていてドロッとした感じである。何度もさらしたあとのアク水は、赤味をおびた透明感のある薄い褐色を呈している。乾燥させているクズのデンプンの大きさは、長さ4〜5cm、幅は2〜4cm、厚さ1.5〜2cmである。

事例4－2．石川県七尾市小川内在住の川上栄幸さんが使用している加工用具

粉砕機（写真7－2）　クズの根を粉砕する。建物のなかに1台おかれている。

ヨキ　クズの根をわるときにつかう。刃部幅8.0cmで、刃縁はゆるいV字状を呈する。木柄の長さは約50cmである。

ポリエチレン製ミ（写真7－2）　粉砕したクズの根をいれる。オレンジ色のものと薄緑色のものが各1点ずつである。

タンク（写真7－3）　粉砕したクズの根を撹拌する。1台。

タケ製棒　タンクのなかのカスをうごかす。2点あり、そのうちの1点は直径3.5cm、長さ152.0cmである。

ポリエチレン製オケ（写真7－4〜8－3）　白色。円筒形をなし、口縁部は内側に屈曲する。直径55.0cm、高さ86.0cmをはかる。建物内に10点おかれている。

ポリエチレン製オケ（写真7－7〜8－3）　青色。口縁部はうけ口状となる。14点。

桶（写真7－7）　口径67.0cm、高さ84.0cmの木製品である。側板（クレ）の厚さは1.8

cm をはかり、タケ製タガ6本でしめられている。建物内に2点おかれている。

　半切桶（写真7－7・8）　口径71.0cm、高さ38.0cm、側板の厚さは2.0cmである。3点。

　ポリエチレン製ハコ（写真7－1・6・7）　青色。大きさは55cm四方、深さ26.0cmである。

　ポリエチレン製ボウル　直径25cmをはかる。2点。

　ポリエチレン製ヒシャクの頭　直径21cmをはかる。1点。

　木綿袋（写真7－4～6、8－3）　長さ約130cm、幅約30cmである。3点あり、アクで褐色に変色している。水にぬれていると褐色がつよいが、ほされて乾燥しているものはそれよりもずいぶん白っぽくなっている。

　タケ製ス（写真7－7、8－3）　長さ約100cmのタケを半分にわり、それを10本ならべて針金で3個所とじてある。全体の幅は40～45cmとなる。

　タケ製ソウケ　1点だけである。

　乾燥箱（写真8－4）　厚さ1.2～1.3cmの板材で製作されている。木枠の大きさは、長さ122.0cm、幅83.0cm、高さ10.8cmである。そのなかにはタケ製簀がしかれている。20点。

事例クズ5－1．福井県遠敷郡上中町熊川在住の尾中建三さんにおうかがいした話

　尾中建三さんは昭和14（1939）年うまれである。熊川くず生産組合の責任者で、実質的には自分一人がやっている。1993（平成5）年8月27日・同年12月6日・1994（平成6）年2月14日の3回にわたっておうかがいした話である。

　クズの花は紫色である。人の手のはいるところではみつけにくいが、川淵なんかへいくとクズの花がさいているのがみられる。

　上中町から滋賀県にかけては土がわるい。赤土でねばく、雨がふるとベタベタになり、かわくと固くなる。クズの質もわるい。商売でやっているから、山の所有者には一応ことわりをいれる。あとで何かいわれるといやだから。つまらんから。山へいってクズがあるときは、そうしない場合もある。

　クズの根を掘る期間は、12月から4月までである。夏場、クズを掘るのに適さない。夏にクズの根を掘ってもさらすことができない。温度が高いと発酵してしまう。

　クズの根を掘りにいくときは、朝7時半ごろに家をでる。昼すぎにはもどってくる。おそくても午後3時ごろにはかえってくる。長くつづけようとすれば、それくらいでちょうどである。とりにでかける範囲は熊川の周辺の山で、遠いところでは自動車で30分もかかる。掘りにいくときは車ででかける。軽トラックの4WDができて便利である。熊川周辺の山は頂上付近まで植林されていて、それがクズが少なくなった原因である。植林されたら木の生育のじゃまになるので、クズのツルはきられるのでクズの根はない。標高の高いところにもク

ズはあり、この付近の山頂付近にもある。

　クズのツルは黒く、フジのツルは白っぽい。まず雑木林で、クズのツルのよさそうなやつをさがす。直径5cmの太さのツルで10年くらいのものである。ツルが太くても、根が細いものもある。ツバキの木があるところにいいクズがある。ただ、ツバキの根はかたくてこまる。クズの根がのびているところに他の木の根があると、掘るのがたいへんである（写真9－1・2）。斜面が急だと掘るのが楽である。斜面が急だと掘った土が下へおちていき、うごかす土の量が少なくてすむ。掘る土の量が少なくてすむ。クズを掘るとき、労力をかけずに楽して掘りたいから、あまり広くひろげない。深くなるにつれて、下のほうになるにつれてせばくなってくる。深く掘るときは自分の足もとをさげなければならず、それをするのがめんどうなときは、テコのとがった先端で穴の底を何度もつきさし、土をほぐしてクズの根をひっこぬく。掘っていて、クズの歩どまりのわるいやつは繊維質が強いが、歩どまりのいいやつはやわらかい。クズの根で三つにわかれているものもあるが、根それぞれである（写真9－3・4）。岩盤のところは掘れない。岩盤でもやわらかくてボコッとおきるところは大丈夫である。おなかがへったら、この仕事はできない。

　クズの根を掘る道具は、トンガ、ツルハシ、スコップ、テコ、ノコギリ、ナタである（写真9－5）。2本ある掘り棒の名前はなく、何ともよんでいない。しいていえば、「テコ」である。こういった道具をこの辺では「テコ」とよぶ。そのうちの1本は、以前この辺ではうっていなかったが、最近金物屋でうるようになった（図7－2）。以前は水道管をわって頭をたたいてひらたくのばして、こういうのを自分でつくっていた。もう1本は静岡県へあそびにいったとき、いい道具があるとかってきたものである（図7－1）。本来はヤマイモ掘りであるが、クズを掘るのにつかっている。穴が深くなってくると、トンガではとどかないので、これをつかう。トンガは、いまつかっているものより刃が長いものをさがしている。刃がこんなに長いのをつかっている人は、ほかにはいない。自分だけである。トンガをはじめ、道具はつかう人によってちがう。

　ヤマイモを掘るときは、雄花も雌花もない。ツルをたどって、どこにあるのか見当をつける。ツルをみれば、ヤマイモの大きさもだいたいわかる。ヤマイモの葉がおち、ツルがかれると、ヤマイモはどこにあるのかわからなくなる。ヤマイモを掘るのも、クズを掘るのも同じである。ヤマイモを掘るときは、どこでも山の所有者にことわることはない。

　クズの根を粉砕する機械は、木材をチップにする機械を利用している。根があまり大きすぎると粉砕機にかからないので、ノコギリできらなければならない。チェンソーできると、油がとびちってしまう。食物にするので、チェンソーの油がはいるとだめだからつかわない。クズはアクが強く、最初のころはまっ黒である。粉砕機にかけているとき、とびちったものが上着についたら、シミになって洗濯してもおちない。

第2部　縄文時代の植物採集活動の民俗考古学的研究

1　クズ根を掘る	 2　クズ根を掘る
 3　掘りだされたクズ根	 4　道路上にあつめられたクズ根
 5　採取用具一式	 6　うわ水をすてる
 7　谷水をいれる	 8　水を撹拌する

写真9　福井県上中町熊川におけるクズ採取工程・加工工程

1　撹拌した水を濾過する 　　　　　　2　うわ水をすてる

3　沈澱したデンプン 　　　　　　　　4　ヘラできりとる

5　ホウチョウでけずる 　　　　　　　6　エビラにならべる

7　乾燥棚 　　　　　　　　　　　　　8　乾燥中のデンプン

写真10　福井県上中町熊川におけるクズ加工工程

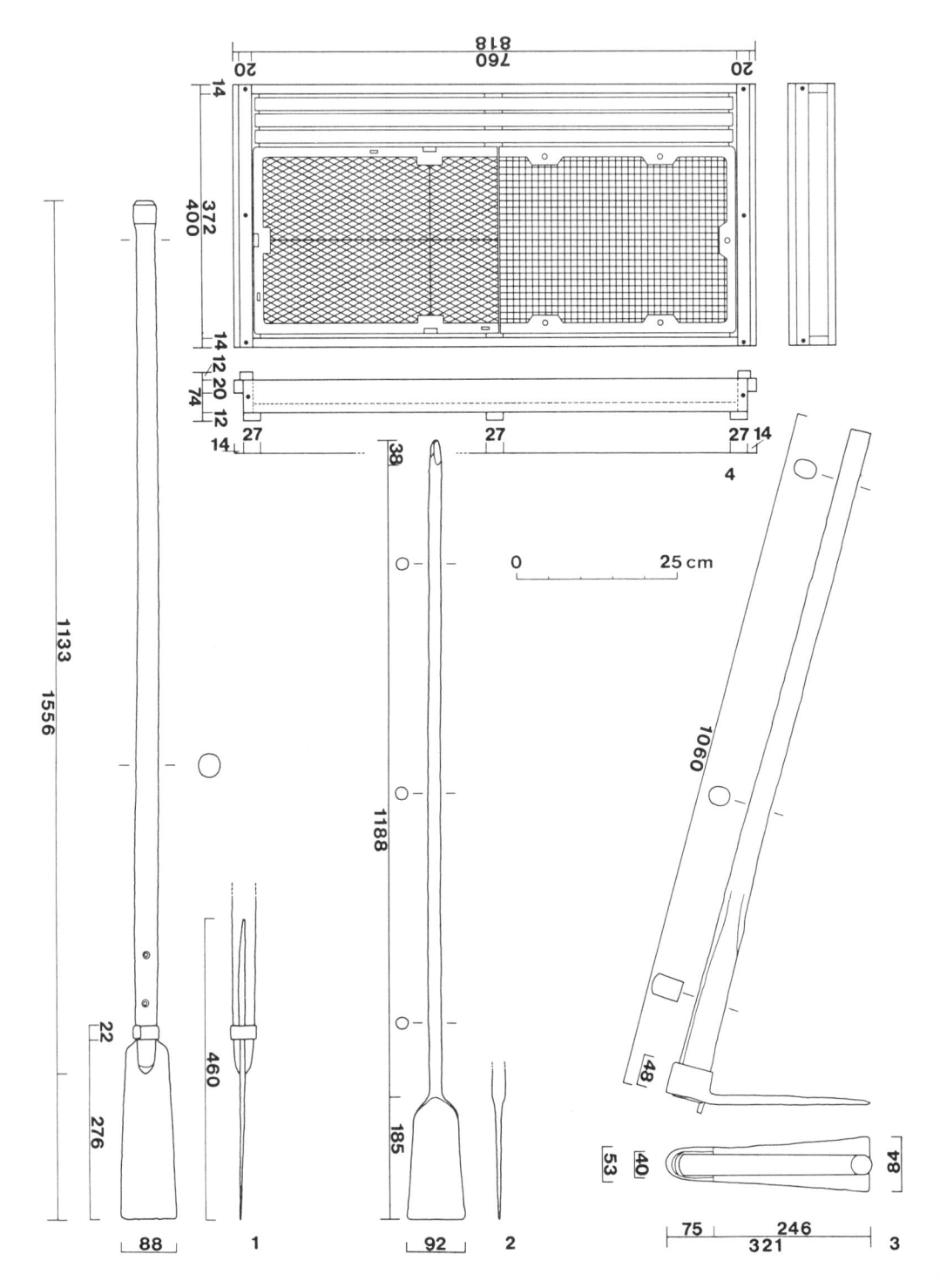

第2部　縄文時代の植物採集活動の民俗考古学的研究

図7　福井県上中町熊川のクズ採取用具・加工用具実測図
（1・2　テコ、3　トンガ、4　エビラ。縮尺1:10）

粉砕機にかけたあと、コンクリート用ミキサーにいれてかきまぜる。それを青い大型のポリエチレンオケにいれ、電動式ドリルでかきまぜる。以前は木の桶をつかっていたが、ドリルで内面をけずってしまい、木の粉がでてよくないので、木の桶はつかわなくなった。青いポリオケでも内側はけずれる。かきまぜた水を沈澱させておくと、濃いおうど色をした泥とデンプンがそれぞれ塊状や層状に堆積する。そのうわずみの水をすてドリルで撹拌し、水をたしてしずかにしておくと、1時間ほどで沈澱する。水さらしをつづけていくと、泥とデンプンが3層になって堆積する。上層は泥とデンプンがまざったもので、デンプンが多く、泥は少ない。中層はデンプン、下層は泥が堆積している。中層のデンプンだけをとりだしてさらし、白いデンプンだけポリオケの底に沈澱させる。
　寒ざらしは11月後半から翌年の3月いっぱいまでする。
　今年（1994年）は1月10日ごろからさらしはじめて、15日にあげて乾燥をはじめた。1月10日ごろからはじめたといっても、8割かたすませてしまっているものをさらして製品化している。水さらしの工程で、クズのアクがはいるとこまるから、それぞれの工程をまとめておこなう。
　8割程度しあげたクズを青い大型のポリエチレンオケ（200リットル）に4割がたいれておき、青い中型のポリエチレンオケ（100リットル）3個にわけて水さらしをする。
　ハリカエをする。沈澱させておいたポリオケのうわずみの水をすて（写真9-6）、そこに谷水をいれ（写真9-7）、ドリルで十分に撹拌する（写真9-8）。撹拌してまっ白になった水を青い小型のポリバケツ（18〜20リットル）にくんで、100リットルのポリオケの上においた布の上にあける。濾過するために全部その布をとおす（写真10-1）。一番上の布にはゴミがたまっており、それをきれいにながしおとす。濾過しおわり、デンプンがとけてまっ白い水に水道水を9分目ぐらいまでいれる。その上にゴミがはいらないように透明のビニール敷物をかぶせ、沈澱させる。沈澱させた水の色やにごり具合をみれば、あとどれだけさらさなければならないか、だいたい感でわかる。1日沈澱させてもまだ半透明であるが、2日間おいておくと透明になる。
　水は谷川の水と町水道をつかっている。谷の水を工場の裏にある槽にあげて、泥を沈澱させるようにしておく。槽の大きさは500リットルくらいか。おおよそ長辺1.5m、短辺1.2m、高さ1.0mである。つかう水の量が多いので、1日でなくなる。谷の水もこしてきたものをつかうようにしている。
　クズのデンプンは、デンプンの王様とよばれている。弾力性があり、プリンプリンしている。ねばっこい。ドリルで撹拌させるときも力がいる。イモのデンプンなんかだとすぐとけて撹拌する。
　青いポリエチレンオケは大阪でつくっている。滋賀の業者がとりあつかっており、そこか

らとりよせた。ポリオケは100リットルの大きさでちょうどよく、200リットルだと大きすぎてつかいにくい。ドリルをつかって撹拌するので、ポリオケはグラスファイバーを何枚もかさねあわせている。

　以前つかっていた木製の桶はタガをはめなおし、工場の隅につみかさねてある。これからさき桶の職人もますますいなくなり、タガをしめなおすこともできなくなるからである。

　ドリルはメーカーに注文してクズ専用につくってもらったものである。ドリルの先端はステンレス製である。

　濾過するのにつかう布は、ナイロン製の白い布である。それを2枚かさね、金物のザルにしき、大きな洗濯バサミ6個でとめておいて、その上にもう1枚しき、合計3枚かさねてゴミをとりのぞく。このへんにはないので、鹿児島からとりよせた。濾過するときに晒（木綿）をつかうと、目が粗くてゴミが十分とりのぞけない。

　さらしおわったデンプンをヘラで豆腐のように四角くきってあげる（写真10－2～4）。これはタマギリというきり方で、適当な名前をつけたものであろう。デンプンをタマギリするとき、グシュという音がする。タマギリしてあげたものの表面にアクがついているものやよごれているものをホウチョウでけずりおとす（写真10－5）。けずりおとしたものを100リットルのポリオケにためておいて、もう一度さらしなおす。四角い豆腐のようになっているが、いらうとパラパラになるので、なるべくいらわないようにする。

　白い晒の布をしいたエビラの上に、タマギリしたクズをならべる（写真10－6）。エビラには木製と青いポリエチレン製のものがあり、青いポリ製はシイタケ用を転用したもので、60枚ほどもっていたものをつかっている。木製エビラ1個にクズのかたまりを24個前後のせる。

　乾燥させているとき（写真10－7・8）、乾燥してきたものとそうでないものとは色調がちがう。水分をふくんでいるものの色は水色っぽく、いかにも水分をふくんでいる感じがする。乾燥がすすんでくると、クズの表面にひびわれがはいってくる。かなり乾燥がすすむと、手にもつとバラッとくずれてしまう。水分がぬけるまで2カ月半かかる。自分の目でやるから、エビラ1枚1枚アクのぬけ方がちがう。木枠にタケスをすると、梅雨どきにはタケスのところにまっ黒なカビがくる。親父のときはいつもそうだった。タケスのかわりに豆をいれる箱のポリ製蓋をつかいだしてから、カビがこなくなった。乾燥の最盛期には換気扇を三つも四つもまわしっぱなしである。除湿機をおいたこともある。

　クズのアクぬきはむずかしくないけれど、さらしを何度もせんなんさかい根気がいる。根気がすべてである。この仕事はいそいでもあかん。

　尾中建三さんの店では製造したクズ粉の製品を販売しており、店の出入口の上には作業工程をしめす写真いりの説明板がかかげられている。説明は尾中さんらがかいたものである。以下は、製造工程のながれを理解するために、それをかきうつしたものである。

1．葛の花　山野に自生する生命力旺盛な豆科。つる草です。秋の七草の一つで、つるの長さ10m以上にもなり、8月頃開花。豆状の実が成ります。
2．葛根掘り　根に蓄えられた澱粉を取る為に12月の落葉より翌年4月新芽の出るまでの間に掘取ります。
3．粉砕　根に含まれている澱粉を取り出す為に繊維質を綿状に粉砕する機械にかけます。
4．葛洗い　綿状の根を水と共にミキサーに入れて撹拌し、付着している葛を洗い出します。この作業を2～3回くり返し、澱粉を充分洗い出します。
5．葛絞り　洗い終わった繊維を脱水し、水切りします。このかすを葛殻といい、堆肥などにします。
6．ふりこし　濁った黒褐色の液は土や砂などを含んでおり、これを袋に入れて振りながら不純物をのぞいていきます。
7．葛さらし　液を桶に入れ、清水で撹拌し、1昼夜おくと下に澱粉が沈澱します。これを一番さらしといいます。
8．寒晒し　この作業を10回程度くり返しますと、順次液は白色となります。この作業は冷水を使用の為、厳冬の頃行います。
9．葛切り　最後の晒作業の後、下に沈澱した葛を包丁で切りおこし、乾燥エビラに並べる。
10．玉干し　エビラに並べた葛を乾燥棚にならべ、寒風で自然乾燥し、充分乾燥して作業を終わります。

山掘り　山に棚をつくっているように、葉の茂っている葛の根を冬の間に掘ります。
葛　根　根は細長いものや丸いものなどいろいろで、目方も5kg位から50kgに及ぶ大きいものもあります。
葛打ち　掘った根を洗わず、平らな石の上などで初めは荒たたきから、次第に細かく繊維質が綿状になるまでたたきます。
葛洗い　たたいた根をよくもみ、洗いをして付着している「くず」の澱粉を洗い出します。
葛絞り　洗いほぐした根を網の袋に入れてしぼり、水分をとります。昔は藁であんだ網をつかい、腕力でしぼります。
葛　殻　しぼった繊維質の「かす」を葛殻といい、家畜の飼料や堆肥として利用したものです。
振こし　濁った黒褐色の液は土や砂なども含んでおり、これを布袋に入れて振りながらこしていきます。
よ　ね　初めてこしたとき袋の中に残ったものを「よね」といい、二度こしで残ったものを「こよね」といい、食糧にもしたといわれています。

第2部　縄文時代の植物採集活動の民俗考古学的研究

　　葛さらし　液を桶に入れ、きれいな水で撹拌し、1昼夜置くと下に澱粉が沈澱します。
　　　　　　これを「一番さらし」といいます。
　　か　ね　下に沈澱した白い部分の上にできたものを「かね」といい、これを原料として
　　　　　　「かねもち」や「かねだんご」をして食べます。
　　寒晒し　厳寒のころ、冷水を加えて撹拌し、細かい布袋で何回もくりかえしていくと純
　　　　　　白の澱粉ができます。
　　玉干し　さらし上った澱粉をとり出し、かげ干しにするとこの葛ができ上ります。

事例クズ5－2．福井県遠敷郡上中町熊川在住の尾中建三さんが使用している採取用具・加工用具

　1993（平成5年）年8月27日・同年9月30日に採取用具と加工用具の実測・計測・写真撮影をおこなった。

　採取するときに使用する道具のうち、トンガ1点とテコ2点を実測している。加工用具については、ヘラ2点とホウチョウ1点を実測し、エビラ1点とポリエチレンオケ2点を計測している。

　トンガ（図7－3、写真9－5）　鉄製刃部の柄壺に木柄を装着するタイプで、柄の装着角度は75度である。鉄製刃部の刃縁は直刃を呈し、側縁はわずかに内湾し、まるくなった頭部にむけて細くなっている。長さ32.1cm、刃部幅8.4cmである。木柄は長さ106.0cm、手でにぎる部分の断面は楕円形を呈する。

　テコ（図7－1・2、写真9－5）　同図1は鉄製刃部と木柄から構成され、全長155.6cmである。鉄製刃部は隅丸の頭部から刃部にかけて直線的にひろがっており、刃縁は直刃を呈する。刃部は長さ27.6cm、刃部幅8.8cmをはかる。木柄は長さ113.3cmで、断面は円形を呈する。木柄と鉄製刃部はナットとリングでしっかり固定されている。

　同図2は刃部・柄部とも1本の鉄棒からできており、両端に形態がことなる刃部がつくられている。全長は118.8cmである。一端の刃部は隅丸の頭部から刃部にかけてほぼ直線的にひろがり、刃縁は直刃を呈する。もう一端の刃部はとがっており、その長さは3.8cmである。

　木製エビラ（図7－4、写真10－6～8）　長さ81.8cm、幅40.0cm、高さ7.4cmである。内側にはポリエチレン製野菜カゴの蓋のきったものを2枚しいている。さらに隙間には幅2cm前後のタケを3本しいている。木枠とポリエチレン製の蓋は白いビニール紐で5個所むすびつけられている。

　ポリエチレン製エビラ　長さ88cm、幅60cm、高さ7cmである。

　ヘラ（図11－4・5、写真10－4）　2点とも刃部と柄部が一体になったステンレス製品の

柄部を、灰色のビニールパイプに挿入して製作されている。側縁部は丸くふくらみ、刃縁は直刃を呈する。刃部の裏面はわずかにとぎだされている。同図4は全長26.1cm、パイプ柄は長さ15.7cm、直径2.3cm、刃部は幅10.5cm、厚さ0.1cmである。同図5は全長24.1cm、パイプ柄は長さ14.0cm、直径2.7cm、刃部は幅10.5cm、厚さ0.1cmである。

　ホウチョウ（図11－6、写真10－5）　ポリエチレン製の柄にステンレス製の刃部がつく洋包丁である。全長22.9cm、柄の長さは11.3cm、刃わたり10.8cmである。

　ポリエチレン製オケ（写真9－6～10－6）　小型品。容積は100リットルで、口径53cm、高さ55.5cm。

　ポリエチレン製オケ（写真9－6～10－1）　大型品。容積は200リットルで、口径65.5cm、高さ69.5cm。

事例クズ6－1．福井県遠敷郡上中町熊川の老人会のみなさんにおうかがいした話

　熊川には若狭鯖街道文化資料館があり、この地区の老人会が施設を管理している。1993（平成5）年9月25・29日の2日間調査を実施した。話をおうかがいした老人会のみなさんの氏名、生年月日、住所は以下のとおりである。

　入江幾三さん、明治43（1910）年うまれ、熊川。

　掛谷信一さん、大正3（1914）年うまれ、熊川。

　金田清治さん、大正9（1920）年うまれ、熊川。

　宮本　剛さん、大正12（1923）年うまれ、熊川。

　松木敏典さん、昭和3（1928）年うまれ、新道。

　江戸時代から水にとかして下痢どめにつかった。腹薬につかった。水分を吸収しておなかをあたためる。水にとかしてバリウムみたいにしてのむ。一度のめば、下痢がとまる。栄養がある。

　新道には現在75戸あるが、最盛期には100戸あった。そのうちの20戸がクズ製造をおこない、30～40戸が炭やきをしていた。

　クズの根は11月下旬から掘りはじめ、4月ごろまで掘る。京都からクズの値をいってくると、炭やきをやめてクズを掘った。根の値段は問屋とクズを掘る人のあいだで、クズを掘るまえにきめた。ツルをきると、白い液がピューとでるものがよい。根のふくらんだ玉のところにデンプンがたまっている。直径10cmぐらいの根の太いもので10年、細いもので7～8年である。クズの根をきると、断面は年輪のようになっており、白い部分にデンプンがたまっている。土のええところがいい。アラクズの根を10貫掘ると、1割5分から2割製品ができる。いいやつは2割とれる。歩どまりがよい。

　石の上でたたく。石は川であげてきた。戦前は一家に一つあった。いまは家を改築しての

こっていない。コヅチというカケヤの小さいようなものでたたく。コヅチにはカシの木をつかう。ひろってきた河原石の上にのせて、コヅチで綿のようにつぶしていく。小さい木槌をクズウチバイという。いまは製材所の木材をチップにする機械で細かくくだく。

木綿袋にクズ殻をいれて桶のなかであらう。クズシボリで、木の棒をいれてしぼる。何回もくりかえす。2・3回くりかえす。カネというクズも泥もまざったものができる。それを袋にいれてしぼる。そののこりくずがヨネである。5～6回もうわ水をほかしていって、一番底に沈澱してたまったクズがサラシである。

水をすてて1時間ほどたつと乾燥しはじめ、5～6時間たったところできりはじめる。きってもまだ水分があるので、タケコウジブタのなかに布をしいてほす。かわかす。家のなかでほす。天気のいいときは、外でほしたりする。むかしは周囲ががらんどうになった小屋のなかでほした。家の戸を全部あけて、風とおしをよくしてほす。人のすんでいるところではできないので、小屋や作業場でほす。タケコウジブタは木枠の底にタケスがしいてあるもので、ほすときにつかい、クズ屋だけでつかっていた。

桶に水をためてしぼる。シボリアミは梯子につっておいて、棒をさしてしぼる。シボリアミはシナ皮とワラであんだ。クズ殻ができる。

クズの根の白い玉と泥を桶のなかでかきまぜて、1日おくと白い玉が一番重いので下にたまり、その上に泥がたまる。泥をすてる。それを何回もくりかえす。5～6回くりかえす。

ナラシ・ナラシゴテで桶の底のほうにならす。

カネベラで豆腐のような形にきる。それをかわかす箱のなかにいれてかわかす。製造は寒にしないとカビがはえる。寒ざらし。夏にすると発酵する。空気・水がつめたいときじゃないとだめである。熊川が吉野より製品がいいのは、両方ともつめたいからである。

いまから約40年前の製品が、ある家の蔵のなかからみつかった。アクや泥で灰色がかった色になっているが、カビははえていない。もう一度さらしなおすと、もう少し白くなる。時間がたつと、色がかわる。1・2年ではならないが、40年もたつとこうなる。

クズがたりないとき、九州からひいた。

事例クズ6－2．福井県遠敷郡上中町熊川の若狭鯖街道文化資料館に展示されている加工用具

上中町新道の藤井宏三氏が使用していた加工用具が展示されている（写真11－1）。具体的にはクズ根数点、半切桶3点、桶1点、カキボウ1点、シボリアミ1点、カネベラ1点、ホウチョウ1点、タケコウジブタ3点、ナラシ・ナラシゴテ1点、ケショウバコ2点が展示されている。これらのうちカネベラ1点とホウチョウ1点を実測し、半切桶・桶・ケショウバコをそれぞれ1点ずつ計測している。

半切桶（図9-3）　口径73.0～74.8cm、高さ37.0cmをはかる。側板（クレ）の枚数は23枚、幅4.3～17.3cm、厚さ1.7～2.0cmである。側板はぴったりとくっつき、隙間もなく、色調のせいか境界がわかりにくい。底板（ウラ）の直径は65.8～67.0cmで、底板は4枚からなり、4枚の幅は13.0～22.1cm、厚さ2.5cmである。下から6.5cmまでのところに幅3cm前後のタケ製シリタガが2本、上から14.5cmのところに幅4.5～5.5cmのタケ製クチタガが1本めぐらされている。タガはいずれも右あがりである。

　桶（図8-3）　口径53.5～54.0cm、高さ52.5cmをはかる。側板（クレ）の枚数は21枚、幅4.5～11.2cm、厚さ1.3～1.4cmである。底板（ウラ）の直径は約42.5cm、厚さ1.5cmである。下から9cmまでのところに幅3cmのタケ製シリタガが3本、下から9cmのところに幅4cmのタケ製ドウタガが1本、上から7cmのところまでに幅3～4cmのタケ製クチタガが2本めぐらされている。タガは6本とも右あがりである。下から11cmのところに水をぬくための孔があけられており、栓の大きさは直径2.0～2.4cm、長さ2.4cmである。

　カキボウ（写真11-2）　棒の先端が三つ又にわかれている木製品である。木の枝わかれする部分を利用して製作されている。全長120.5cm、直径約3cmをはかり、手にもつ部分が手垢でよごれている。

　カネベラ（図11-2）　鉄製刃部の茎に木柄が装着されている。全長17.3cm、木柄は長さ7.8cm、刃幅9.7cmをはかる。刃部の平面形は隅丸正方形をなし、刃縁は直刃で、両刃にとぎだされている。木柄は手垢にまみれて、黒びかりしている部分もみられる。

　ホウチョウ（図11-3）　鉄製刃部の茎に木柄が装着されているもので、形態的には菜切包丁ににている。全長19.3cm、刃わたり13.6cm、木柄の長さ5.4cmである。刃先は片刃ぎみの両刃にとぎだされている。木柄の断面は直径4.4～4.7cmのほぼ円形を呈する。

　ケショウバコ（図12-1・2）　製品化したクズ粉をつめて運送するのにつかう木箱である。本体の長さ47.6cm、幅25.8cm、高さ26.8cmである。板の厚さは0.8～0.9cmである。蓋は長さ48.2cm、幅26.3cm、厚さ0.7cmで、本体には釘でとめてある。

事例クズ7．福井県小浜市の福井県立若狭歴史民俗資料館に収蔵されている加工用具

　1993（平成5）年9月24・25日に加工用具の実測・計測・写真撮影をおこなった。収蔵庫と屋根裏に収蔵されており、資料の正確な点数については確認していない。実測したものはヘラ1点、計測したものは半切桶・木箱・桟各1点で、それぞれについて写真を撮影している。

　半切桶（図9-2）　口径73.4～76.4cm、高さ37.0cmをはかる。側板（クレ）は23枚で、幅6.3～13.8cm、厚さ約0.7cmである。底板（ウラ）の直径66.0～68.4cm、底板は4枚からなり、幅12.4～20.5cm、厚さ約3.0cmである。下から9.0cmまでのところに幅約3.0cmのタケ製シリタガが3本、上から10.0cmのところに幅3.0～4.0cmのタケ製クチタガが1

第2部 縄文時代の植物採集活動の民俗考古学的研究

1 加工用具一式　　2 カキボウ

3 手桶　　4 ショウケ

写真11 福井県内のクズ加工用具

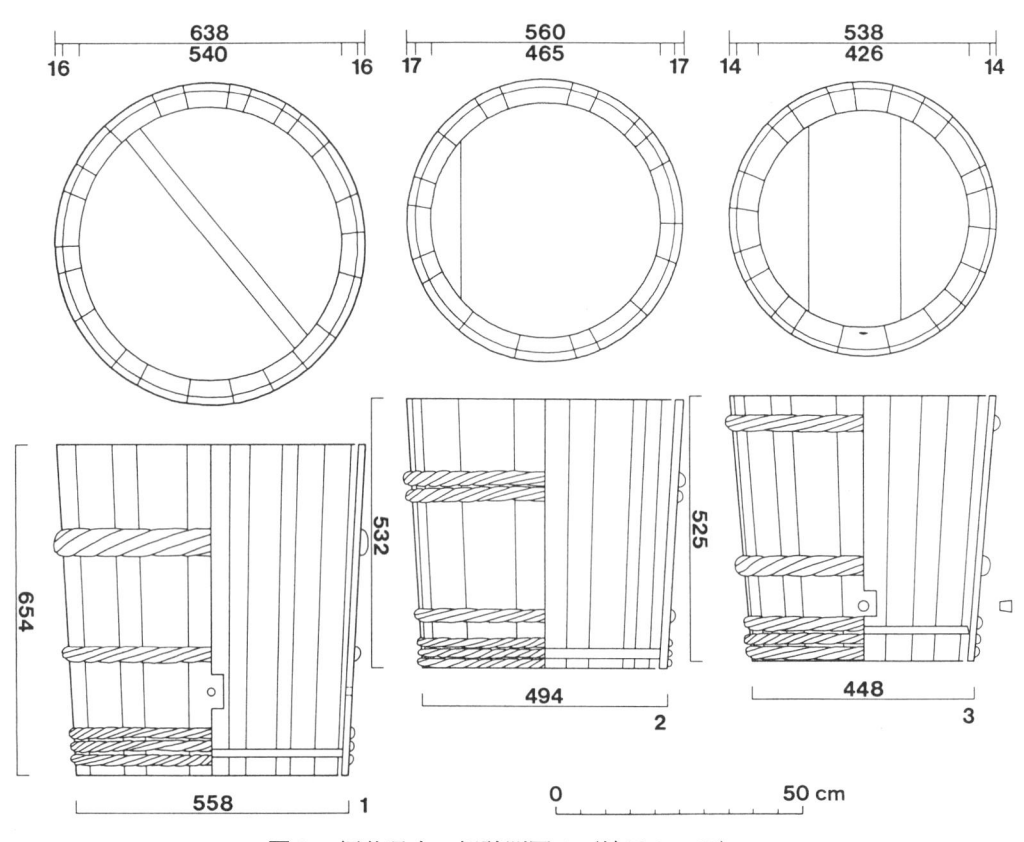

図8 福井県内の桶計測図1（縮尺1：15）

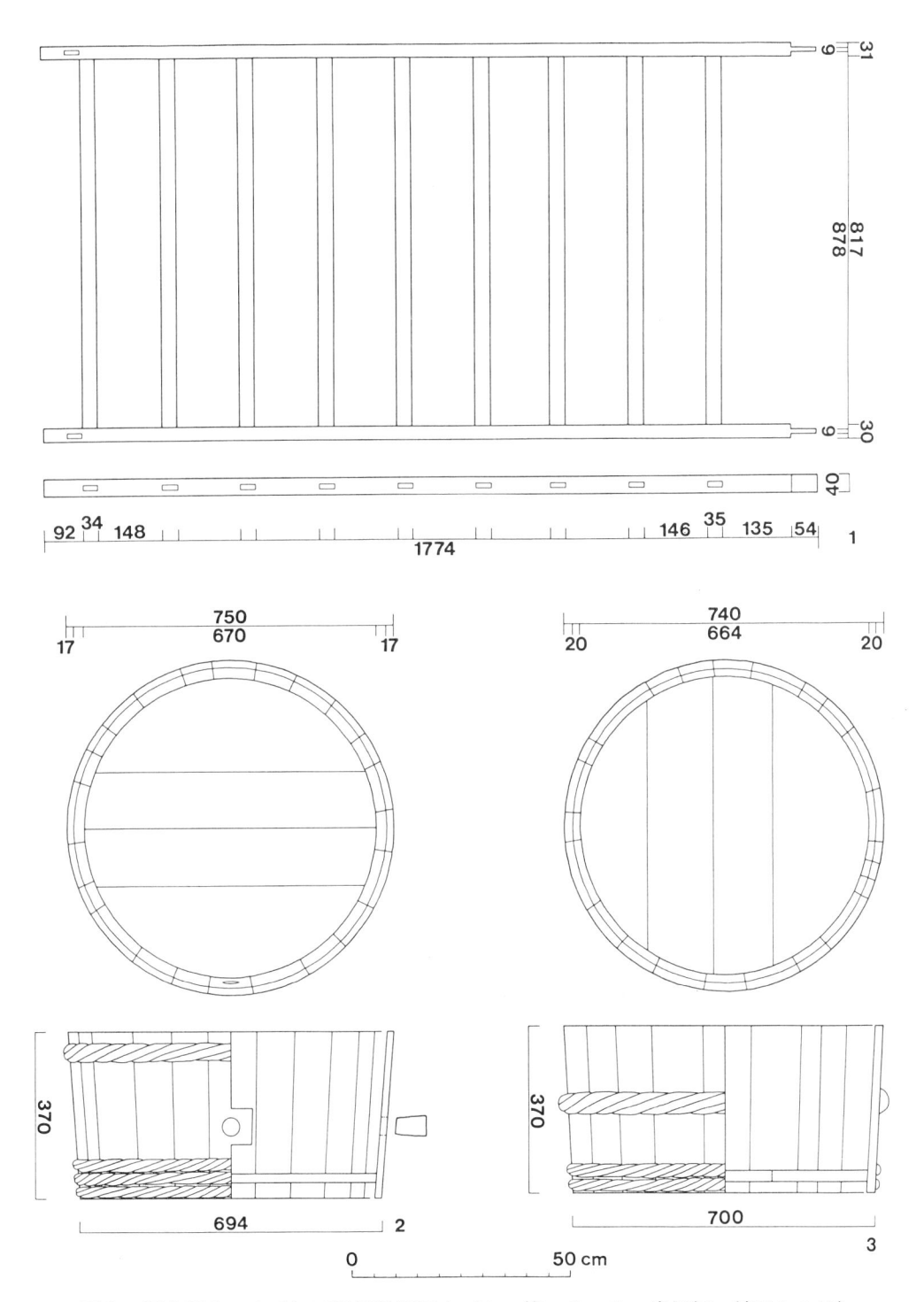

第4章　クズ食料化に関する民俗調査

図9　福井県内のクズ加工用具計測図1（1　桟、2・3　半切桶。縮尺1：15）

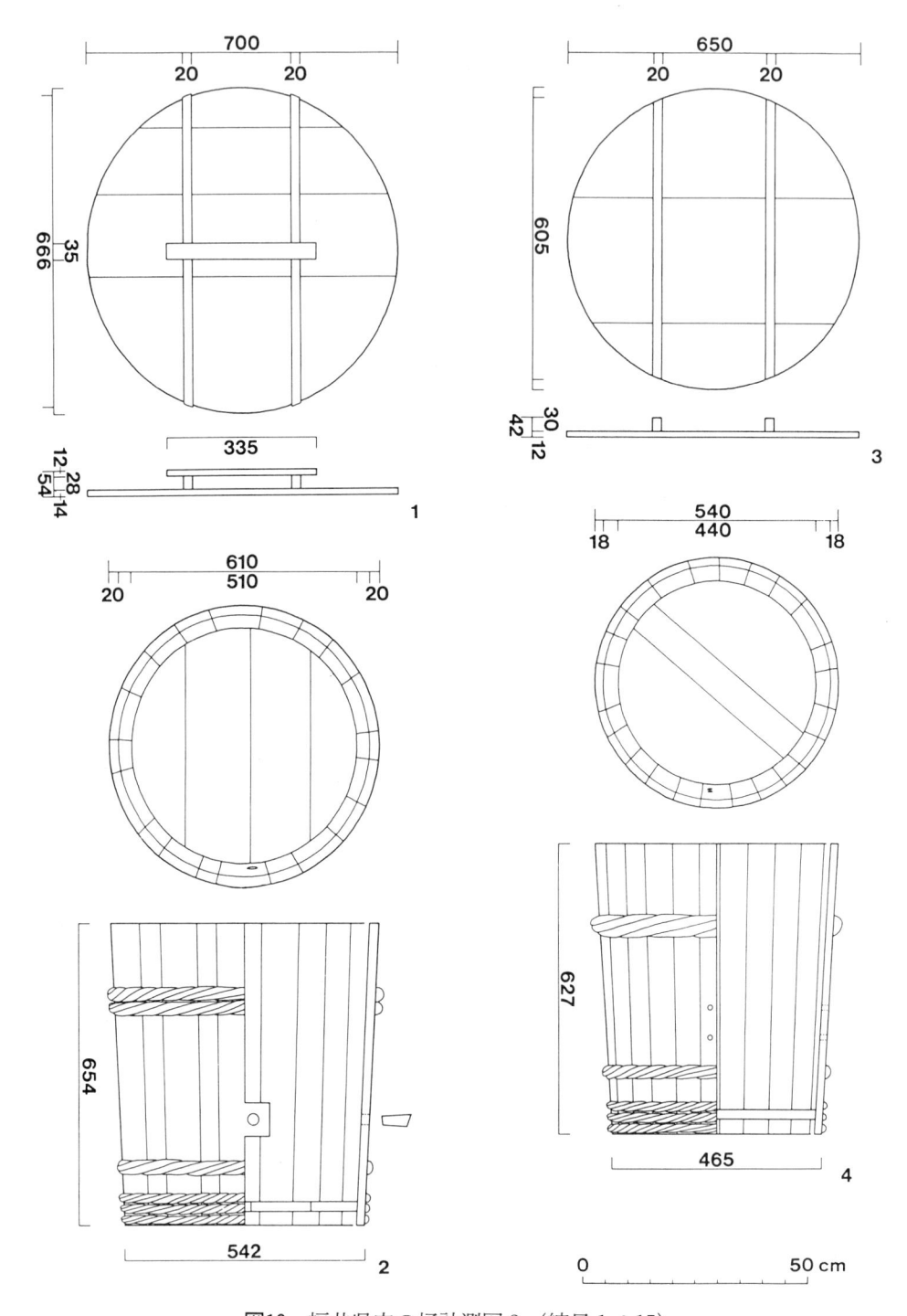

第 2 部　縄文時代の植物採集活動の民俗考古学的研究

図10　福井県内の桶計測図 2（縮尺 1：15）

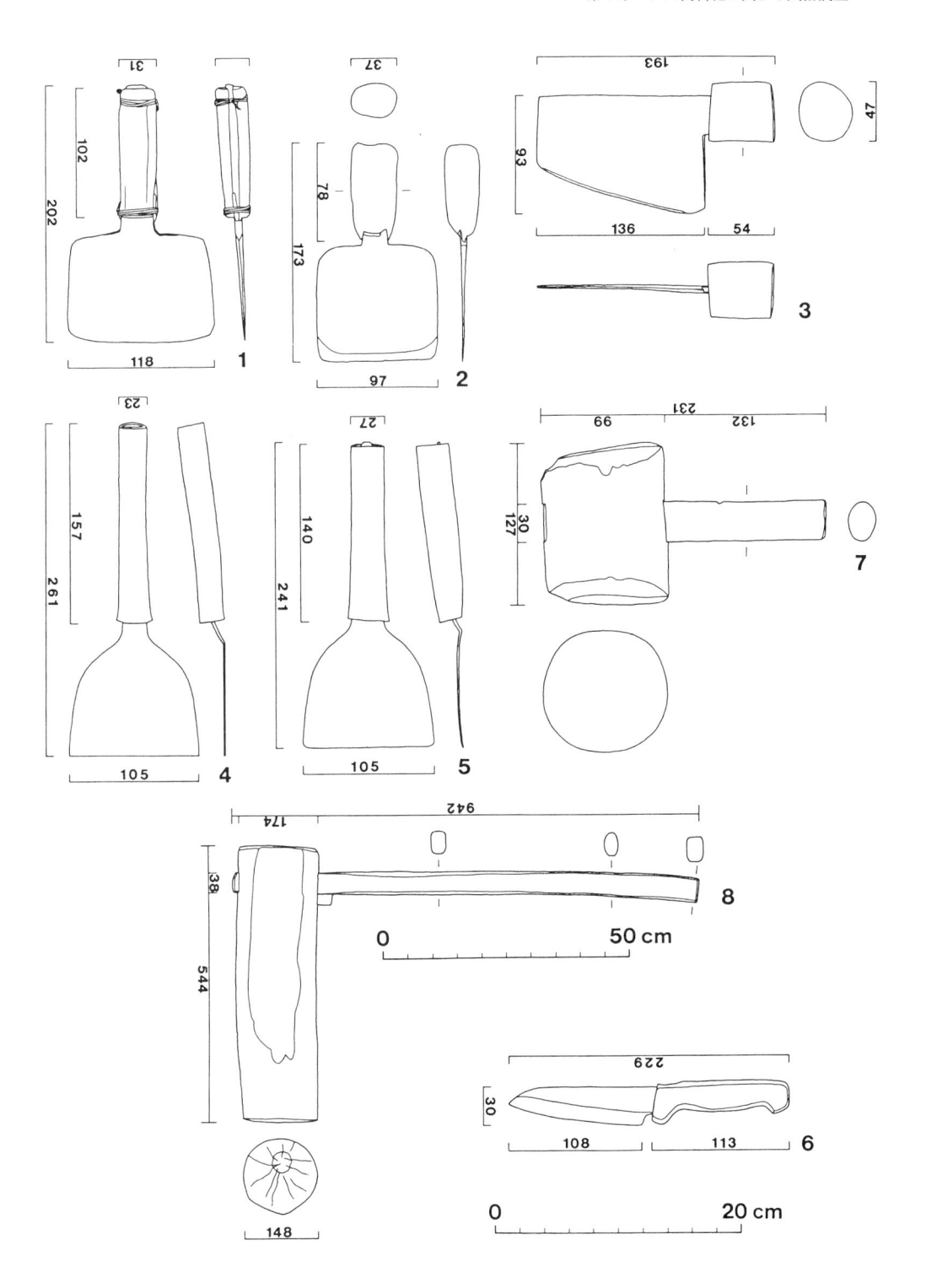

第 4 章　クズ食料化に関する民俗調査

図11　福井県内のクズ加工用具実測図 2
（1・4・5　ヘラ、2　カネベラ、3・6　ホウチョウ、7・8　杵。縮尺 1：5、8のみ 2：25）

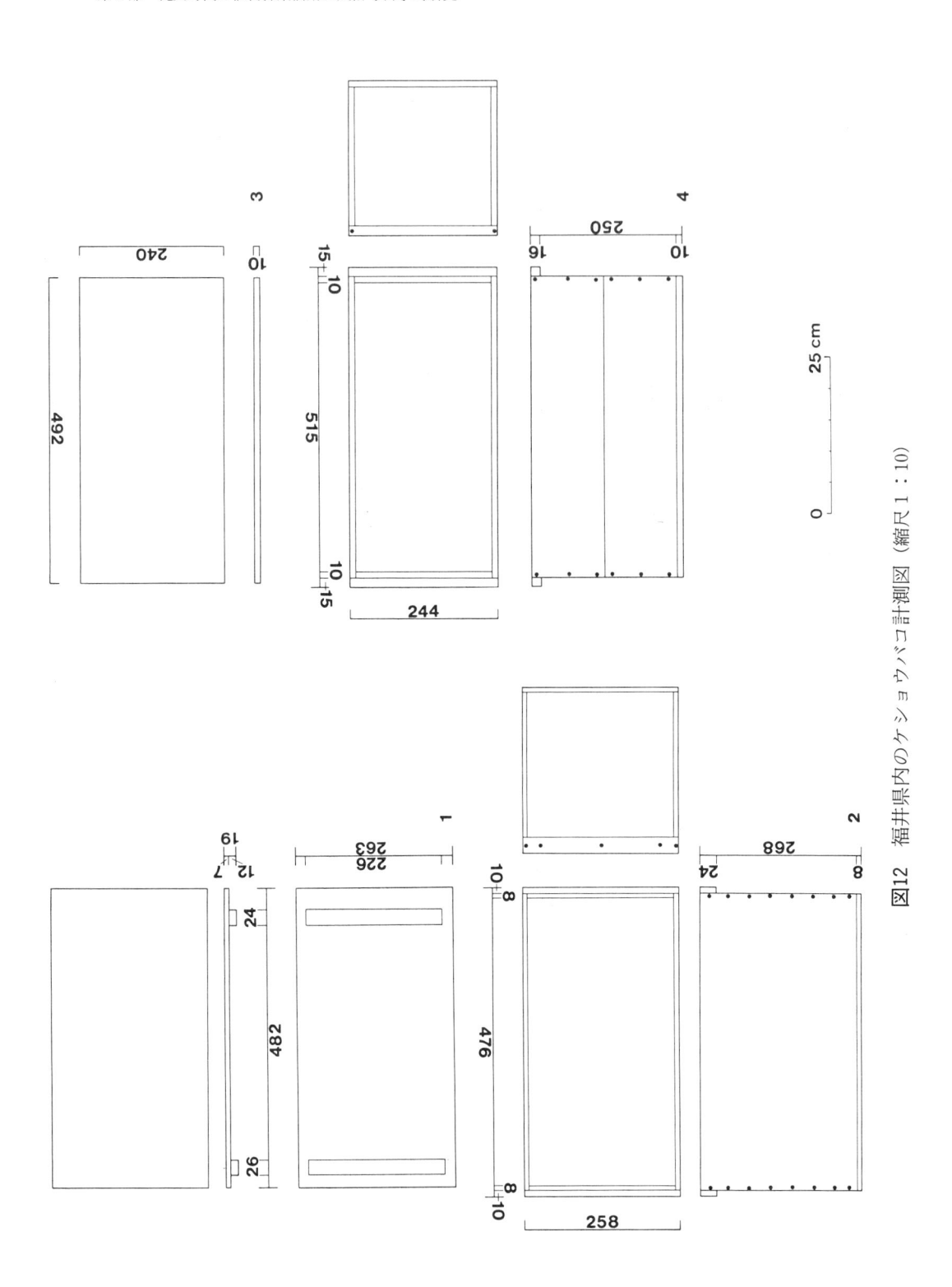

第 2 部　縄文時代の植物採集活動の民俗考古学的研究

図12　福井県内のケタノショウケ図面計測図（縮尺 1：10）

本めぐらされている。タガはいずれも右あがりである。上から22.5cmのところに水ぬき用の孔があけられており、外側の直径4.2cm、内側の直径4.0cmである。栓は直径3.5～4.6cm、長さ6.9～7.2cmをはかる。

　ヘラ（図11－1）　鉄製刃部の茎に木柄が装着されて、製作されている。全長20.2cm、木柄の長さ10.2cm、刃幅11.8cmである。平面形態は頭部から刃部にかけてややひろがる台形で、刃縁はわずかにまるみをおびた直刃である。鉄製茎を両側からはさみこみ、両端を針金で3～4周しばりこんである。

　桟（図9－1）　クズを乾燥させるときにつかう。長さ177.4cm、幅87.8cmである。9段の桟がある。

　ケショウバコ（図12－3・4）　乾燥しおわったクズ粉をいれて出荷する木箱である。本体は長さ51.5cm、幅24.4cm、高さ25.0cmである。板の厚さは1.0～1.2cmである。釘をうちつけて、くみたてている。内側の木と木のあわせめには、紙でめばりがしてある。蓋は長さ49.2cm、幅24.0cm、厚さ1.0cmである。蓋の上面周囲と本体の上縁には紙で封をした跡がのこっている。

事例クズ8．福井県福井市の福井県立博物館に収蔵・展示されている加工用具

　1993（平成5）年10月8日と1994（平成6）年3月18日の2日間、同館に収蔵・展示されている加工用具の実測・計測・写真撮影をおこなった。収蔵・展示されている加工用具のうち、実測したものは杵2点、計測したものはクズアライオケ2点、ヨネトキオケ1点、ツロミオケ1点、手桶1点、ショウケ1点、スダレ2点であり、それぞれについて写真撮影をしている。

　クズアライオケ（図8－1、図10－1・2）　図8－1は収蔵されている資料で、口径63.5～64.0cm、高さ65.4cmをはかる。側板（クレ）の枚数は23枚、幅3.6～12.3cm、厚さ1.5～1.8cmである。底板（ウラ）は直径53.5～54.0cmで、幅26.7cm・3.6cm・23.2cmの板材3枚からなる。下から1.5～9.5cmまでのところに幅3cm弱のタケ製シリタガが3本、下から22.5～25.5cmのところに幅3.0cmのタケ製ドウタガが1本、下から43.5～49.0cmのところに幅5.5cmのタケ製クチタガが1本めぐらされている。クチタガはくみタガ、シリタガ・ドウタガが4本とも右あがりである。下から16.8cmのところに水をぬくための孔があけられており、孔径は1.7cmである。

　図10－1の蓋と図10－2の桶はセットになり、展示されている資料である。図10－2は口径60.0～61.4cm、高さ65.4cmをはかる。側板（クレ）は20枚で、幅6.0～13.8cm、厚さ1.8～2.0cmである。底板（ウラ）の直径49.8～51.8cm、底板は4枚からなり、幅9.7～14.5cmである。下から7.0cmまでのところに幅2.0cmあまりのタケ製シリタガが3本、下から

第2部　縄文時代の植物採集活動の民俗考古学的研究

11.0～14.0cmのところに幅3.0cmのタケ製タガが1本めぐらされている。さらに下から45.5～51.5cmのところに幅3.0cmのクチタガが2本めぐらされている。タガはいずれも右あがりである。下から23.0cmのところに水ぬき用の孔があけられており、外側の直径2.4cmである。栓は直径1.9～2.4cm、長さ5.6～6.5cmをはかる。図10－1の蓋は厚さ1.4cmの板材4枚からなり、直径68.5～70.8cmをはかる。板材に直交して長さ66.6cmの棒材が2本つけられ、その上に長さ33.5cmのつまみがつけられている。

ヨネトキオケ（図8－2）　展示されている資料で、口径54.8～57.0cm、高さ53.2cmをはかる。側板（クレ）は19枚で、幅3.7～14.4cm、厚さ1.7cm前後である。底板（ウラ）の直径44.6～48.0cm、底板は板材の境界が判別しにくく、確認できるかぎりでは2枚であるが、3枚以上になるかもしれない。2枚の底板材の幅は6.0cmと38.6cmである。下から6.0cmまでのところに幅2.0cmのタケ製シリタガが3本、下から9.2～11.8cmのところにタケ製ドウタガが1本、下から33.0～39.0cmのところに幅3.0cmのタケ製クチタガが2本めぐらされている。タガはいずれも右あがりである。

ツロミオケ（図10－3・4）　図10－3の蓋と図10－4の桶はセットになり、収蔵されている資料である。図10－4は口径52.8～55.3cm、高さ62.7cmをはかる。側板（クレ）は23枚で、幅4.3～10.5cm、厚さ1.8～2.0cmである。底板（ウラ）の直径42.5～44.5cm、底板は3枚からなり、幅18.8cm、6.0cm、17.7cmである。下から7.0cmまでのところに幅2.0cmあまりのタケ製シリタガが3本、下から12.0～15.0cmのところに幅3.0cmのタケ製ドウタガが1本めぐらされている。さらに下から42.5～47.5cmのところに幅5.0cmのタケ製クチタガが1本めぐらされている。タガはいずれも右あがりである。下から21.0cmと27.5cmのところに水ぬき用の小さな孔があけられており、孔径は1.2cmである。図10－3の蓋は直径64.6～65.0cmをはかり、厚さ1.2cmの板材3枚からなり、それらの幅は23.5cm、26.5cm、14.0cmである。板材に直交して長さ60.5cmの棒材が2本つけられている。

手桶（写真11－3）　ブリキ製の本体に木柄がつく形態である。本体は口径18.5×21.0cm、高さ13.5～18.0cm、底径17.3cmをはかる。木柄は長さ29.0cm、幅4.5～6.8cm、厚さ1.5cmである。

荒打杵（図11－8）　槌部の片方の端に孔をあけ、そこに木柄をさしこんで製作している。基部から打面にむけてやや細くなっており、槌部の両側縁部はけずりとられている。槌部は長さ54.4cm、打面は直径14.8cmのほぼ円形で、表面は全体的に磨耗しており、側面からみるとゆるい凸状を呈している。木柄は長さ94.2cm、その断面は隅丸長方形や楕円形を呈する。樹種は不明である。

小打杵（図11－7）　直径9.6～10.2cmの丸太に3.0×2.7cmの方形の孔をあけ、木柄を挿入して製作している。槌部の打面は「ハ」の字状にゆるく傾斜し、柄に対して角度をもっ

ている。打面の中央部は使用痕がのこっており、磨耗して光沢をおび、ツルツルしている。その外側は剥離してボケボケになっており、現存長12.7cmである。木柄の長さは23.1cm、その断面は楕円形を呈し、3.0×2.3cmである。樹種は不明である。

　ショウケ（写真11－4）　幅1cm前後のタテ材17本と幅0.2〜0.5cmのヨコ材208本でザル目編みされたタケ製品である。口唇部の幅は2.5〜3.0cmで18個所針金でとめられており、口径50.5×49.5cmで、ほぼ円形をなす。高さ16.5〜18.0cmである。内面の底は使用により、黒びかりしている。

　スダレ　2点展示されている。そのうちの1点は直径2.0〜3.0cm、長さ約87cmのタケ9本を2個所モジリ編みしており、タテ材の一方はツヅラフジ質繊維で、もう一方はワラである。もう1点は直径2.0〜2.5cm、長さ74〜78cmのタケ9本を2個所ワラでモジリ編みしている。

事例クズ9－1．奈良県宇陀郡大宇陀町上新在住の黒川重太郎氏におうかがいした話

　黒川重太郎氏は1908（明治41）年うまれで、吉野葛本舗黒川本家の10代目である（写真12－1）。現在は息子さんの黒川重之氏が11代目当主としてあとをついでいる。1994（平成6）年8月9日と1995（平成7）年2月24日に、ご自宅でおうかがいした話である。1994（平成6）年8月9日は、最初に吉野葛についてテレビで放送されたものを録画したビデオを拝見し、つぎに黒川重太郎氏からお話をうかがった。

　以下の3段落は、3編のビデオの内容を速記したものである。

　クズは秋に紫色の花をさかせる。山方はクズの根をけわしい山の奥までさがす。冬場の農家の賃かせぎとしておこなう。最近はわりにあわないので少ない。むかしは石の上にのせて木槌で粉砕した。いまはクズ根粉砕機で、綿状になるように粉砕する。水槽で水あらいする。とけたクズデンプンを布袋にいれて繊維やゴミをこす。濾過する。桶にいれて一昼夜沈澱させる。うわ水をすてると、底にクズのデンプンが沈澱している。これがアラクズとよばれるものである。以上が、山方の作業である。井戸水をつかって寒じこみをする。デンプンの含有量は少なく、クズ根の重さの4分の1くらいである。50日間乾燥する。天日ぼしする。明治23年から昭和29年まで宮内庁御用達であった。

　吉野クズは、320年前から黒川家の先祖がはじめた。吉野の山中ばかりでなく、京都府相楽郡からもクズの根をあつめている。繊維のなかから、デンプンをもみだす。水のなかでもみあらう。濾過器でこして、桶のなかにいれて20時間以上おく。桶の底に沈澱したものが粗デンプンである。土などの夾雑物をふくみ、ヌルヌルした部分がある。粗デンプンを精製する。さらしていく。寒風のなかでさらす。寒ざらしをする。水温が高いと分離しない。5℃以下だと分離する。根の採取から製品の完成まで2ヵ月かかる。このうち乾燥が大半である。

第2部　縄文時代の植物採集活動の民俗考古学的研究

天然乾燥させる。室内で約2カ月間乾燥する。

　400年前からはじめられた。大宇陀町から南を吉野という。クズはやせた土地でもはえ、生命力のかたまりである。クズ根を掘りだすとき、1mくらい掘らなければならない。根の先っぽに含有量が多い。タンニンなどのアクや不純物をふくんでいる。褐色のアク水である。さらしかえをする。さらしかえを8回くりかえす。大宇陀は水がよい。

　以下は、ビデオをみおわったあと、黒川重太郎さんにおうかがいした話である。

　クズの葉が落葉するころ、根っこにデンプンがたまる。葉に太陽光線をうけてデンプンを根にたくわえる。台風で葉をもみくちゃにされた年は、含有量は少ない。日照のよい今年（1994年）はクズも豊作であろう。

　掘る道具はクワをつかう。幅のせまい、分厚いクワで掘る。クズの根は掘った日につぶすのがよい。3・4日もおいてつぶすと、デンプンが少ない。鮮度をあらそう。デンプンは根の20分の1くらいの重さにしかならない。採算ベースで考えると、5％の歩どまりじゃないとだめ。山で濾過して沈澱させたものが粗クズである。根ではこぶよりも、粗クズではこんだほうが運賃がやすくなる。山ではクズ殻を蚊とり線香がわりにつかっていた。粗クズ・土肉クズ・まんなかの白い部分の3層にわかれる。粗クズとは上層にヌルヌルしたシグで、褐色で粒子はこまい。土肉クズは下に沈澱する。褐色で分子があらい。まんなかの白い部分を沈降させ、水をたし、カイボウでかきまぜて溶解する。いまは船のプロペラで溶解させている。1昼夜・20時間ほどおくとデンプンが沈澱し、褐色のアク水をすてる。井戸からくみあげた生水をいれる。これをサラスといい、このくりかえしである。1回や2回ではアクがなくならない。いまはロータリーフィルターという円錐形の回転ブルイを使用してデンプンをこす。この胴のなかにカスがのこり、先端からデンプンがでる。桶の底に沈澱したのをヘラでおこす。半切桶の大きさは、口径65cm、底径60cm、高さ40cmである。井戸は300年前からつかっている。

　乾燥させるときは、表面積を大きくするよう小さくわっている。人工乾燥させるとさっとできるが、粉末になる。ユーザーは塊のものをほしがっているので、天然乾燥させる。

　12月ごろから3月いっぱい製造する。大宇陀は海抜200〜300mで、冬場は寒い。

　宝達でクズを掘ってもらったことがある。粗クズをおくってもらった。宝達の60才以上の人ならしっている。宝達から雪がつもる冬の期間、手つだいにきてもらったことがある。戦後まもないころ、2〜3カ月間手つだいにきてもらったことがある。

　以下は、1995（平成7）年2月24日に、自宅の工場（写真12－2）で作業をみながらおうかがいした話である。

　山では粉砕して繊維と繊維のあいだからフルイであらとおしししたものをもってくる。山でデンプン乳にしてもってくる。とって1・2日以内につぶさないとデンプンがとれなくなる。

時間もかかるし、運賃もかかる。

　山からもってきたものをフィルターで繊維をこす。ナイフで一等と二等をわける。溶解と沈澱をくりかえしてアクをぬく。これらがおもな仕事である。

　写真12-3は2回目のさらしの状態である。

　沈澱しているクズのデンプンをヘラでおこして（写真12-4）、ナイフでけずる（写真12-5）。ナイフというのは刺身包丁のことである。ナイフでけずるのがさらしの基礎になっている。ナイフでけずって、いい部分とわるい部分にわける。いい部分はいい部分で、わるい部分はわるい部分でわけてあつめる。いい部分はプロペラで溶解する（写真12-6）。わるい部分だけをもう一度溶解し、沈澱させる（写真12-7）。カイボウでかきまぜる（写真12-8）。溶解・沈澱を何回もくりかえす。アクがいっぺんにとれないので何回もくりかえす。溶解・沈澱につかうタンクはなかに五つ、奥に三つある。水の色は、はじめはアクでまっ茶色である。

　しあげの直前には蓋をしてゴミがはいらないようにする（写真13-1・2）。精製したものをとりあげるときは上ずみの水をすて（写真13-3）、沈澱しているもの（クズのデンプン）の上にきれ・晒（写真13-4）をひく。きれの上にかわいた二番クズをのせて水分をとる。

　乾燥させるための施設にいれたあと（写真13-5）、屋外や屋内で乾燥させる（写真13-6・7）。

　3月いっぱいまでする。低温のほうが、仕事がしやすい。15～16度までで、20度をこえると仕事がしにくい。温度があがると、白と黒がうまくわかれなくなる。一等品と二等品がわかれなくなる。いいとことわるいとこがはっきりしなくなる。温度が低いと、分離がはっきりする。

　つかっている桶は半切桶ばかりである。200枚くらいあるんとちゃいますか。地元の桶屋さんでつくった。半切桶の大きさは3尺×1尺1・2寸である。直径90cmぐらい、深さ40cmくらい、外側の高さは50cmぐらいである。半切桶は何十年もつかっているから、縁がすりへってしまっている。

事例クズ9-2．奈良県宇陀郡大宇陀町の吉野葛本舗黒川本家で使用されている加工用具

　1994（平成6）年8月9日と1995（平成7）年2月24日の両日、お話をうかがったときに加工用具の計測をおこなった。

　ハンギリオケ　200点ほどあるうちの1点のみを計測した。口径70cm、底板の直径60cm、内側の深さ30cm、外側の高さ35cmをはかる。板の厚さは2cmである。下から6cmまでのところにシリタガが2本まかれ、下側は幅2.5cmの鉄製で、上側は幅3cmのタケ製である。下から19.0～23.5cmのところに幅4.5cmのタケ製クチタガがめぐらされている。タケ製タガは2本とも撚り方が横からみて右さがりである。

第2部　縄文時代の植物採集活動の民俗考古学的研究

1　吉野葛本舗黒川本家と黒川重太郎氏

2　吉野葛本舗黒川本家の工場内部1

3　2回目のさらしの状態

4　デンプンをヘラでおこす

5　わるい部分をナイフでけずる

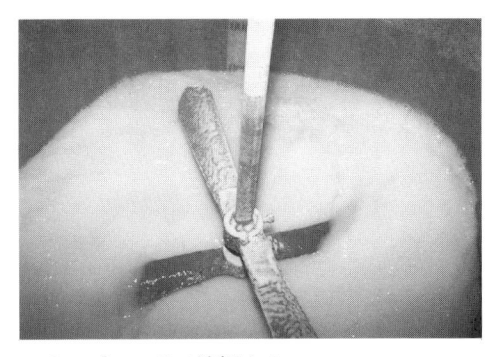

6　プロペラで溶解する

7　わるい部分だけさらしなおす

8　カイボウでかきまぜる

写真12　奈良県大宇陀町上新におけるクズ加工工程1

第4章 クズ食料化に関する民俗調査

1 吉野葛本舗黒川本家の工場内部2

2 吉野葛本舗黒川本家の工場内部3

3 しあげ直前の状態

4 ほしてあるきれ・晒

5 乾燥のための施設

6 屋外での乾燥作業

7 屋内での乾燥作業

8 ヘラ・ナイフ・ホシブタ

写真13 奈良県大宇陀町上新におけるクズ加工工程2

カイボウ　細長い六角形の体部に木柄を装着させたものである。六角形の台木は最大幅20.4cm、最小幅14.0cm、高さ14.2cm、厚さ2.7cmである。木柄は長さ187cm、断面は体部にさしこまれる部分は四角形を呈するほかは直径3.5〜4.5cmのほぼ円形をなす。

　ヘラ（写真13-8）　鉄製刃部が木柄に装着されており、全長22.2cmである。刃部は刃先幅11.0cm、上端幅10.2cm、高さ10.0cmをはかる。木柄は長さ11.8cm、直径3.0cmである。鍛冶屋さんでつくってもらった。

　ナイフ（写真13-8）　厚さのうすい刺身包丁がよい。出刃包丁ではだめである。全長33.3cmの市販のものである。刃わたり19.7cm、刃幅2.9cmをはかる。木柄は長さ13.4cm、端部の断面は楕円形を呈し、長径2.1cmである。

　ホシブタ（写真13-8）　「干蓋」とかく。細長い板材を井桁状にくみあわせ、底板をはりつけたものである。小型のものと大型のものの2種類がある。小型のものは板の厚さ1.0cmで、長さ48.7cm、幅29.4cm、高さ5.5cmをはかる。内法では長さ44.2cm、幅29.4cm、深さ4.5cmである。大型のものは板の厚さ1.6cmで、長さ121.0cm、幅60.0cm、高さ10.0cmをはかる。内法では長さ93.8cm、幅56.8cm、深さ7.0cmである。底板の長さは102.0cmである。

事例クズ10．島根県迩摩郡温泉津町西田の三明慶輝さんにおうかがいした話

　三明慶輝さんは1953（昭和28）年うまれで、現在は端泉寺の第19代住職である。

　1994（平成6）年5月16日と同年8月29日に、ご自宅の端泉寺と故西本里美氏の納屋でおうかがいした話である。

　まず1994（平成6）年5月16日に、ご自宅の端泉寺でおうかがいした話である。

　西田のちかくには大森銀山があり、西田は銀山街道の宿場町であった。西田は山林や水は多いが、耕地は少ない。こんな理由から、クズのデンプン製造がおこなわれるようになったのではないか。西田のクズ粉製造は大正期が最盛期で、一番さかえた。戦後の食糧難の時期は基幹産業であった。1970年代の高度成長期には、ほかの現金収入の道がでてきた。また冬の期間は現金収入をえるためにでかせぎにでて、そのまま離村することもあった。昭和60年代以後ふたたび復活し、西本里美さんが一人だけやっていたが、今年（1994年）の1月30日になくなった。

　西田ではクズの根のことを、イノコとよんでいる。むかしはイノコを遠くまであるいてとりにでかけた。日がえりでとりにでかけた。6〜10年くらいのクズの根がよい。古くなると木化して、デンプンの量が少ない。

　むかしは家中そろってイノコをひらべったい石の上でたたいた。夜なべをしてたたいた。イノコヅチという道具でたたいた。たたいてあらう。手間をかけてする。15%くらいはとまっ

ていた。これだけとまらないとあわない。いまは脱穀機をつかってくだくので、歩どまりがわるくなった。

　むかしは雑木林で、クズが生育する条件がととのっていた。植林されたが、山の手いれがされていない。木の枝うちがされていないから、ツルがきれいにまかない。植林が集落ちかくからおこなわれ、かえって山のほうへはいれなくなった。

　つぎに1994（平成6）年8月29日に、故西本里美さんの納屋でおうかがいした話である。

　このあたりは40cm雪がつもる。自分のところ（端泉寺）より10cmは多い。

　11月のおわりごろから3月のなかごろまでする。寒いときでないと発酵する。農閑期に作業をしていた。むかしは農閑期の現金収入の道であった。同級生なんかで、冬場のクズで高校へだしてもらった人もいる。

　西本さんはイノコを掘りにいくときは耕運機でいった。耕運機のバリバリいう音で、西本さんが掘りにでかけるのをしった。たくさん掘れたときは、耕運機の音も元気があって、上機嫌であったような気がする。1日70〜80kg掘ってくる。掘れるときは1日100kgで、だめなときもある。200kgのイノコを3・4日かけて掘ってくる。掘ってきたクズは小屋のなかに山づみにしておいた。

　200kgイノコを掘ってきて1日でつぶす。3・4日かけて掘ってきて、2日間かけてつぶして沈澱させる。一昼夜まって水をかえる。また掘りにいく。かえってからまた水をかえる。水は山水をつかっている。タケの棒や撹拌機でかきまぜた。5日間くらいアク水をすてる作業をする。5日間ほどおなじ作業をくりかえす。ドラムカン8本に沈澱したものをあつめて、桶にうつす。精製する。

　育苗用のポリエチレン製箱に白い布をしき、その上にクズのデンプンをならべてほした。水槽の上の庇裏である程度乾燥させて、自宅の2階へもっていった。庇裏には2本1組のタケを4本わたしてあり、その上に乾燥箱をおけるようにしてある。

　西本さんは自分で工夫していろんな道具をつくった。粉砕するのにつかう機械は、脱穀機を改良してドラムに歯をつけたものである。コンクリート製の水槽にタケをわたして、その上にくだいたクズの根をのせる。水をかけ、足でふみつけ、デンプンをしぼりだす。水槽に1個所深いところをもうけておき、そこにビールケースとナイロン網でつくった箱をしずめ、そのなかからバキュームでアライ水をすくいあげて、ドラムカンにうつした。ドラムカンにアライ水をためてデンプンを沈澱させた。ドラムカンのアク水をすてるとき、半分にきったドラムカンにたらした袋にアク水をいれた。その袋をしぼるときにタケのスを台にしてつかう。むかしは半切というかさ（高さ）の低いものをつかっていた。水をすてるのにたおすのが楽である。

　山にいくとき、西本さんはトランジスターラジオをかけていた。納屋はふきっさらしで寒

第２部　縄文時代の植物採集活動の民俗考古学的研究

く、１人でやっていたから孤独な作業であった。

事例クズ11．島根県迩摩郡温泉津町西田の故西本里美さんが使用していた採取用具・加工用具

　1994（平成６）年８月29日、三明慶輝さんに案内していただいて故西本里美さんの納屋（写真14－１）で採取用具・加工用具の計測・写真撮影をおこなった。

　スコップ（写真14－２）　一般に市販されているもので、あたらしいせいか刃先がとがっている。全長は98.0cm、刃幅23.0cm、木柄の断面は直径3.8cm である。

　ツルハシ（写真14－２）　一般に市販されているものである。木柄の断面は3.2×2.5cm ぐらいの楕円形を呈し、つけ根には赤いビニールテープがまかれている。柄なかほどに「西本」という焼印がおされている。刃先の一端はとがり、もう一端の刃幅は7.2cm である。

　ナタ（写真14－２）　刃部とにぎり部が一体となっている。鉄製で、全長45.0cmをはかる。刃幅16.7cm で、刃の先端はひっかかりをつけるために鉤状になっている。手でにぎる部分には白いビニール紐がまかれ、すべりどめのために端部がリング状になっている。

　ノコギリ（写真14－２）　鉄製の刃部に木柄が鈍角の角度で装着されている。刃幅34.8cm、歯数は63山である。木柄は長さ12.5cm、その断面は3.3×2.3cm の楕円形である。このノコギリは、長さ45.0cm、幅6.5cm、厚さ1.5cm の黒のビニールカバーにおさめられている。

　イノコヅチ（写真14－３）　クズの根をたたく道具である。２点あり、両者とも芯持材を利用した円筒形の槌部に木柄が直角につくものである。２点とも重量は約２kg で、樹種は不明である。１点目は全長25.8cm をはかり、槌部は直径13.4cm、長さ19.2cm である。一部には木の表皮がのこっているが、それがはがれてボケボケになっている。木柄は長さ12.4cm、その断面は長径3.5cm 前後の隅丸方形にちかい楕円形を呈する。もう１点は全長27.1cm をはかり、槌部は12.0×12.4cm、長さ11.8〜12.2cm で柄方向にむけてわずかに広くなっている。外周にはすべて木皮がのこっている。木柄の長さは14.7cm、断面は3.3×2.7cm の隅丸方形を呈している。

　コンクリート製水槽（写真14－４）　平面形態はほぼ正方形を呈し、大きさは内法で162×153cm、深さは31〜70cm である。構造的には、水槽の中央に幅10cm の木材をわたし、長さ145cm 前後、直径5.0〜5.5cm のタケを21本ならべてわたす。その上にくだいたクズの根をのせて水をかけ、足でふみつけてデンプンをしぼりだす。水槽の１個所が深くなっていて、そこに緑色のポリカゴがしかれている。さらにその上に黄色いビールケースをのせ（写真14－５）、バキューム（写真14－６）をつっこみアライ水をくみあげられるようになっている。

　桶（写真14－７）　２種類あり、それぞれ１個ずつしかない。２個とも精製用である。

　大きい方は口径46.5cm、高さ53.0cm、深さ47.0cm をはかる。側板（クレ）は24枚で、

幅4.8〜7.2cm、厚さ1.3cm である。下から10cm のところにシリタガが１本、下から16cm と上から15cm のところにドウタガが各１本ずつ、上から８cm のところにクチタガが１本はめられている。タガはいずれもタケ製で、撚り方は横からみて右あがりである。

　小さい方は口径39.0〜40.4cm、高さ21.0cm、深さ18.0cm の小型品である。側板（クレ）は20枚で、幅4.6〜7.4cm、厚さ1.2cm である。

ポリエチレン製オケ（写真14－7）　100リットル用のもので、青色を呈する。4個ある。口径59.0cm、高さ57.0cm である。内法では口径53.3cm、深さ54.0cm である。

ポリエチレン製オケ（写真14－7）　黄色のものが１個ある。内法で口径44.5cm、深さ38.8cm。

ドラムカン転用桶（写真14－8）　桶として使用している。アライ水をためるためのものが10個あり、さらに透明のビニールでおおいがしてある精製をするところに5個おかれている。

タケ製棒（写真15－1）　水とデンプンをかきまわすときにつかう。2点あり、両方とも一端をわりさいてかきまぜやすいようにしてある。1点は長さ111cm、直径3.0cm のタケの棒で、わりさかれている長さは30cm である。2点は長さ97cm、直径3.4cm のタケの棒で、わりさかれている長さは26cm である。

撹拌機（写真15－2）　1台ある。西本さんが自分でつくったものである。

タケ製ス（写真15－3）　長さ92cm、直径1.2〜1.8cm のタケの棒を34本ならべ、白いビニール紐で3個所モジリ編みされている。製品であるスの大きさは長さ92cm、幅72cm である。

乾燥箱（写真15－4）　木製とポリエチレン製の2種類がある。細長い板材を井桁状にくみ、長方形の底板をつけたものである。大きさは長さ63.0cm、幅32.4cm、高さ6.8cm をはかる。内法では長さ56.2cm、幅26.3cm、深さ6.0cm である。ポリエチレン製のものは育苗箱を転用したものである。灰色を呈し、底に小さな四角い孔が多数あけられている。大きさは長さ60.5cm、幅30.8cm、高さ3.5cm である。内法では長さ58.0cm、幅28.1cm、深さ3.0cm である。

事例クズ12．島根県迩摩郡温泉津町の湯里公民館に展示されている加工用具

　湯里公民館の1室が「ふるさと湯里郷土館」として利用されている。1994（平成6）年8月30日、三明慶輝さんに案内していただいて加工用具の計測・写真撮影をおこなった。ここに展示されている加工用具の内訳は、蓋つきの半切り2点、タケの箕1点、ヨネアゲゾウケ1点である（写真15－5）。

半切りと蓋（図13、写真15－6・7）　2点展示されており、「半切り（中組大黒屋で西田くず製造に使用されていたもの）　提供者　中組大黒屋（光末様）」と半切桶本体に墨で注記されている。

第2部　縄文時代の植物採集活動の民俗考古学的研究

1　西本里美さん宅の納屋

2　採取用具一式

3　イノコヅチ

4　コンクリート製水槽

5　コンクリート製水槽の一部分

6　バキューム

7　桶

8　ドラムカンを転用した桶

写真14　島根県温泉津町西田におけるクズ採取用具・加工用具

第4章 クズ食料化に関する民俗調査

1　タケ製棒	2　撹拌機
3　タケ製ス	4　乾燥につかう箱
5　加工用具一式	6　半切り1
7　半切り2	8　ヨネアゲゾウケと繊維屑

写真15　島根県温泉津町におけるクズ加工用具

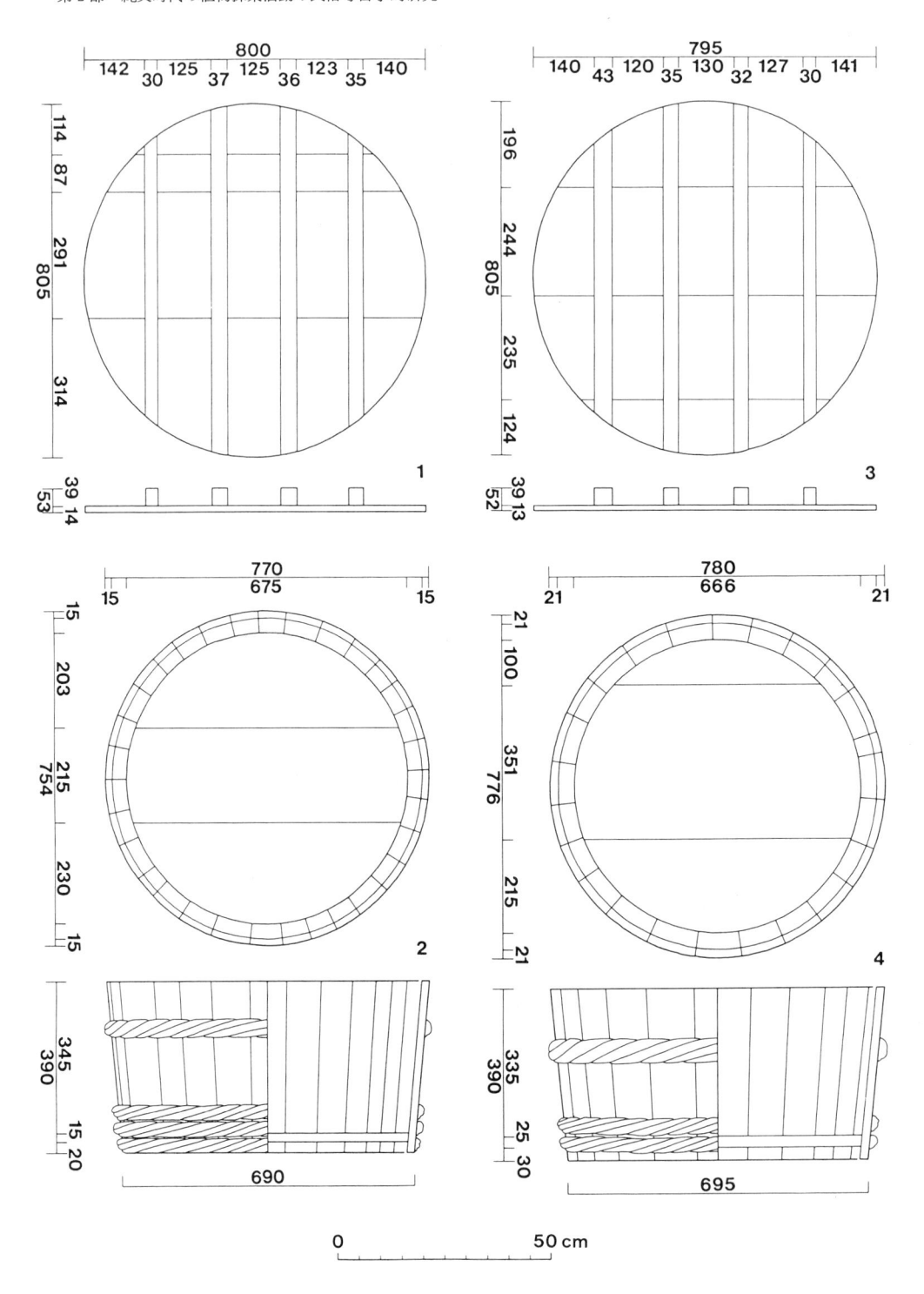

第 2 部　縄文時代の植物採集活動の民俗考古学的研究

図13　島根県内の桶計測図（縮尺 1 : 15）

図13－2の桶と図13－1の蓋がセットになる（写真15－6）。図13－2は口径75.4〜77.0cm、高さ39.0cm、深さ34.5cmをはかる。側板（クレ）は32枚で、幅5.1〜9.2cm、厚さ1.5cmである。底板（ウラ）は板材3枚からなり、直径64.8〜67.5cmである。下から11.0cmまでのところに幅3.5cmあまりのシリタガが3本、上から8.5〜13.0cmのところにクチタガが1本まかれている。タガはいずれもタケ製で、撚り方は横からみて右あがりになっている。図13－1の蓋は円形を呈し、厚さ1.4cmの板材4枚からなり、直径は80.0〜80.5cmである。ならべられた4枚の板材に直交するように、4本の角材がつまみや補強のためにつけられている。

　図13－4の桶と図13－3の蓋がセットになる（写真15－7）。図13－4は口径77.6〜78.0cm、高さ39.0cm、深さ33.5cmをはかる。側板（クレ）は32枚で、幅は4.7cmが1枚あるほかは8.3〜11.3cm、厚さ2.1cmである。底板（ウラ）は板材3枚からなり、直径66.6cmである。下から2.0〜10.0cmのところに幅4cmのシリタガが2本、上から11.0〜17.0cmのところにクチタガが1本まかれている。タガは3本ともタケ製で、横からみて右あがりになっている。図13－3の蓋は円形を呈し、厚さ1.3cmの板材4枚からなり、直径は79.5〜80.5cmである。ならべられた4枚の板材に直角にまじわるように、4本の角材がつまみや補強のためにつけられている。

　簀（写真15－5）　木札に墨で「竹の簀　くずをつくる時の道具　提供者　中村　橋目哲様」と注記されている。長さ79〜80cm、直径2.4〜3.3cmのタケを11本ならべ、ほそいワラ縄で2個所モジリ編みされている。製品の大きさは、長さ79〜80cm、幅36cmである。

　ヨネアゲゾウケ（写真15－8）　木札に墨で「よねあげぞうけ　くずをつくる時の道具　提供者　西田町渡辺義雄様」と注記されている。カゴの平面形態は隅丸長方形を呈し、その大きさは長辺62cm、短辺59cm、高さ27cmである。編み方に関しては、タケのタテ材とヨコ材でザル目編みされている。タテ材2・3本で2cm前後のタテ条を1条形成し、16条確認された。ヨコ条はヨコ材1本で1条を形成し、全体で272条確認された。ヨコ材については、胴部では幅5mmのものがつかわれているが、たちあがりは幅2・3mmとやや細くなっている。口縁は幅2.2〜2.5cmのタケ材で縁まきされていて、ばらけないように21個所針金でとめられている。そしてこのなかには灰黄色〜暗褐色を呈するクズ根の繊維屑がいれられている。

事例クズ13－1．福岡県甘木市秋月在住の高木久助さんにおうかがいした話

　高木久助さんは1932（昭和7）年うまれで、株式会社廣久葛本舗の代表取締役である。1994（平成6）年8月23日、本社工場（写真16－2〜4）でおうかがいした話である。
　1819（文政2）年の創業で、藩政期は1軒だけであった。黒田藩の御用商人をしていた。

第 2 部　縄文時代の植物採集活動の民俗考古学的研究

　高木久助さんご自身は 9 代目当主である。終戦後、親戚なんかもいれて 4 軒くらいしていた。商売でしているのは、吉野とここぐらいである。吉野に 4 軒ある。

　この辺ではクズの根を、カンネカズラ（寒根カズラ）、クズマキ、クズノネとよんでいる。植林して根ざらえしてきってしまうので、少なくなった。掘りつくしたわけではない。

　クズの葉がそじえったら、クズのデンプンがわるい。日光不足だと歩どまりがわるい。平均して歩どまりは 1 割くらいである。今年（1994年）は例年の 3 分の 1 くらいしかできなかった。こんなことは長年やってきてはじめてである。昨年（1993年）は冷夏で、鹿児島には台風が 3 回きた。親父のころ、鹿児島によく台風があがった。最近は長崎にあがる。

　掘る時期は、12月から 3 月いっぱいである。根にデンプンがたまって、12月霜がおりるころから 3 月末の芽がでるまでである。それ以後だと品質もわるくなる。いまは原料が少なくなったから、11月下旬から 4 月はじめまで掘る。掘る時期が早くてもおそくてもデンプンが少ない。掘る道具は土地によってちがう。この辺の山は石灰岩の山で石が多いので、トグワとツルハシの中間形態のものをつかった。鹿児島はスコップが主である。赤土に砂がまざった真砂土のところは根がいい。水ひきのいいところではデンプン含有量も多いし、根も太く、ふとりも早い。山の南むき、西むきがよい。クズの根の太さは、腕よりもちょっと大きい太さぐらいである。

　ちょうど12月から 3 月は農閑期で、農家の人に掘ってもらう。江川や小石原あたりから原料をとりよせた。秋月は城下町で、農家が少ない。商家や武士ばかりであった。熊本や佐賀からも原料がきた。熊本や佐賀も植林されて、人工林でなくなっていった。いまは鹿児島から原料をとりよせている。戦争中も鹿児島からとりよせていた。

　掘ってすぐに、なるべく早くつぶす。そうしないと、デンプンが少なくなる。掘ってきてすぐつぶさないと、デンプンが変質してしまってなくなる。むかしは杵でつぶした。杵は四角の専用のものをつかった。庭にひらたい石がうめてあった。その上でつぶした。綿状になるまでたたいた。綿状になったものを、桶にいれてデンプンをあらいおとす。デンプンをあらいおとしたクズの根を女が 2 人むきあって、桶の上におかれた竹のスの上でしぼる。カスは肥料にしかならない。シュウケというタケであんだザルの大きいやつでこし、布袋や小さい金網でこし、その汁を一昼夜桶にとっておく。うわ水をすてて沈澱したデンプンをとる。水をかえて真水をいれてとかし、沈澱させる。5・6 回くりかえす。むかしは真水をいれてとかすとき、真冬に手でまぜた。タケの棒もつかったが、ほとんど手でやった。寒の水の冷たいときにやったので、手がしびれて感覚がなくなった。

　上に黒いデンプン、下にデンプン・砂・泥が重いのでたまる。上下にゴミがあったら、けずりおとして一緒にしてまぜる。いいところだけとっていく。包丁できる。

　下には泥・砂、上にはワラとかがたまる。中間のいいところを小さい桶にうつしていく。

第4章　クズ食料化に関する民俗調査

1　内野葛の看板
2　廣久葛本舗 
3　廣久葛本舗本社工場1 
4　廣久葛本舗本社工場2 
5　乾燥作業 
6　桶 
7　ツキオコシ 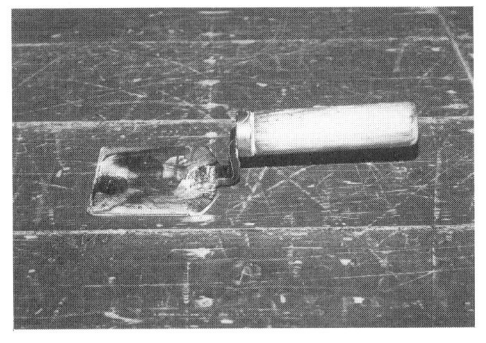
8　モロブタ 

写真16　福岡県甘木市秋月におけるクズ加工用具

2日くらいおくと、沈澱する。まっ白になるまでくりかえす。4・5回くりかえす。

むかしは日中男が山に掘りにいって、夜家族みんなでつぶした。翌日、女があらってしぼった。粗づくりしたやつをうちへもってきた。それをうちで精製していた。

日陰ぼしする。真冬は3ヵ月くらいかかる。夏場は1ヵ月から1ヵ月半くらいである。モロブタという木箱で乾燥させる。むかしは底にタケのスがひいてあった。モロブタはむかしのものは小さかった。それにデンプンをながしこんだから、乾燥に日数がかかった。

直径・高さとも3尺くらいの桶を何本もつかっている。大きい方の桶は中間よりやや下に水をぬくための栓があった。いまは桶屋さんがいないので、ポリオケをつかっている。鹿児島ではセメントでつくった水槽をつかっている。機械はクズ専用のものはない。自分でほかの機械を改良してつかう。いまは甘薯デンプンの工場とおなじである。

自分の代になって、20年くらい前から工場を増築してきた。増築した工場には、旧秋月小学校の木材を利用している。工場の下を鉄骨にし、上に旧秋月小学校の木材を利用している。

クズは夏のものである。5月の端午の節句のお菓子がおわってから、クズをつかったお菓子がつくられた。むかしは和菓子だけだった。いまは洋菓子が主で、いろんなお菓子がある。

事例クズ13－2．福岡県甘木市秋月の廣久葛本舗で使用されている加工用具

1994（平成6）年8月23日に話をおうかがいしたときに、工場においてあった桶、ポリエチレン製オケ、ツキオコシ、モロブタを計測させていただいた。

桶（写真16－6）　口径90cm、高さ77cm、側板（クレ）の厚さ2.6cmである。

ポリエチレン製オケ（写真16－6）　口径86.5cm、高さ70cmをはかる。青色を呈する。

ツキオコシ（写真16－7）　沈澱したクズのデンプンをおこす用具である。装着部位がクランク状にまがった鉄製刃部に木柄が装着されており、側面からみると階段状になっている。

モロブタ（写真16－8）　四角い木枠の底にプラスチックの網がしかれている。長さ89cm、幅50cm、高さ5.3cm、板材の厚さ1.4cmである。

事例クズ14．鹿児島県曾於郡大崎町永吉在住の吉留一幸さんにおうかがいした話

吉留一幸さんは昭和28（1953）年うまれで、（株）都食品の代表取締役である。1993（平成5）年11月17日に会社でおうかがいした話である。

大崎のあたりでは、クズのことをカンネンカズラとよぶ。

吉留一幸さんの父親である吉留計都さんが、昭和41（1966）年からはじめた。デンプン製造を専業としており、以前はカライモ（サツマイモ）からデンプンをとることだけをしていたが、季節をずらしてカライモとカンネンカズラの両方をするようになった。

12月にはいると、300人の掘り手でクズ根を掘る。採取の時期は12月から3月までである。

山の日あたりのよい南斜面のクズ根がよい。肝属郡など大隅半島全域でクズ根を採取する。大隅半島にはクズ根もあるし、それを掘る人もいる。大隅半島の末吉町・松山町・輝北町をはじめ、宮崎県都城市・三又からもとりよせている。熊本まででかけていったこともある。薩摩半島にはない。クズ自体はあるかもしれないが、とる人がいない。

クズ根を掘る道具は、スコップ、クワ、ノコギリ、ナタである。スコップとノコがあれば十分である。岩や木の根があるところでは、クワもつかう。地上部をノコギリできり、スコップとクワをつかって掘る。クズ根は紡錘形をしている。基部から30〜60cmは細く、1mの範囲で肥大化する。先端部15〜30cmは細くなる。基部と先端部をのぞき肥大化した部分を採取する。

採取量は人によって、場所によってちがってくる。個人差がある。あるところへいけば300kgくらいとれる。ないところだと100kg以内しかとれない。デンプンの含有量はクズ根によって差があり、粗製クズの段階でよければ15％くらい、わるければ10〜13％である。収量は年まわりによってちがう。台風の多い年は葉がおちてしまうので、よくない。採取したクズをトラックで回収したり、採取した人が個人的にもってきたりする。

採取してきたクズ根から土・石・ヒゲをとる。クズ根を適当な大きさに裁断する。チップ機で粉々にくだく。磨砕機にかけてすりつぶす。フルイにかける。デンプン乳にする。不純物をとりのぞく。水をながしながら、フルイにかける。このとき大量の水をつかう。水洗機という大きなタンクのなかでアクと泥をとる。デンプンの習性を利用し、上にはアクがうき、下に泥がしずみ、アクと泥をとる。沈澱槽で一昼夜おくと、粗製クズができる。それを撹拌し、不純物を泡にしてとりのぞく発泡作業を何回もくりかえす。5日間、沈澱と撹拌をくりかえす。振動フルイにかける。どんなカスもとりのぞく。それを3日間しずかに沈澱させてできたものが、ナマコである。沈澱槽にたまったナマコを大きなヘラできりとる。きりとったものを手でわり、箱にいれる。箱を乾燥棚にいれ、冬の冷たい風に2カ月あて乾燥させる。40日間くらいかけて乾燥させる。本クズのできあがりである。採取からできあがりまで70日かかる。

乾燥につかう箱で、木箱だと木屑がはいってしまう。化学製品の箱は木屑がいらないという長所はあるが、乾燥がよすぎると粒が小さくなるという欠点もある。クズ根10〜15tを処理する。クズのデンプン製造の時期には、アクで川が茶色になっていた。いまはアク水をたれながさないように処理している。水でさらして完全にアクをぬかないと白くならない。クズ根のカスは、お茶の木の根に散布する。吉野へナマコをおくっていた。桶うりしていた。

おはなしをうかがったとき、カライモ（サツマイモ）のデンプンとカンネンカズラ（クズ）のデンプンをたべ比べてみた。そのときの感想であるが、カライモのデンプンはわずかに灰色味をおびていて、少しすっぱい。カンネンカズラのデンプンはカライモのものより白っぽ

く、薬っぽい味がする。当然のことであるが、両方とも粉っぽい。

第3節　調査事例の分析

　これまで記述してきた調査報告と先学の研究成果をもとに、クズ粉の生産工程とそれに関する用具をまとめ、クズの食料化の工程をつかわれる用具もふくめてあきらかにしていく[10]。最初にのべたように考古学的目的から民俗調査をすすめており、両者を比較研究できるようにするために、現在おこなわれている方法や現在つかわれている用具よりも、以前におこなわれていた方法やその時につかわれていた用具を復元していく必要があると考えられる。それでできるだけ古い形態の方法や用具を復元していくものである。
　まず、これまで筆者が記述してきた調査報告をもとにクズ粉の生産工程とそれに関する用具をまとめるのは、石川県羽咋郡押水町宝達および同町山崎（事例クズ1～3）・福井県遠敷郡上中町熊川（事例クズ5・6）、奈良県宇陀郡大宇陀町上新（事例クズ9）・島根県迩摩郡温泉津町西田（事例クズ10～12）、福岡県甘木市秋月（事例クズ13）の4地域である。石川県七尾市小川内の事例（事例クズ4）は設備が近代化しており、鹿児島県曾於郡大崎町永吉の事例（事例クズ14）は工場化してしまっている。そのため前記目的のためには良好な事例とはいいがたいので、ここでは除外している。
　つぎに、筆者の調査報告だけでは不十分なところもあるので、それを補足するために先学の調査事例や文献をもとに工程・作業手順・用具をまとめていくものである。島根県迩摩郡温泉津町西田においては、橋目哲・山本隆慶両氏の調査報告（橋目・山本1987）をまとめる（事例クズA）。福岡県甘木市江川については酒井一男氏の調査報告（酒井1969）をまとめる（事例クズB）。鹿児島県鹿児島郡三島村黒島（岩波書店編集部1955）では、カンネ団子のつくり方を整理する（事例クズC）。さらには、大蔵永常が1830（文政13）年にあらわした『製葛録』（粕渕他1994）をまとめる（事例クズX・Y・Z）。

事例クズ1～3．石川県羽咋郡押水町宝達・山崎における生産工程とそれに関する用具
　つかわれる用具には若干個人差はあるが、ここでは包括してとりあつかっている。
第1工程　クズ根の採取工程
　作業手順1　ツルをさがす
　作業手順2　根を掘る（ヤマグワ・ヤマンガ、ツルハシ、スコッパ、カマ・ヤマガマ、ノコギリ、ナタ、イシマワシ）
　作業手順3　掘った根をはこぶ（背中あて・ネコザ、縄）

第2工程　クズ根の敲砕工程
　作業手順4　根をあらう（オケ、タワシ）
　作業手順5　太い根をきってわる（ノコギリ、ユキ・ヨキ）
　作業手順6　根をあらわりする（ジョウボイシ、ゲンノウ）
　作業手順7　根をあらつぶしする（ジョウボイシ、カケヤ、キヌタ）
　作業手順8　根をこたたきする（ジョウボイシ、カケヤ、キヌタ、キヅチ）

第3工程　クズ粉の抽出工程
　作業手順9　たたきつぶした根をはこぶ（ミ・メカイ）
　作業手順10　たたいた根をあらう（ハンギリ、マワシノクワ）
　作業手順11　あらった根をしぼる（ハンギリ、ザ、テオケ・テミズガケノオケ）
　　　　　　作業手順10・11をイチバンアライという
　作業手順12　しぼった根をまたあらう（ハンギリ、マワシノクワ）
　作業手順13　あらった根をまたしぼる（ハンギリ、ザ、テオケ・テミズガケノオケ、ヨネコシザル・マルソウケ）
　　　　　　作業手順12・13をニバンアライという
　作業手順14　アライミズを濾過する（オケ、木綿袋・布袋、テオケ・テミズガケノオケ、ヨネコシザル・マルソウケ）
　作業手順15　根の繊維やカスをすてる（一輪車）
　作業手順16　デンプンを沈澱させる（オケ）
　作業手順17　アクミズをすてる
　作業手順18　濾過する（オケ、木綿袋・布袋）
　作業手順19　デンプンを沈澱させる（オケ）
　作業手順20　アクミズをすてる
　作業手順21　デンプンをおこしてうつす（オケ、オコシ・クズオコシキ）
　作業手順22　水をいれる（オケ）
　作業手順23　デンプンをとかす（マワシボウ・トキボウ）
　作業手順24　デンプンを沈澱させる（オケ）

第4工程　クズ粉の精製工程
　作業手順25　うわ水をすてる
　作業手順26　デンプンをおこす（オコシ・クズオコシキ）
　作業手順27　水をいれる（オケ）
　作業手順28　デンプンをとかす（マワシボウ・トキボウ）
　作業手順29　デンプンを沈澱させる

第2部　縄文時代の植物採集活動の民俗考古学的研究

　　　　　　　　作業手順25～29を4回くりかえす
　作業手順30　うわ水をすてる
　作業手順31　デンプンをおこす（オコシ・クズオコシキ）
　作業手順32　水をいれる（オケ）
　作業手順33　デンプンをとかす（マワシボウ・トキボウ）
　作業手順34　アゲオケにうつす（オケ、絹袋）
　　　　　　　　作業手順32～34をスナドリ（砂どり）という
　作業手順35　デンプンを沈澱させる
第5工程　クズ粉の乾燥工程
　作業手順36　うわ水をすてる（木綿袋、灰）
　作業手順37　デンプンをきってあげる（ホウチョウ、オコシ・クズオコシキ）
　作業手順38　自然乾燥させる（カイコカゴ、棚、桟、新聞用紙・紙）

事例5・6．福井県遠敷郡上中町熊川におけるクズ粉の生産工程とそれに関連する用具

第1工程　クズ根の採取工程
　作業手順1　根を掘る（トンガ、テコ、ツルハシ、スコップ、ノコギリ、ナタ）
　作業手順2　掘った根をはこぶ
第2工程　クズ根の敲砕工程
　作業手順3　根をたたく（台石、コヅチ、クズウチバイ）
第3工程　クズ粉の抽出工程
　作業手順4　たたいた根をあらう（半切桶、桶）
　作業手順5　あらった根をしぼる（シボリアミ、木製棒、半切桶、桶）
　作業手順6　ふりこしをする（布袋、桶、半切桶）
　作業手順7　デンプンを沈澱させる（桶、半切桶）
　作業手順8　うわ水をすてる
　作業手順9　水をいれる
　作業手順10　かきまぜる（カキボウ）
　作業手順11　デンプンを沈澱させる
第4工程　クズ粉の精製工程
　作業手順12　うわ水をすてる
　作業手順13　水をいれる
　作業手順14　かきまぜる（カキボウ）
　作業手順15　デンプンを沈澱させる

作業手順12～15を5・6回くりかえす。
第5工程　クズ粉の乾燥工程
　作業手順16　うわ水をすてる
　作業手順17　デンプンをきってあげる（ホウチョウ、ヘラ、カネベラ）
　作業手順18　自然乾燥させる（エビラ、タケコウジブタ、布）

事例クズ9．奈良県宇陀郡大宇陀町上新におけるクズ粉の生産工程とそれに関連する用具
第1工程　クズ根の採取工程
　作業手順1　根を掘る（クワ）
第2工程　クズ根の敲砕工程
　作業手順2　根をつぶす（石、木槌、粉砕機）
第3工程　クズ粉の抽出工程
　作業手順3　つぶした根をあらう（水槽）
　作業手順4　あらったまっ黒い水をこす（布袋、桶）
　作業手順5　粗クズを沈澱させる（桶）
第4工程　クズ粉の運搬工程
　作業手順6　粗クズをはこぶ
第5工程　クズ粉の精製工程
　作業手順7　粗クズを溶解する（半切桶、カイボウ）
　作業手順8　デンプンを沈澱させる（半切桶）
　作業手順9　うわ水をすてる
　作業手順10　デンプンをおこす（ヘラ）
　作業手順11　デンプンをけずる（ナイフ・柳刃包丁）
　作業手順12　デンプンを溶解する（半切桶、カイボウ）
　作業手順13　デンプンを沈澱させる（半切桶）
　　　　　　　作業手順8～12を何回も（5回ぐらい）くりかえす
第6工程　クズ粉の乾燥工程
　作業手順14　うわ水をすてる（半切桶、きれ）
　作業手順15　デンプンをとりあげる（ヘラ）
　作業手順16　屋外で表面をあらかわきさせる（大蓋、簣子、木綿布）
　作業手順17　屋内で天然乾燥させる（ホシブタ）

第2部　縄文時代の植物採集活動の民俗考古学的研究

事例クズ10〜12．島根県迩摩郡温泉津町西田におけるクズ粉の生産工程とそれに関連する用具

第1工程　クズ根の採取工程
　作業手順1　イノコを掘る（スコップ、ツルハシ、ナタ、ノコギリ）
　作業手順2　掘ったイノコをはこぶ（耕運機）

第2工程　クズ根の敲砕工程
　作業手順3　イノコをつぶす（石、イノコヅチ、脱穀機）

第3工程　クズ粉の抽出工程
　作業手順4　つぶしたイノコをあらう（コンクリート製水槽）
　作業手順5　アライ水をうつす（バキューム、ドラムカン転用桶）
　作業手順6　デンプンを沈澱させる（ドラムカン転用桶、半切）
　作業手順7　アク水をすてる（袋、タケ製ス、半切）
　作業手順8　山水をいれる
　作業手順9　デンプンと山水をかきまぜる（タケ製棒、撹拌機）
　作業手順10　デンプンを沈澱させる
　　　　　　作業7〜10を5日間くらいくりかえす

第4工程　クズ粉の精製工程
　作業手順11　水をすてる
　作業手順12　デンプンをあつめる（桶、ポリエチレン製桶）

第5工程　クズ粉の乾燥工程
　作業手順13　自然乾燥させる（ポリエチレン製箱・木箱、袋）

事例クズ13．福岡県甘木市秋月におけるクズ粉の生産工程とそれに関連する用具

第1工程　クズ根の採取工程
　作業手順1　クズ根・カンネカズラを掘る（トグワとツルハシの中間形態のもの）

第2工程　クズ根の敲砕工程
　作業手順2　根をつぶす（石、杵）

第3工程　クズ粉の抽出工程
　作業手順3　つぶした根をあらう（桶）
　作業手順4　デンプンをあらいおとしたクズ根をしぼる（桶、タケ製ス）
　作業手順5　液をこす（シュウケ、布袋、金網）
　作業手順6　汁を一昼夜とっておく（桶）
　作業手順7　うわ水をすてる
　作業手順8　沈澱しているデンプンをとる

第4工程　クズ粉の運搬工程
　　作業手順9　粗づくりしたデンプンをはこぶ
第5工程　クズ粉の精製工程
　　作業手順10　真水をいれてデンプンをとかす（桶、タケ製棒）
　　作業手順11　デンプンを沈澱させる
　　作業手順12　うわ水をすてる
　　作業手順13　デンプンをおこす（ツキオコシ）
　　作業手順14　デンプンについたゴミをけずりおとす（ホウチョウ）
　　　　　　　　作業手順10〜14を4〜6回くりかえす
第6工程　クズ粉の乾燥工程
　　作業手順15　日陰ぼしする（モロブタ）

事例クズA．島根県迩摩郡温泉津町西田におけるクズ粉の生産工程とそれに関連する用具

第1工程　クズ根の採取工程
　　作業手順1　イノコ（クズ根）を掘る
第2工程　クズ根の敲砕工程
　　作業手順2　荒たたきをする（たたき石、いのこ槌）
　　作業手順3　中たたきをする（たたき石、いのこ槌）
　　作業手順4　仕あげたたきをする（たたき石、いのこ槌）
第3工程　クズ粉の抽出工程
　　作業手順5　くだいたクズ根をあらう（半切、竹す）
　　作業手順6　汁をこす（よねそうけ、柄杓、桶、竹す）
　　作業手順7　汁をこす（木綿袋、柄杓、桶、竹す）
　　作業手順8　沈澱させる
　　作業手順9　上水をすてる
　　作業手順10　清水をいれてとかす
　　作業手順11　沈澱させる
第4工程　クズ粉の精製工程
　　作業手順12　上水をすてる
　　作業手順13　粗玉を桶にうつす
　　作業手順14　清水をいれてとかす
　　作業手順15　沈澱させる
　　　　　　　　作業手順12〜15をさらすといい、並物で5〜6回、上物は8〜9回くりかえす

第5工程　クズ粉の乾燥工程
　作業手順16　沈澱したデンプンをとりだす
　作業手順17　陰ぼしをおこなう（育苗箱、さらし布、紙）

事例クズB．福岡県甘木市江川におけるクズ粉の生産工程とそれに関連する用具
第1工程　クズ根の採取工程
　作業手順1　カンネを掘る（ヤネコギ、ツルハシ、カマ、ハバキ、カンネヅナ・カンネヒモ）
第2工程　クズ根の敲砕工程
　作業手順2　カンネをうつ（カンネうち石、カンネうち杵）
第3工程　クズ粉の抽出工程
　作業手順3　さなおしする・カンネをしぼる（カンネ桶、サナ）
　作業手順4　ふくろごしをする（木綿袋、カンネ桶、サナ）
　作業手順5　水をいれたカンネ汁を一昼夜おく（カンネ桶）
　作業手順6　うわずみをすてる
　作業手順7　かきまぜる
　作業手順8　アラクズ・生葛をつくる
第4工程　クズ粉の運搬工程
　作業手順9　仲買人によって生葛は問屋にあつめられる
第5工程　クズ粉の精製工程
　作業手順10　生葛を水にとかして撹拌する（半切）
　作業手順11　沈澱させる（ひき桶）
　作業手順12　引栓よりぬきとる（半切）
　　　　　　　作業手順10～12を4・5回くりかえす
　作業手順13　沈澱させる（桶）
　作業手順14　うわ水をすてる
　作業手順15　きぬごしをする
第6工程　クズ粉の乾燥工程
　作業手順16　船いれする
　作業手順17　日陰で乾燥させる

事例クズC．鹿児島県鹿児島郡三島村黒島におけるクズ粉の生産工程とそれに関連する用具
第1工程　クズ根の採取工程
　作業手順1　クズカズラの根をとる

第2工程　クズ根の敲砕工程
　作業手順2　いくつかにきる（カマ）
　作業手順3　根をたたく（ヨコヅチ）
　作業手順4　根を繊維になるまでくだく（棒状ヨコヅチ）
第3工程　クズ粉の抽出工程
　作業手順5　繊維をあらってしぼる（桶、ザル・カゴ）
　作業手順6　しぼり汁をこす（鉢、ザル・カゴ）
　作業手順7　デンプンをとりだす
　調査がおこなわれた当時の黒島では、凶作で薯がとれないときの非常食としてカンネの団子がたべられたらしいので、クズ粉の精製工程と乾燥工程はしるされていない。

クズ事例Ⅹ．『製葛録』にみられる灰葛粉の生産工程とそれに関連する用具

第1工程　クズ根の採取工程
　作業手順1　根を掘る（平鍬、鶴橋）
第2工程　クズ根の敲砕工程
　作業手順2　根を水であらう場合もある
　作業手順3　根をたたきつぶす（石、木槌、棒）
第3工程　クズ粉の抽出工程
　作業手順4　両手でもみあらう（桶）
　作業手順5　灰色ににごった水をこす（かご［いかき・そうけ・ざる］、桶）
　作業手順6　しばらく沈澱させる（桶）
　作業手順7　上のにごった水をべつの桶にいれる（桶）
　作業手順8　にごり水をこす（木綿袋、竹簀、桶）
　作業手順9　ふたたびにごり水をこす（木綿袋、ふるい［すいのう］、竹簀、桶）
　作業手順10　クズ粉を沈澱させる
　作業手順11　上水をすてる
　作業手順12　水をいれる
　作業手順13　かきまぜる（棒）
　作業手順14　沈澱させる
　　　　　　　作業手順12～14を3・4回くりかえす
　作業手順15　上水をすてる
　作業手順16　クズ粉をべつの桶にうつす（桶）
　作業手順17　水をいれる

作業手順18　かきまぜる
作業手順19　沈澱させる
第4工程　クズ粉の乾燥工程
作業手順20　上水をすてる
作業手順21　クズ粉表面のあかをとる（ふきん）
作業手順22　きれめをいれておこしとる（包丁）
作業手順23　黒クズをけずりとる
作業手順24　早くほしあげたいとき、灰のなかで水分をとる（灰）
作業手順25　かたまりを手で小さくわる
作業手順26　こうじぶたにならべる（こうじぶた）
作業手順27　日にほして乾燥させる（こうじぶた）

クズ事例Ｙ．『製葛録』にみられる大和国吉野郡の葛粉の生産工程とそれに関連する用具
第1工程　クズ根の採取工程
作業手順1　根を掘る
作業手順2　根をあらう
第2工程　クズ根の敲砕工程
作業手順3　根をにぎりこぶしくらいの大きさにきる
作業手順4　ふみくだく（唐臼）
第3工程　クズ粉の抽出工程
作業手順5　両手でもみあらう（桶）
作業手順6　にごった水を袋にいれてしぼる（袋）
作業手順7　もう一度こす（袋）
作業手順8　クズ粉を沈澱させる（桶）
作業手順9　呑口の栓をぬいて上水をだす（桶）
作業手順10　そのまま1日おいて水をきる
作業手順11　クズ粉をかきおこす（包丁）
作業手順12　黒葛をけずりとる
作業手順13　白いところを桶にいれる（包丁、桶）
作業手順14　水をいれる（桶）
作業手順15　かきまぜる
作業手順16　半日～1日沈澱させる
作業手順17　呑口の栓をぬいて上水をすてる（桶）

作業手順18　水をいれる
作業手順19　かきまぜる
作業手順20　沈澱させる
　　　　　作業手順17〜20を2・3度くりかえす
第4工程　クズ粉の乾燥工程
作業手順20　上水をすてて十分に水をきる
作業手順21　かきおこす（包丁）
作業手順22　手で適当な大きさにわる
作業手順23　こうじぶたの上にならべる（こうじぶた）
作業手順24　日にほして乾燥させる（こうじぶた）

クズ事例Z．『製葛録』にみられるさらし葛の生産工程とそれに関連する用具

第1工程　クズ粉の精製工程
作業手順1　灰葛がはいった半切桶に水をいれる（半切桶、水桶）
作業手順2　かきまぜてとかす（棒）
作業手順3　ゴミをとるためにこす（ふるい［すいのう］）
作業手順4　半日ほどおく（半切桶、蓋）
作業手順5　上水をすてる
作業手順6　水をいれる
作業手順7　2日間ほど沈澱させる
作業手順8　上水をすててよくきる
作業手順9　クズ粉をかきおこす（こて）
作業手順10　黒い部分をけずりとる
作業手順11　白い部分を桶にいれる
作業手順12　水をくわえる
作業手順13　かきまぜる
作業手順14　こす（木綿袋）
作業手順15　1日ほど沈澱させる
作業手順8〜15を14・15日間に数回くりかえす
第2工程　クズ粉の乾燥工程
作業手順16　上水をすて水をよくきる
作業手順17　クズ粉をつきおこす
作業手順18　手で適当な大きさにわる

第2部　縄文時代の植物採集活動の民俗考古学的研究

作業手順19　こうじぶたにいれる（こうじぶた）

作業手順20　日にほして乾燥させる（こうじぶた）

第4節　まとめ

　これまでに筆者が実施してきた民俗調査の成果を報告して資料を提示し、その分析をおこなってきた。それらや先学の研究をもとに、本節ではまとめをおこなうものである。

　最初に、クズ粉の食料化の工程とそれに関連する用具を整理し、普遍化する。いいかえると、これはクズ粉の生産工程とそれに関連する用具のモデルを作製することである。またそれを普遍化する場合、どれくらいの事例数が必要となるのかということがあるが、これまで14例におよぶ事例を報告し、全国各地でおこなわれてきた先学の研究を参考にしてきているので、これまでに記述してきたことで十分であると考えている。

　クズ粉の生産工程は、作業内容・作業場所を基準に根茎の採取とデンプンの製造の2段階に大別される。さらに、デンプンの製造段階は以下のような4工程に細分される。

第1段階…根茎の採取段階
　　第1工程…根茎の採取工程
第2段階…デンプンの製造段階
　　第1工程…根茎の敲砕工程
　　第2工程…デンプンの抽出工程
　　第3工程…デンプンの精製工程
　　第4工程…デンプンの乾燥工程

　そして、クズ粉の生産工程とそれに関連する用具については、以下のように整理される。

第1段階…根茎の採取段階
　　第1工程…クズ根の採取工程（トグワ・ヤマグワ・クワ、掘り棒、イシマワシ、ツルハシ、
　　　　　　　　　　　　　　　スコップ、ノコギリ、カマ・ヤマガマ、ナタ、背中あて、縄）
第2段階…デンプンの製造段階
　　第1工程…クズ根の敲砕工程（台石・ジョウボイシ、杵、カケヤ、ゲンノウ、槌、棒、
　　　　　　　　　　　　　　　ノコギリ、ユキ、マサカリ、水）
　　第2工程…クズ粉の抽出工程（桶、半切桶、箕、木綿袋・布袋、マワシノクワ、マワシボウ・
　　　　　　　　　　　　　　　トキボウ・カキボウ、スダレ・ザ・竹簀、手桶、柄杓、ザル・
　　　　　　　　　　　　　　　ソウケ、篩、オコシ、水）

第3工程…クズ粉の精製工程（桶、半切桶、絹袋・布袋、マワシボウ・トキボウ・カキボウ・
　　　　　　カイボウ、オコシ・ヘラ・ツキオコシ、包丁、水）
第4工程…クズ粉の乾燥工程（オコシ・ヘラ・カネベラ、包丁、木綿袋・木綿布、灰、乾燥箱
　　　　　　［カイコカゴ・コウジブタ・エビラ・ホシブタ・モロブタ］、
　　　　　　簀子、桟、棚、紙）

　つぎに、クズ粉の生産をめぐってはいくつか検討すべき項目があり、順に検討をくわえていくことにする。
　第一は、クズ粉の食料化にあたっての季節性の問題である。クズ根の採取時期については、11月10日ごろから来年の3月いっぱいまで（クズ事例4：石川県七尾市）、土用がおわった11月10日ごろから春の新芽がでる4月いっぱい（クズ事例1：石川県押水町）、11月5日ぐらいから4月いっぱい（クズ事例2：石川県押水町）、11月15日ぐらいから5月なかごろまで（クズ事例3：宝達）、12月の落葉より翌年4月新芽がでるまで（クズ事例5：福井県上中町）、11月下旬から4月ごろまで（クズ事例6：福井県上中町）、12月霜がおりるころから3月末の芽がでるまで・11月下旬から4月はじめまで（クズ事例13：福岡県甘木市）、12月から3月まで（クズ事例14：鹿児島県大崎町）と、地域によって若干異なっており、北に位置する地域の方が南の地域よりも早く掘りはじめ、おそく掘りおわっている。一般的には北陸では11月から4月まで、九州では12月から3月までである。
　クズ粉の製造時期が明確なのは3事例で、11月後半から翌年の3月まで（クズ事例5：福井県上中町）、12月ごろから3月いっぱい（クズ事例9：奈良県大宇陀町）、11月のおわりごろから3月のなかごろまで（クズ事例10：島根県温泉津町）である。北陸では4月まで採取していることから、だいたい11月から4月までであり、近畿から九州では3月末以後だと品質もわるくなる（クズ事例13：福岡県甘木市）ことからも、おおむね12月から3月までである。寒いほど、水がつめたいほど製品がよいということがあり、「寒ざらし」は寒を中心とする寒い時期におこなうことになっている。逆に温度が高かったり、夏だと発酵するということがある。4・5月でも水があたたかくなると、沈澱しているデンプンに穴があくということもある。
　一般的には、クズ根の採取時期とクズ粉の製造時期はほぼ一致しており、北に位置して気温がより低い北陸では、近畿から九州にかけての地域より早く採取・製造をはじめ、おそくまでつづけている。このような採取・製造の時期差の背景には、クズという植物の生態や気候条件に起因するばかりでなく、商品か自家用かという点も重要な要因になっていると考えられる。よい製品をつくろうとすれば寒い時期に製造しなければならないが、自家用に食料化するだけならば、春先の多少あたたかくなった頃でもさしつかえない、ということがある。

第二は、クズ根の採取場所の問題である。まずクズの生育場所に関してみてみると、クズはツル性の植物であるから、からまる対象として樹木があった方がよく、森林のなかでもよく発育する。それで森林が採取地として多いということになる。石川県押水町宝達や福井県上中町熊川は落葉広葉樹林のなかに照葉樹が少しあるといった具合の両者の混合林で、奈良県宇陀郡大宇陀町や福岡県甘木市秋月は現在では植林されて林相はかわってしまっているが、標高や雑木林などの自然環境から考えて純粋な照葉樹林ではなく、両者の混合林であったと推定される。こうしたことから、採取に適したクズの生育場所は照葉樹林ばかりでなく、落葉広葉樹と照葉樹の混合林にまでおよび、そこがクズ採取地の限界になっていたものと推測される。クズは元来は温帯植物で、照葉樹林帯の植物であるという（中尾1966）こととはほとんど矛盾しない。

　第三は、各工程にたずさわる人の性別・年齢についてである。石川県押水町宝達や石川県七尾市小川内の事例では、大人の男が掘りにいって、掘ってきた根を家中の者でつぶすことが基本である。敲砕するとき、粗くつぶすのは男で、細かくするのは女あるいは大人で、もっと細かくする作業に子どもが手つだいをすることになる。抽出工程から乾燥工程までは、男が主になり、大人がたずさわっている。また福岡県甘木市江川では、「かんねを堀ることが主に男の仕事であり、かんね打ちをし、粉にするのは主に女や老人の仕事であった」とされている（酒井1969：49）。

　第四は、消費対象者の問題である。現在ではクズ粉は商品化され、お菓子や料理の材料としてつかわれているが、それらを商品化することと食料化することはべつのことである。すなわち、クズ粉は商品としてうる場合と自家用に消費する場合とでは精製度が異なってくる。自家用に食料化するのならば、何度も何度も手間ひまかけて丁寧にさらす必要はない。すなわち食料化するだけならば、精製工程を簡単にして抽出工程から乾燥工程にうつればよく、デンプンの抽出工程までかあるいは精製工程で1・2回さらして乾燥させれば十分である。商品として流通させる場合に品質の点からも精製デンプンにしなければならず、精製工程と乾燥工程が重要になってくる。

　第五は、デンプンの保存性の問題に関してである。クズの根茎はそのままの状態では長期保存にたえるものではない。しかしそれらからデンプンをとりだすことによって、食料となるデンプンを長期保存することが可能となる。それらは水さらしによるアクぬきをしてすぐに食料化できるだけでなく、とりだしたしたデンプンを乾燥させておけば、十分に保存食料にもなりうるものである。

　第六は、列島におけるクズ粉の開始時期の問題で、文献史料によってそれをみていきたい。クズ粉の生産は『伊予弓削嶋年貢注文（東寺百合文書と）』に公物分年貢「くすのこ一をけ」（毛塚1994）とみえることから、1239（延応元）年までさかのぼることは確実である。

第七は、クズ粉生産の時間的連続性である。クズ粉生産に関して、民俗例と『製葛録』のあいだには作業手順において若干の差異がみられるものの、民俗例のあいだでもわずかな差異がみとめられることから、民俗例と『製葛録』のあいだの差異というのは全体の大枠からはみだすものでなく、本質にかかわるものではないと考えられる。『製葛録』が刊行された1830年と現在とでは約170年間の時間的なへだたりがあるものの、クズ粉の生産に関する工程は基本的にはおなじであると指摘することができる。この点は、ワラビ粉生産における民俗例と『広益国産考』でも同様のことが指摘できる。すなわち時間差があっても野生根茎類自体に変化がなくておなじならば、時間差があったとしてもそれらの食料化の工程はおなじであるといえる。時間の経過による自然環境や社会環境にいくらかの変化があっても、時間に左右されず、おなじ野生根茎類はおなじ工程で食料化されるという基本的枠ぐみがみとめられる。

註
1)　括弧のなかの数字はとおし番号である。
2)　筆者の調査による。本文事例4　参照。小川内（こうち）は現在の七尾市山崎町に属する。
3)　鹿児島県立埋蔵文化財センター堂込秀人氏のご教示による。
4)　熊本県教育庁文化課宮崎敬士氏のご教示による。
5)　熊本県教育庁文化課宮崎敬士氏のご教示による。
6)　熊本県教育庁文化課宮崎敬士氏のご教示による。
7)　筆者の調査による。
8)　図1中の番号は、本文のとおし番号と一致している。
9)　3時間あまりの調査をおこない、かえるために自動車にのりこんだとき、それまでは気がつかなかったが、アクのために唇がかるくしびれているのを感じた。納屋でおこなわれている作業を調査しているとき、空気中に霧散したアクをすっていたためであると思われる。クズのアクのつよさをしめす目安の一つになるであろう。
10)　計測図において桶・半切桶の口径や底径のように計測値に幅がある場合には、計測値の範囲内での任意の値としている。

第5章
ワラビ食料化に関する民俗調査

第1節　ワラビ粉生産地の地理的分布

　ワラビの根茎すなわちワラビ根から、デンプンであるワラビ粉の生産を現在でもおこなっている地域やかつて生産していたという伝承がある地域を、常道にしたがってまず文献でしらべてみることにする[1]。後者については、杉山是清氏の研究（杉山1989abc・1995）をもとに、他の文献や筆者が調査したものもくわえて、かつてワラビ粉の生産がおこなわれていた地域を市町村単位で下記に列挙する。市町村名が不明のものは地域名としている。

　（1）現在でもワラビ粉を生産している地域
1（1）　　岐阜県大野郡高根村日和田（岐阜県教育委員会編1989、杉山1989abc）
　（2）かつてワラビ粉の生産がおこなわれていた地域
1（2）　　北海道天塩川流域（知里1976）
2（3）　　北海道登別市幌別町（知里1976）
3（4）　　青森県下北郡風間浦村（青森県立郷土館1984）
4（5）　　青森県むつ市（杉山1995）
5（6）　　青森県上北郡野辺地町（杉山1995）
6（7）　　青森県上北郡上北町（杉山1995）
7（8）　　青森県上北郡十和田湖町（杉山1995）
8（9）　　青森県十和田市（杉山1995）
9（10）　　青森県三戸郡田子町（杉山1995）
10（11）　　青森県青森市（杉山1995）
11（12）　　青森県中津軽郡岩木町（杉山1995）
12（13）　　岩手県九戸郡九戸村（杉山1995）
13（14）　　岩手県九戸郡山形村（名久井他1991）
14（15）　　岩手県久慈市（杉山1995）

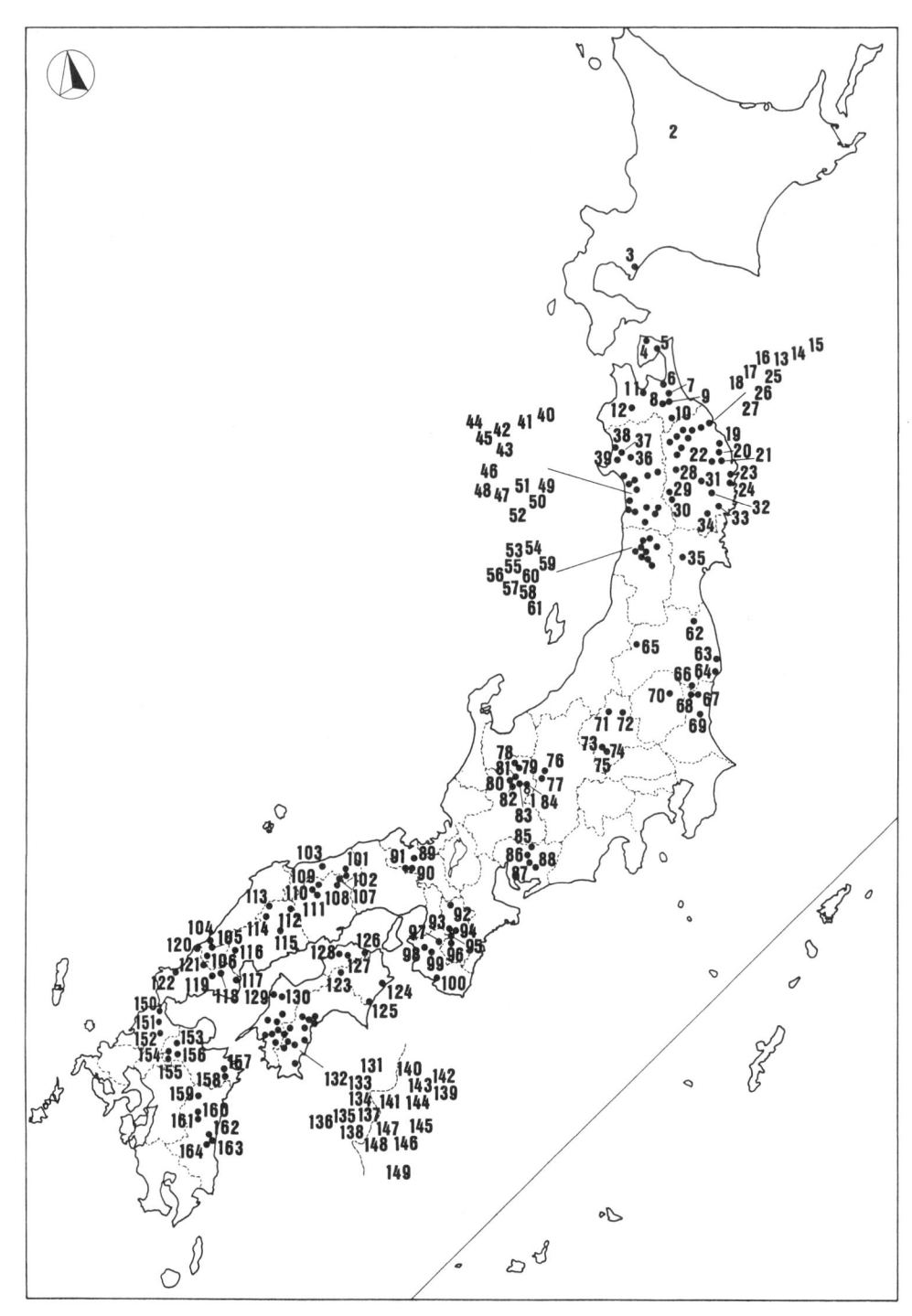

第2部　縄文時代の植物採集活動の民俗考古学的研究

図14　ワラビ粉生産地分布図（番号は本文と一致する）

15 (16)　岩手県二戸郡一戸町（杉山1995）
16 (17)　岩手県二戸郡浄法寺町（杉山1995）
17 (18)　岩手県二戸郡安代町（文化庁1988）
18 (19)　岩手県下閉伊郡田野畑村（杉山1995）
19 (20)　岩手県下閉伊郡岩泉町（畠山1989、松山1982）
20 (21)　岩手県下閉伊郡新里村（杉山1995）
21 (22)　岩手県下閉伊郡川井村（畠山1989）
22 (23)　岩手県下閉伊郡山田町（杉山1995）
23 (24)　岩手県上閉伊郡大槌町（杉山1995）
24 (25)　岩手県岩手郡葛巻町（杉山1995）
25 (26)　岩手県岩手郡岩手町（杉山1995）
26 (27)　岩手県岩手郡西根町（杉山1995）
27 (28)　岩手県岩手郡雫石町（杉山1995）
28 (29)　岩手県和賀郡沢内村（野本1991）
29 (30)　岩手県和賀郡湯田町（杉山1995）
30 (31)　岩手県稗貫郡大迫町（野本1987）
31 (32)　岩手県遠野市（杉山1989a）
32 (33)　岩手県気仙郡住田町（杉山1995）
33 (34)　岩手県東磐井郡大東町（杉山1995）
34 (35)　宮城県加美郡小野田町（杉山1995）
35 (36)　秋田県北秋田郡阿仁町[2]
36 (37)　秋田県北秋田郡上小阿仁町（杉山1995）
37 (38)　秋田県能代市（杉山1995）
38 (39)　秋田県山本郡琴丘町（杉山1995）
39 (40)　秋田県仙北郡田沢湖町（杉山1995）
40 (41)　秋田県仙北郡西木村（杉山1995）
41 (42)　秋田県仙北郡協和町（杉山1995）
42 (43)　秋田県仙北郡南外村（杉山1995）
43 (44)　秋田県秋田市（杉山1995）
44 (45)　秋田県河辺郡雄和町（杉山1995）
45 (46)　秋田県由利郡大内町（杉山1995）
46 (47)　秋田県由利郡東由利町（杉山1995）
47 (48)　秋田県本庄市（杉山1995）

第2部 縄文時代の植物採集活動の民俗考古学的研究

48 (49) 秋田県平鹿郡山内村（杉山1995）

49 (50) 秋田県平鹿郡増田町（杉山1995）

50 (51) 秋田県平鹿郡大森町（杉山1995）

51 (52) 秋田県雄勝郡雄勝町（杉山1995）

52 (53) 山形県最上郡真室川町（杉山1995）

53 (54) 山形県最上郡金山町（杉山1995）

54 (55) 山形県最上郡鮭川村（杉山1995）

55 (56) 山形県最上郡戸沢村（杉山1995）

56 (57) 山形県最上郡大蔵村（杉山1995）

57 (58) 山形県最上郡舟形村（杉山1995）

58 (59) 山形県最上郡最上町（杉山1995）

59 (60) 山形県新庄市（杉山1995）

60 (61) 山形県尾花沢市（杉山1995）

61 (62) 福島県相馬郡飯館村（杉山1995）

62 (63) 福島県双葉郡広野町（杉山1995）

63 (64) 福島県いわき市（杉山1995）

64 (65) 福島県耶麻郡西会津町（杉山1995）

65 (66) 福島県東白川郡矢祭町（杉山1995）

66 (67) 茨城県久慈郡里美村（杉山1995）

67 (68) 茨城県久慈郡太子町（杉山1995）

68 (69) 茨城県那珂郡瓜連町（杉山1995）

69 (70) 栃木県那須郡黒羽町（杉山1995）

70 (71) 群馬県利根郡水上町（杉山1995）

71 (72) 群馬県利根郡利根村（杉山1995）

72 (73) 群馬県碓氷郡松井田町（杉山1995）

73 (74) 群馬県甘楽郡妙義町（杉山1995）

74 (75) 群馬県多野郡（杉山1989a）

75 (76) 長野県南安曇郡安曇村（杉山1995）

76 (77) 長野県南安曇郡奈川村（細川1979）

77 (78) 岐阜県吉城郡神岡町（富田編1930ab、小山・松山他1981、橋口1983）

78 (79) 岐阜県吉城郡上宝村（富田編1930ab、小山・松山他1981）

79 (80) 岐阜県高山市（杉山1995）

80 (81) 岐阜県大野郡丹生川村（富田編1930ab、小山・松山他1981）

81（82）　　　岐阜県大野郡久々野町（富田編1930ab、小山・松山他1981）
82（83）　　　岐阜県大野郡朝日村（富田編1930ab、上町1939ab、小山・松山他1981）
83（84）　　　岐阜県大野郡高根村（富田編1930ab、長倉1965、小山・松山他1981、高根村史編集委員会1984）
84（85）　　　愛知県東加茂郡旭町（杉山1995）
85（86）　　　愛知県東加茂郡足助町（文化庁1988）
86（87）　　　愛知県東加茂郡下山村（杉山1995）
87（88）　　　愛知県南設楽郡作手村（杉山1995）
88（89）　　　京都府船井郡和知村（杉山1995）
89（90）　　　京都府船井郡瑞穂町（杉山1995）
90（91）　　　京都府天田郡三和町（杉山1995）
91（92）　　　奈良県奈良市（杉山1995）
92（93）　　　奈良県吉野郡下市町（杉山1995）
93（94）　　　奈良県吉野郡黒滝村（杉山1995）
94（95）　　　奈良県吉野郡西吉野村（杉山1995）
95（96）　　　奈良県吉野郡大塔村（野本1987）
96（97）　　　和歌山県伊都郡高野町（杉山1995）
97（98）　　　和歌山県海草郡美里町（杉山1995）
98（99）　　　和歌山県有田郡清水町（杉山1995）
99（100）　　和歌山県田辺市（杉山1995）
100（101）　　鳥取県八頭郡用瀬町（杉山1995）
101（102）　　鳥取県八頭郡智頭町（杉山1995）
102（103）　　鳥取県倉吉市（杉山1995）
103（104）　　島根県益田市（杉山1995）
104（105）　　島根県鹿足郡日原町（杉山1995）
105（106）　　島根県鹿足郡津和野町（杉山1995）
106（107）　　岡山県苫田郡阿波村（杉山1995）
107（108）　　岡山県苫田郡加茂町（杉山1995）
108（109）　　岡山県真庭郡湯原町（杉山1995）
109（110）　　岡山県真庭郡美甘村（杉山1995）
110（111）　　岡山県真庭郡勝山町（杉山1995）
111（112）　　広島県比婆郡東城町（杉山1995）
112（113）　　広島県比婆郡高野町（杉山1995）

113（114）　広島県双三郡布野村（杉山1995）
114（115）　広島県双三郡吉舎町（杉山1995）
115（116）　広島県山県郡戸河内町（杉山1995）
116（117）　山口県岩国市（杉山1995）
117（118）　山口県玖珂郡錦町（杉山1995）
118（119）　山口県都濃郡鹿野町（杉山1995）
119（120）　山口県阿武郡須佐町（杉山1995）
120（121）　山口県阿武郡阿東町（杉山1995）
121（122）　山口県大津郡三隅町（杉山1995）
122（123）　徳島県三好郡三好町（杉山1995）
123（124）　徳島県海部郡日和佐町（杉山1995）
124（125）　徳島県海部郡宍喰町（杉山1995）
125（126）　香川県大川郡大内町（杉山1995）
126（127）　香川県香川郡塩江町（杉山1995）
127（128）　香川県綾歌郡綾上町（杉山1995）
128（129）　愛媛県松山市（杉山1995）
129（130）　愛媛県温泉郡川内町（杉山1995）
130（131）　愛媛県上浮穴郡小田（杉山1995）
131（132）　愛媛県喜多郡五十崎町（杉山1995）
132（133）　愛媛県喜多郡河辺村（杉山1995）
133（134）　愛媛県東宇和郡城川町（杉山1995）
134（135）　愛媛県東宇和郡野村町（杉山1995）
135（136）　愛媛県東宇和郡宇和町（杉山1995）
136（137）　愛媛県北宇和郡日吉村（杉山1995）
137（138）　愛媛県北宇和郡広見町（杉山1995）
138（139）　高知県須崎市（杉山1995）
139（140）　高知県高岡郡仁淀村（杉山1995）
140（141）　高知県高岡郡椿原町（中越1968）
141（142）　高知県高岡郡佐川町（杉山1995）
142（143）　高知県高岡郡葉山村（杉山1995）
143（144）　高知県高岡郡大野見村（杉山1995）
144（145）　高知県高岡郡窪川町（杉山1995）
145（146）　高知県幡多郡大正町（大正町誌編纂委員会1970）

146（147）　高知県幡多郡十和村（杉山1995）

147（148）　高知県幡多郡西土佐村（杉山1995）

148（149）　高知県中村市（杉山1995）

149（150）　福岡県北九州市小倉南区（杉山1995）

150（151）　福岡県田川郡香春町（杉山1995）

151（152）　福岡県田川郡添田町（杉山1995）

152（153）　大分県下毛郡耶馬渓町（杉山1995）

153（154）　大分県日田市（杉山1995）

154（155）　大分県日田郡前津江村（杉山1995）

155（156）　大分県玖珠郡玖珠町（杉山1995）

156（157）　大分県南海部郡本匠村（杉山1995）

157（158）　大分県南海部郡直川村（杉山1995）

158（159）　宮崎県西臼杵郡高千穂町（杉山1995）

159（160）　宮崎県東臼杵郡諸塚村（杉山1995）

160（161）　宮崎県東臼杵郡南郷村（杉山1989a）

161（162）　宮崎県児湯郡木城町（杉山1995）

162（163）　宮崎県児湯郡高鍋町（杉山1995）

163（164）　宮崎県西都市（杉山1995）

　文献による調査の結果、現在でもワラビ粉を生産している地域は全国で1個所確認され、かつてワラビ粉の生産がおこなわれていた伝承がある地域は全国で163個所確認された。そして両者の合計は、図14にしめすように164個所である[3]。とくに、かつてワラビ粉の生産がおこなわれていた地域については、杉山是清氏が精力的に資料を集成したことにより大幅に増加した（杉山1995）。

第2節　調査事例の報告

　前にしめしたように、現在でもワラビ粉を生産している地域やかつてワラビ粉の製造がおこなわれていた伝承がある地域は全国で164個所確認された。そのうちの10個所について民俗調査を実施したので、それをしるすことにする。

事例ワラビ1．岐阜県大野郡朝日村胡桃島在住の小林繁さんにおうかがいした話

　小林繁さんは昭和12（1937）年うまれで、秋神温泉旅館の経営者である。1993（平成5

年8月18日と同年10月5日に同旅館内の秋神山村資料室でおうかがいした話である。

　むかし秋神地区には120戸あり、水車をつかってワラビ粉づくりがおこなわれていた。昭和35（1960）年か、昭和39（1964）年ころまでおこなわれていた。この秋神地区では畜産がさかんであり、山に火をつけ、木をはやさないようする。草原地帯を牧場にする。夏、山にウシをはなち、放牧する。ウシはほかの草はたべるが、ワラビをたべない。ウシがあるくとワラビの根がきれて、ワラビの根がさらにふえる。ワラビを掘るところは、高原状の土のいいところである。地上部が高さ1mくらいのものは地下60cmくらいのところにあり、いい根である。かつては放牧地・ワラビ根の採取地であった鈴蘭高原は、いまでは観光地になっている。

　8～10年のサイクルでワラビ根を掘る。根を掘るのは、たいへんな重労働である。山頂から山のむこうまでとりにいった。春、山に火をいれたときは、家のすぐそばまで火がきていても、だれも火をけしにいかなかった。おおらかな時代だった。のんびりした時代だった。山林の所有者はあるが、あとでお礼に酒をもっていくとか、ちょっと掘らせてくれとたのんだりする程度であった。村のいき方として、この地区が一つの共同体といっていいのかもしれない。

　掘る道具としては、トンガ、クワ、スコップ状掘り具がある。トンガが鉄製刃部の短いものと長いものの2種類があり、短いものは表面の芝をかるのにつかう。長いものは深く掘るのにつかい、一番よくつかう。クワはむかしはよくつかった。木柄は幹から枝がわかれた部分を利用し、鉄製の刃部をはめこんでいる。スコップ状の掘り具はスコップの原形みたいなものである。土のいいところでつかった。全体に柄がまがっている。その理由としては、山の小屋で近くにある木をきってきて、自分たちで柄をつくるからである。

　終戦後、食糧難で岐阜県内各地からワラビ根をとりにきたので、みはりをつけた。

　ワラビ粉と出かせぎは、この村ではお金がはいった。現金収入の道であった。老いも若きも女の人がよくやっていた。男性もした。

　秋神の子供たちはワラビ粉でそだった。現金をもたないから、ワラビ粉を農協にいれて米や魚のマスをもらってきた。

　戦後の山林の乱開発で大災害がおこったり、それを契機とした公共事業で現金収入がふえた。ワラビ粉をやめて山に植林がされた。林業がさかんになってきた。海抜1000m級のところは、カラマツがもてはやされ、それを植林した。

　糊につかうワラビ粉は、単価的な問題から外国の糊や化学糊におわれて姿をけした。

　秋神川・西洞川ぞいにはワラビ小屋がたくさんあったが、水害でながされてしまった。みるみるうちに水車小屋はなくなってしまった。昭和40年代には骨董品としてうられていった。

　小林繁さんが経営する秋神温泉旅館には、秋神山村資料室という部屋がもうけられており、

ワラビ粉づくりの工程が写真パネルをつかって説明されている。以下は、写真パネルの解説文をかきうつしたものである。

1. 山でワラビの根茎を掘ります。
2. ワラビ掘りはとてもつらい仕事でした。
3. 背中にしょって家へ持ち帰ります。
4. 水車小屋が主な作業場でしたが、今ではすっかり消え去りました。
5. 水車小屋の近くで、水でよく洗います。
6. 水車の力を利用して、ワラビの根茎をくだきます。
7. 丸太をくりぬいた船の中で、水とよくかきまぜます。
8. ろ過そうを通した水とデンプンのまじった液を静かに放置し、澱粉を沈澱させます。
9. 水をのぞいた沈澱デンプンをこうして乾燥させます。
10. 今日では、こうしたワラビ掘りの光景もすっかりみられなくなりました。

また小林繁さんに話をおうかがいしたときに、小林さんがまとめられた『秋神のわらび粉作り』というガリ版ずりの資料をいただいた。この資料にはワラビ粉製造の工程とそれに関連する用具についてよくまとめられているので、それをそのまま引用して以下に記載するものである。なお引用する項目は、「2　わらび粉はどのようにしてできるのか」と「4　山焼き」である。

　　2　わらび粉はどのようにしてできるのか
　わらび根掘り仕事　作業時間4〜5時間

　朝夜明けより約1時間から2時間位かかって山道を登り根掘場に着く。
　根を掘るには地下約30から50センチ位の深さで掘りおこすと、直径約1センチ位の、わらびの黒色をした根がある。
　この根を掘り集める。1束約50センチ位のを、5束は掘りおこして一仕事である。
　この間に1回食事をする。
　わらび根の運搬　30分〜1時間30分

　掘り集められた根は普通、ショイコイナワなどによって、山道を運び出す。
　急斜面の所は土ソリ（土の上を引くそり）でひき出す。また道の所はた所は荷車などと場所によってちがい、掘山と水車小屋との離れた所は、約7キロもある。
　わらび粉を洗う　30分〜1時間

　運ばれた根は、土が沢山ついているので、水車小屋わきの専用の池（ドブとも言う。

3メートル四角位）で洗う。

　上から水が流れ落ちる仕かけになっており、自然に洗う事もできる。クマデという道具を使って池の中で混ぜて土を洗い落とし、洗った根は、箕（竹み、ささみ、箱み）等によって、小屋に運ぶ。

水車にて根を砕く　1時間20分～1時間40分

　水力によって、水車が回り、心棒についている3枚の羽根が回るたびに、杵を交互に落とす楢の木等で作った重い杵は落ちるたびに根を打ち砕き、これを小型のトビと言う道具で混ぜ合わせてこなごなに砕く。

砕いた根を箱に入れておく　9時間～10時間

　砕いた根をその場で水に入れて混ぜると時にねばりが出てしまい、でんぷん質が分かれにくいので、箱に入れて一夜おく、りんご箱1ぱい位を1コシと言う。

でんぷん質の分離作業　1時間～1時間30分

　一夜おいていた根は、大きな木をくりぬいて作った船（長さ3.5メートルから4メール、深さ40～50センチ位の、クリ楢、トチ等で作った船）に入れ、水を入れて三ツ手と言う道具で混ぜる。しだいにでんぷん質がとけ出て、水は白色に変わってくる。この船をもみ船と言う。この中で根をもんで、でんぷん質を出すからである。そうしているうちにその中に根のカスは、船の両端へよせ船の真中附近はでんぷん水をくみ出しやすくする。水はシャクで手オケにくみ入れ、こし器に流しこむ。根のカスはもう一度砕きなおして二度でんぷんを取る。

こし器　1時間

　こし器は長さ約2.5から3メートル位の長方形の箱で、竹、細い木等で作ったすのこ状のあみを少し、しいてありその上に杉葉をのせ、その上にわらび根の砕いたカスを、ぎっしりつめてある。この箱の中へでんぷん水をいれると根のカスごみなどは通らないので、じょう化され下のたれ船にでんぷん水がたまる。もしこし器が悪くて根のカス（粉カス）が混じると、でんぷん質は固まらなくなる。

沈澱作業　8時間～10時間

　こした水はたれ船の中で一夜おくと上は水、下はでんぷんと2種に分かれる。

　朝は上水を取り、残ったでんぷんをヘラでおこしてオケに入れ、今度は水をいれて細い目の金網でこし、これを沈澱させると、白花（上等）が下に黒花（下等）が上にとはっきり分かれる。また花2升に対してカス1合位はでる。

乾燥作業　5日～8日間

　太陽の光線を余り強く受けると、色も悪く、ねばりも落ちる。2階等には専用の箱と台があり、ここで乾燥をしたり、あまと言って火をたく上に台（物を干す所）を利用し

て乾燥する。

アマを利用して5日位、2階で1週間自然乾燥で8日位はかかる。また寒くなるとでんぷんの水が切れにくいので灰を使って出す。

製品

製品は紙袋、または箱に入れて農協へ出す。1俵（15貫位）。

農協は包装して特産秋神わらび粉として出荷する。

4　山焼き

春、山焼きがはじまると、秋神一帯が煙りこむ。

空から木の葉や、ススキの黒いもえがらが降ってくるのを子供の頃、大きなものを見つけては受け取ってはしゃいだものである。

この山焼きは良質のわらび根を作るために毎年、村総出で何百町歩と至る所の山々を焼くのである。

時期は4月中旬頃で、広い面積を山を焼くので区長は、となりの山の営林署、消防署などの許可を得てから、日を定める。現在ように天気予報のない時代には、人びとは長い経験からって良い日をえらび、約60名位の人々が山に集まり、道具といっても特別なものもなく、スギ、ヒノキ、マツなどの青葉の枝に（これで火をたたき消す）ナタ、カマ、トンガ位である。

まず防火線を作る。

始めに約4メートル位の木で先が、またになった所へ草の玉を付け、これに火をつけて草の上を引いて行く。火は走るようにして延びて行く。その外側（焼けてはいけない方）に何十人かが並んで居り青葉の枝で、他人の山へもえ広がらないように消して行く。そこで帯状に防火線が出来、内側は安全に燃やすことができるのである。集まった中でも若い人たちは火について進み、老人や女は、残り火の始末をして行く。

火をつける場合、山によっては上からつけたり下からつけたりするが、下からの場合は火の熱いが強くなり、火事のおそれが多い。人数の多い場合は頂上より両方へ火をつけて分れて下る。また防火線を作ると、そのままにして家に帰えることも多くある。内側では火が燃えている。だいたい焼き終ると、部落長などの庭先で全員スミと汗で黒い顔をして集まり、にぼしか、するめを肴に酒を飲んで山焼きが終るのである。

このようにして山は、毎年焼かれているが、多年の経験で大きな山火事は起こった事はあまりない。

夜、至る所の山々で点々と燃える火は、まったく美しく秋神独特の風物詩でもあった。

第2部　縄文時代の植物採集活動の民俗考古学的研究

以上が、小林繁さんがかかれた資料を引用した部分である。

事例ワラビ2．岐阜県大野郡高根村中洞在住の丸山恒夫さんにおうかがいした話

　丸山恒夫さんは昭和14（1939）年うまれである。1993（平成5）年8月19日、秋神温泉から高山へむかう途中、丸山さんの自動車が山道で故障して修理をよぶためにガソリンスタンドまでのせていってくれるようたのまれ、丸山さんが同乗しているときにおうかがいした話である。

　昭和30年代のはじめころまで、自分もワラビ掘りをしていた。掘るところは山の斜面でなく、山をのぼりきった頂上が平になったところである。210日、9月のはじめころに山にはいって、12月の雪がふるときまで採取した。雪がふっても水がたれているうちはできたが、水がたれずに、こおってしまったらできなくなるのでやめた。210日ころで稲の穂もみのらなくなる。道具はのこっていない。山の小屋におきっぱなしである。山の小屋はかこいもないし、冬は寒い。

　最盛期の昭和30年ころは、1升500円くらいであった。1升200円をきったらやめてしまった。当時、米1升160〜170円くらいで、ワラビ粉と米が1升あたりおなじ値段になったらやめた。

事例ワラビ3−1．岐阜県大野郡高根村日和田在住の小橋弥一さん・みちさんご夫妻におうかがいした話

　小橋弥一さんは昭和3（1928）年うまれ、小橋みちさんは昭和11（1936）年うまれである。1993（平成5）年10月25日、通称オバコの水車小屋（図15、写真17−1）でおうかがいした話である。

　ワラビの根を掘るのは、9月なかごろから11月いっぱいまでである。トンガで掘ってミツグワでおこす（写真19−6〜8）。雨がふれば、トンガをもつ手がすべってできなくなる。10年前に放牧をしなくなってススキがはえてだめになった。そのまえはススキは1本もなかった。午前中にワラビ根を掘ってきて（写真17−2）、午後から水車で根をつぶす（写真17−3〜6）。そのくりかえしである（写真17−2〜18−8、19−5）。

　水車でうごく杵でつぶしたワラビの根を木製の箱ミにあつめる（写真17−7）。その道具に名前はない。水車小屋のなかでは、階段状にモミブネ、コシキ、タレブネがならんでいる（写真19−5）。2回目にいれたやつをスジという。先端が二股にわかれたビャで、モミブネのなかから根をもちあげる（写真18−1）。モミブネからカスをあげる道具に名前はない（写真18−3）。ミは金網でつくると長いあいだつかえる。むかしはミをヤナギやササでつくった。スジをあげるときに、ヤナギのミをつかう。

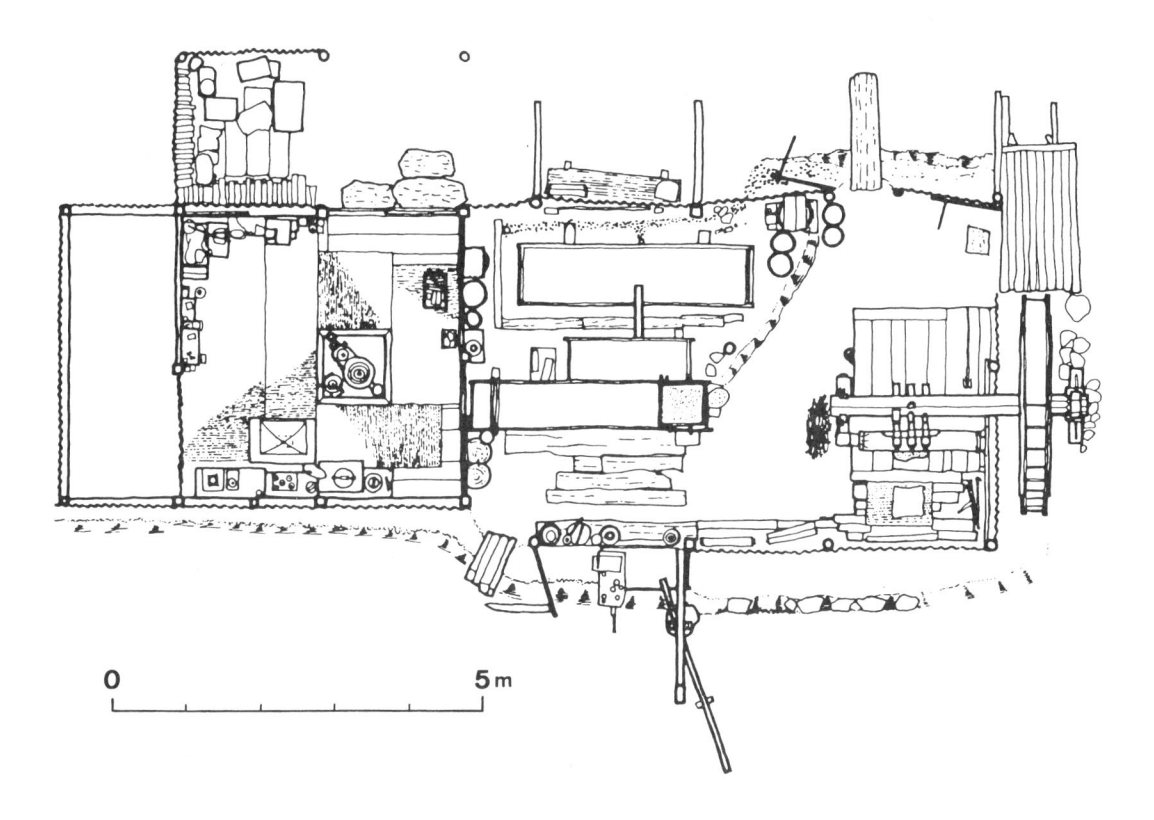

図15 岐阜県高根村日和田のワラビ採取・加工小屋（杉山1989cからの引用。縮尺1：100）

事例ワラビ3－2．岐阜県大野郡高根村日和田在住の小橋弥一さん・みちさんご夫妻が使用している採取用具と加工用具

写真19のような採取用具や加工用具がつかわれている。

トンガ（写真19－6・7） 2点計測した。写真19－6は鉄製刃部の柄壺に木柄が装着されている。鉄製刃部では、両角がややまるみをおびた基部から刃部にむけて直線的にややひろがっている。刃縁は両角が少しまるくなっているが、ほぼ直刃である。全長35.5cm、柄壺をのぞいた長さ28.8cm、刃部幅11.4cmである。木柄は長さ101.5cm、にぎり部の断面は長径4.0cm×短径3.0cmの楕円形を呈する。

写真19－7も鉄製刃部の柄壺に木柄が装着される形態である。なで肩の基部から刃部にむけて直線的にひろがり、刃縁は両角が少しまるくなっているが、直刃である。木柄の長さは102.8cmである。

ミツグワ（写真19－8） 刃先が三つにわかれた鉄製刃部の柄壺に木柄が装着されて製作されている。鉄製刃部は全長39.5cm、柄壺をのぞいた長さ32.8cmで、三つにわかれた刃先の幅は1.7cmである。

第2部　縄文時代の植物採集活動の民俗考古学的研究

1　水車小屋

2　ワラビ根が掘られた跡

3　ワラビの地下茎

4　杵でつきくだく1

5　杵でつきくだく2

6　つきくだかれたワラビ根

7　箱ミにあつめる

8　モミブネにいれる

写真17　岐阜県高根村日和田におけるワラビ加工工程1

第5章 ワラビ食料化に関する民俗調査

1 ビャでスジをすくいあげる    2 スジをもう一度つきくだく

3 カスをすくいあげる    4 カスを木箱にいれる

5 谷水をくみあげる    6 谷水をかける

7 カスをすくいあげる    8 水分をしぼりだす

写真18 岐阜県高根村日和田におけるワラビ加工工程2

第2部 縄文時代の植物採集活動の民俗考古学的研究

1 ヤナギ製ミ

2 台石

3 木製箱ミとジョレン状道具

4 屋根裏の用具類

5 あらい水をながす

6 トンガ1

7 トンガ2

8 ミツグワ

写真19 岐阜県高根村日和田におけるワラビ採取用具・加工用具

台石（写真19－2）　平面形態は楕円形で、長径は約70～80cm、短径40～50cmである[4]。石質は不明である。

事例ワラビ４．岐阜県高山市の飛騨民俗村飛騨の里に収蔵されている採取用具と加工用具

　1994年12月21・22・23日の３日間、飛騨の里（写真20－1）に収蔵されている採取用具・加工用具の計測と写真撮影をおこなった。

　トンガ（図16－1～3、写真20－2～4）　唐鍬である。押上土蔵に３点収蔵されている。資料番号M1・M2は岐阜県大野郡高根村中洞の下村密治家で、M3は同村野麦の大野国造家で、大正末から昭和40年代はじめにかけて使用されていたものである。

　図16－1は鉄製刃部の柄壺に木柄を装着するタイプである（写真20－2）。柄壺をのぞいた鉄製刃部は柄壺側から刃部にむけてひろがる細長い台形を呈し、長さ28.5cm、幅10.8cmをはかる。刃縁は両角が丸味をおびた直刃となる。木の柄は長さ98.7cm、手にもつ部分の断面は3.9×3.4cmの楕円形を呈する。柄の装着角度は61度である。

　図16－2は鉄製刃部の柄壺に木柄を装着するタイプである（写真20－3）。柄壺をのぞいた鉄製刃部は柄壺側から刃部にむけてひろがる細長い台形を呈し、長さ26.0cm、幅10.6cmをはかる。刃縁は両角がやや丸味をおびた直刃となる。木の柄は長さ85.8cm、手にもつ部分の断面は3.8×3.9cmの楕円形を呈する。柄の装着角度は65度である。

　図16－3は鉄製刃部の柄壺に木柄を装着するタイプである（写真20－4）。柄壺をのぞいた鉄製刃部は柄壺側から刃部にむけてひろがる細長い台形を呈し、長さ27.1cm、幅10.4cmをはかる。刃縁は丸味をおびたU字状の円刃となる。木の柄は長さ98.5cm、手にもつ部分の断面は4.1×3.0cmの楕円形を呈する。柄の装着角度は60度である。

　サス（写真20－5）　先端がとがったU字状の鉄製刃部に木柄が着装されたものである。岐阜県大野郡高根村中洞の白畑新松家で、大正から昭和40年代はじめにかけて使用されていたものである。調査カードには「池に入れて洗ったワラビ根をすくいあげるときに使う」としるされている。鉄製刃部の茎が木柄に挿入され、針金で何重にもまかれて着装されている。茎をのぞいた刃部の長さ14.2cm、幅8.5cmで、刃の断面は一辺が0.7～1.0cmの四角形を呈する。

　ミ（写真20－6・7）　箕である。押上土蔵に２点収蔵されている。ワラビ粉小屋にも数点おかれている。いずれも高根村中洞の白畑新松家で、昭和初期に使用されていたものである。ここでは押上土蔵に収蔵されている２点のミについて検討をくわえていくものである。調査カードによれば、タテ材はマタタビ、ヨコ材はワラ縄で、ワラビ根を運搬するときに使用されたという。

　小さい方は奥ゆき60cm、幅72cm、高さ9cmである（写真20－6）。タテ材は直径6～7

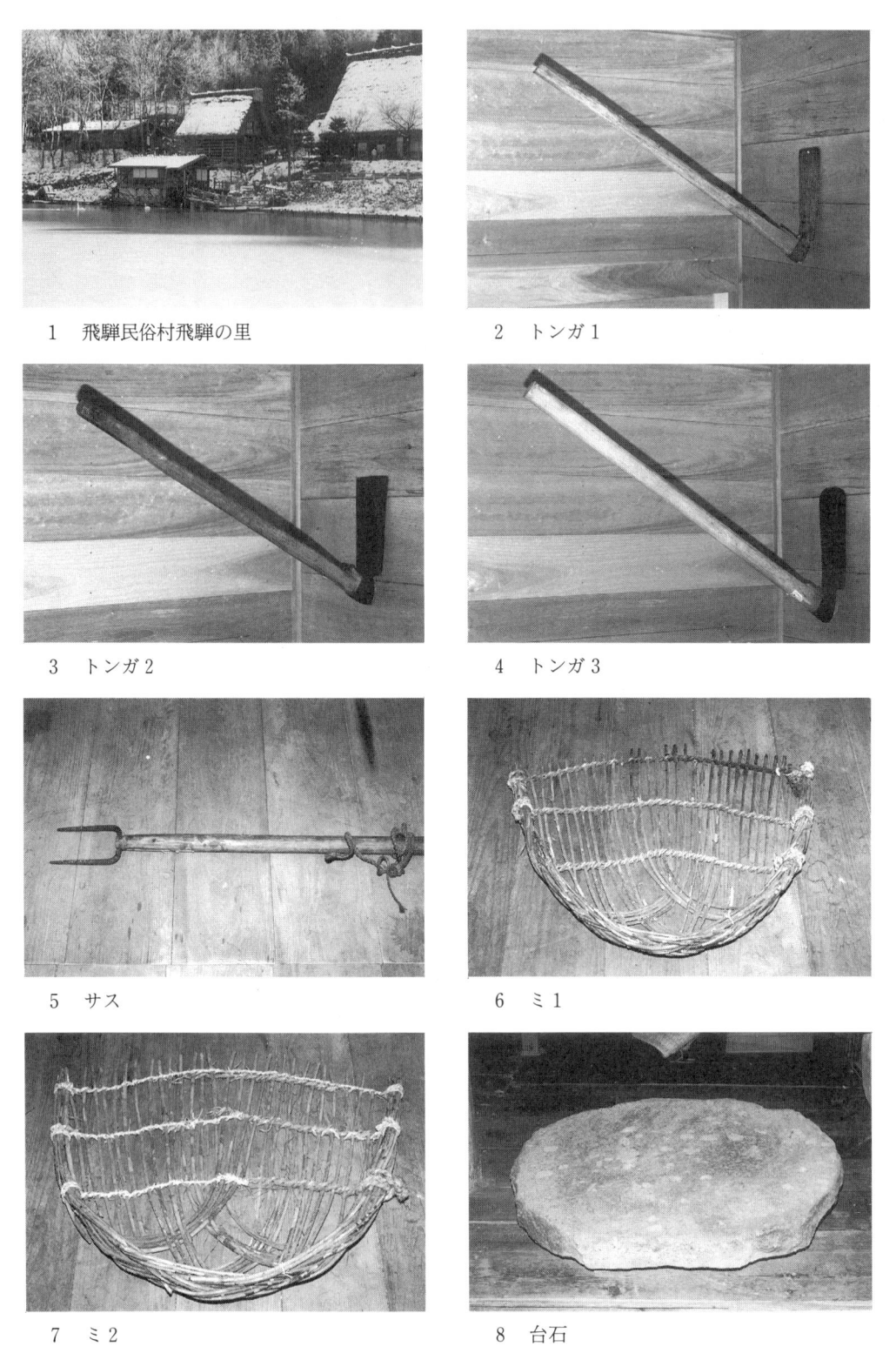

第2部　縄文時代の植物採集活動の民俗考古学的研究

1　飛騨民俗村飛騨の里
2　トンガ1
3　トンガ2
4　トンガ3
5　サス
6　ミ1
7　ミ2
8　台石

写真20　岐阜県内のワラビ採取用具・加工用具

第5章 ワラビ食料化に関する民俗調査

1 コシキ	2 タレブネの部分
3 フネ	4 タグリオケ
5 ヒシャク	6 コテ
7 ハコ	8 ワラビナワ

写真21 岐阜県内のワラビ加工用具

mmのマタタビのツルを材料とし、ヨコ材は直径8mm前後のLRのワラ縄を材料としている。まずタテ材4本を1単位とし、8単位つくりだす。それをU字状におりまげ、からませながら編みあげている。タテ材は総数32本であるが、おりまげる関係からタテ条は64本となる。そのうちの半数の32本が縁まきにつかわれ、もう半分が体部になる。タテ材をヨコ材で3個所モジリ編みして固定している。

大きい方は小さい方よりひとまわり大きく、奥ゆき63cm、幅78cm、高さ9cmである（写真20-7）。タテ材は直径7〜8mmのマタタビのツルを材料とし、ヨコ材はLRのワラ縄を材料としている。ワラ縄には直径9mmの古いものと直径4mmのあたらしいものの2種類がつかわれており、ふるい縄がきれたところをあたらしい縄で補修している。編み方は基本的には小さい方とおなじである。タテ条の間隔がひろく、すき間が大きい。

台石（写真20-8）　ワラビ根をたたくときの台石である。岐阜県大野郡丹生川村森部の坂上芳房家で使用されていた。ワラビ粉小屋に1点展示されている。平面形態は楕円形を呈し、長径105cm、短径85cm、厚さ10〜16cmである。平坦な石で、人工的に加工されたものと考えられる。使用によるものか上面は光沢をおび、少しつるつるしている。石質は不明であるが、丹生川村森部付近では「アオイシ」とよばれている。

クマデ　3本刃の鍬のような形態で、鉄製刃部に木柄を装着している。押上土蔵に1点収蔵されている。高根村中洞の白畑新松家で、大正から昭和30年代前半にかけて使用されていたものである。調査カードには「水車の杵の下のワラビ根を、キネの下に入れるとき使用する」と記載されている。茎と木柄をかさねあわせ、鉄製刃部の茎の端部にあけられた0.8cmの孔に釘をうちこみ、金輪や針金でとめている。刃部全体の幅は13.2cm、高さ10.4cmである。木柄は長さ126.0cmをはかり、断面は刃部の装着部では2.6×2.3cmの四角形、端部では直径2.3cmの円形を呈する。

モミブネ（図17-1）　丸木舟状になった木製の水槽である。ナラの一木をくりぬいて槽をつくり、両端には縄かけ突起をつくりだしている。底は木材の丸味をそのままのこしている。押上土蔵に1点収蔵されている。高根村中洞の白畑新松家で、大正から昭和40年代はじめにかけて使用されていたものである。全長458.0cm、幅64.0cm、高さ54.5cmである。幅から判断して少なくとも直径が64.0cm以上のナラの大木から製作されている。槽の断面はU字状を呈し、長さ426.5cm、幅53.1cm、深さはもっとも浅いところで37.0cm、中央のもっとも深いところは42.0cmである。調査カードには使用方法について、「コシキをのせてしぼったウワミズを捨てるとき、底の丸みを利用しててこで傾けて水をすてる。」としるされている。

ミツデ　木柄の先端が三つにわかれた木製品である。押上土蔵に3点収蔵されている。製作方法は3点ともおなじで、木の幹から枝わかれするところ、木の股を利用している。高根

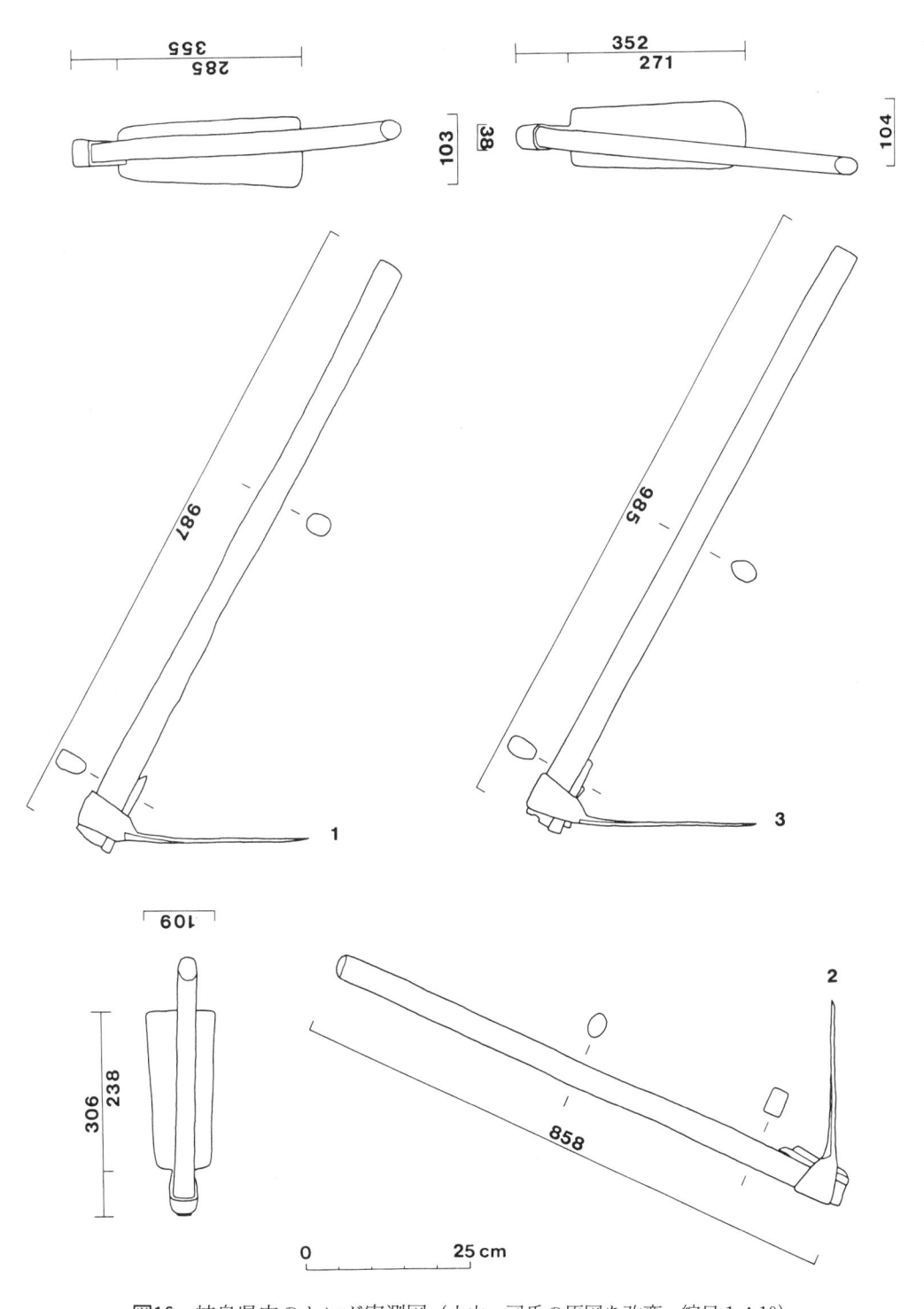

第 5 章　ワラビ食料化に関する民俗調査

図16　岐阜県内のトンガ実測図（小山　司氏の原図を改変。縮尺 1：10）

村中洞の白畑新松家で、大正から昭和40年代はじめにかけて使用されていたものである。

資料番号M16は全長104.6cmで、柄は長さ69.0cm、直径3.1cm前後である。三手の部分は長さ35.6cm、幅17.8cmである。指部分は直径1.2～2.2cmで、先端がななめにカットされている。調査カードには、「わらび根のつぶしたものをフネに移したのち、かきまわすのに使う。」としるされている。

資料番号M18は全長79.7cmで、柄は屈曲しており、長さ65.0cm、直径2.0～2.3cmである。三手の部分は長さ14.7cm、幅12.5cmである。指部分は直径1.2～1.7cmで、先端は丸味をもたせるように加工されている。

資料番号M17は全長62.5cmで、柄は長さ36.7cm、直径2.8cm前後である。三手の部分は長さ25.8cm、幅13.6cmである。両端の指部分2本は直径1.1～1.2cm、中央の指は幅2.2cmで、先端の断面は隅丸長方形を呈する。ラベルにはマゼボウと表記されているが、調査カードにはミツデとかかれている。またその使用方法は「水槽の中の花（澱粉）をかきまぜる」と記載されている。

　コシキ（図18－1、写真21－1）　板材で井桁状にくまれた箱に、棒材でつくられた簀の子状の底をとりつけたものである。ワラビ粉小屋に1点おかれている。岐阜県大野郡朝日村一之宿の坂上孝一家で、大正から昭和40年代はじめにかけて使用されていたものである。調査カードには「サナの上に杉の葉をしき、タレブネの上にのせ、つぶしたわらび根に水を加えて流し、わらび粉（澱粉）のみを下に流す。」と記載されている。全体の大きさは長さ130.5cm、幅50.2cm、高さ34.0cmである。内法では長さ118.6cm、幅40.0cm、深さ32.0cmである。板材の厚さは0.9～1.0cmである。底につかわれている棒材のことをサナといい、わられたままのもので、断面は不定形の三角形や四角形を呈する。長さ117.4～118.2cm、幅2.0～3.0cmである。

　タレブネ（図17－2、写真21－2）　丸木舟状になった木製の水槽である。ブナの一木をくりぬいて槽をつくり、両端には縄かけ突起をつくりだしている。底は木材の丸味をそのままのこしている。ワラビ粉小屋のなかに1点おかれている。モミブネ同様に高根村中洞の白畑新松家で、大正から昭和40年代はじめにかけて使用されていたものである。全長443.0cm、幅71.4cm、高さ58.0cmである。幅から判断して少なくとも直径が71.4cm以上のブナの大木から製作されている。槽の断面は隅丸台形を呈し、槽の大きさは長さ378.2cm、幅57.6cm、深さはもっとも浅いところで40.0cm、中央のもっとも深いところは46.0cmである。調査カードには「モミブネにためた澱粉からもう一度不純物を取る工程で使うフネ」と記載されている。

　フネ（図17－3、写真21－3）　丸木舟状になった木製の水槽で、一木をくりぬいて槽をつくりだしている。底は木材の丸味をそのままのこしており、縄かけ突起はみられない。ワ

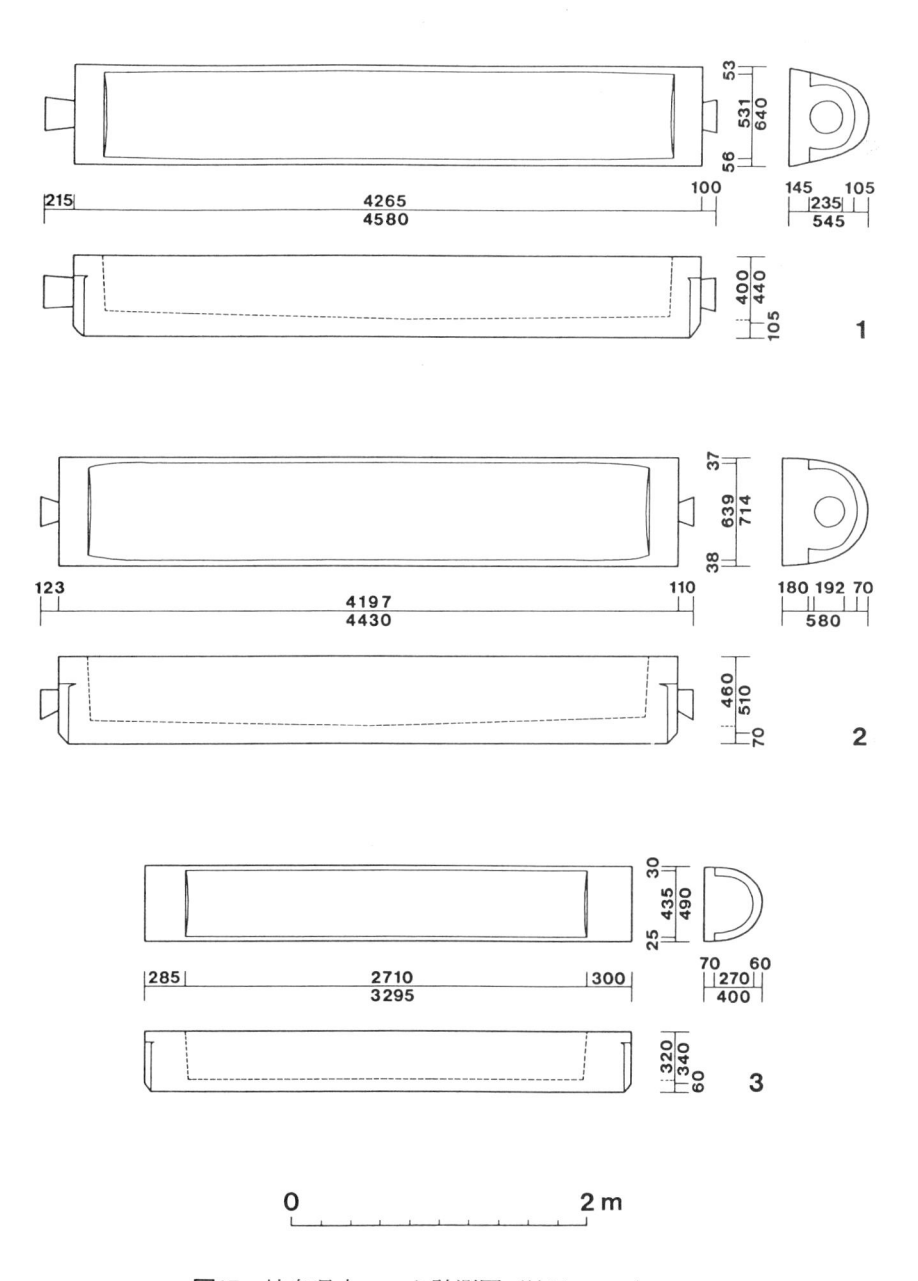

図17 岐阜県内のフネ計測図（縮尺1：50）

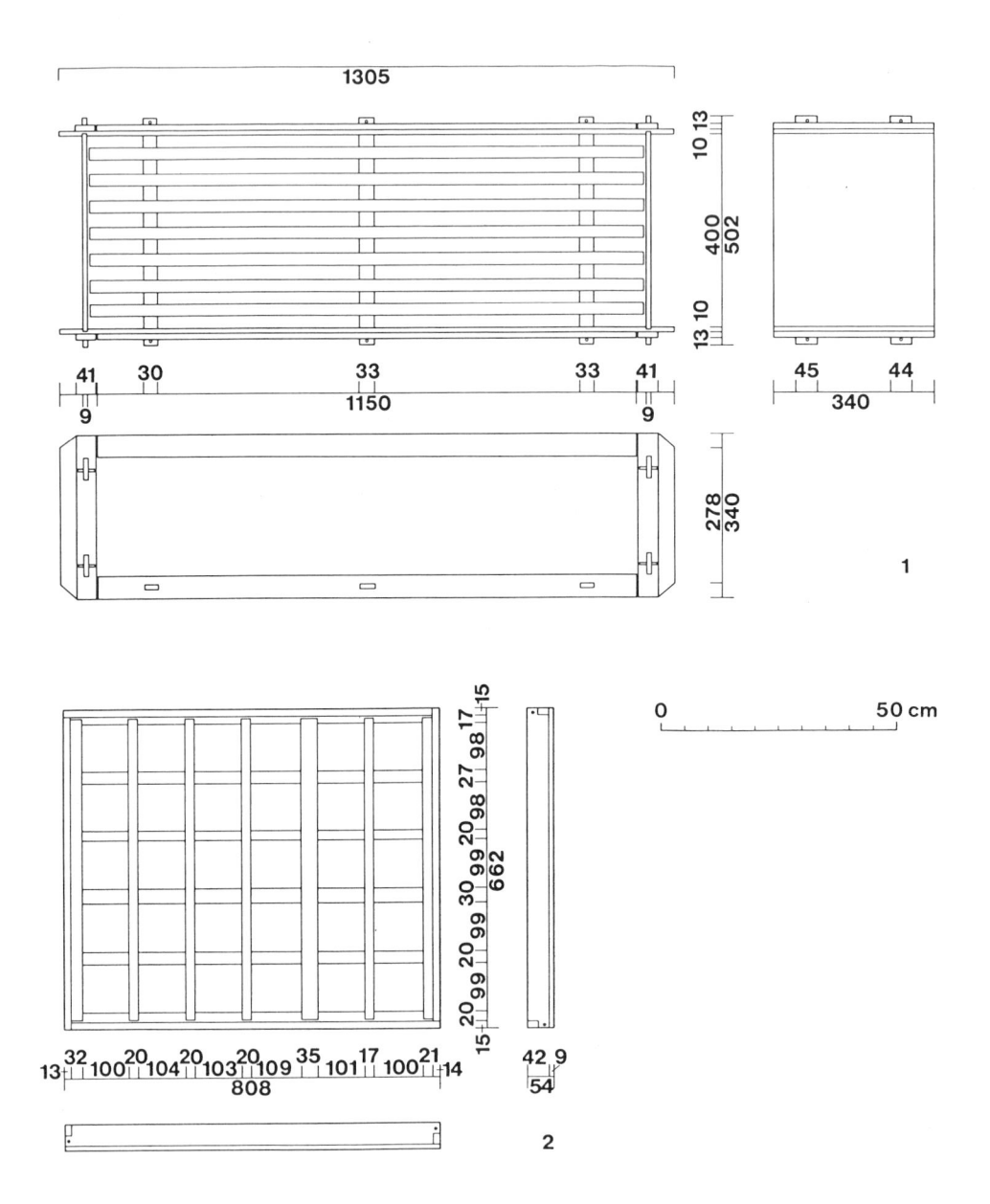

第 2 部　縄文時代の植物採集活動の民俗考古学的研究

図18　岐阜県内のワラビ加工用具計測図（1　コシキ、2　ハコ。縮尺 1：15）

ラビ粉小屋の軒下に1点おかれている。モミブネになるのか、タレブネになるのか不明である。全長329.5cm、幅58.5cm、高さ41cmである。幅から判断して、少なくとも直径が58.5cm以上のブナの大木から製作されている。槽の断面はU字状を呈し、槽の大きさは長さ273.0cm、幅51.5cm、深さ32.0cmである。

フネ 丸木舟状になった木製の水槽で、一木をくりぬいて槽をつくりだしている。底は木材の丸味をそのままのこしており、縄かけ突起はみられない。ワラビ粉小屋のなかに2段につみかさねられているうちの下の方のフネである。モミブネになるのか、タレブネになるのか不明である。全長417.0cm、幅54.5cm、高さ53.0cmである。幅から判断して、少なくとも直径が54.5cm以上の大木から製作されている。槽の断面はU字状を呈し、槽の大きさは長さ357.0cm、幅48.0cm、深さ35.0cmである。

タグリオケ（写真21-4） 手桶である。押上土蔵に1点収蔵されている。高根村中洞の白畑新松家で、明治から昭和40年代はじめにかけて使用されていたものである。ワラビのデンプンを槽からくみだすのにつかわれた。桶は口径24.0〜24.5cm、高さ21.8cm、深さ20.0cmをはかる。側板（クレ）は14枚で、幅2.0〜7.4cm、厚さ1.1〜1.2cmである。底板（ウラ）は板材1枚からなり、直径20.8〜21.7cmである。下から2.4cmまでのところに幅1.2cmのシリタガが1本まかれ、撚り方は横からみて右さがりになっている。上から8.5〜9.7cmのところに幅1.2cmのクチタガが1本まかれ、これも撚り方は横からみて右さがりになっている。樹種はサワラで、タガはいずれもタケ製である。柄は側板（クレ）の1枚をのばす形でつくられている。その先端はすべりどめのため、有頭状・扇状になっている。全体の高さは37.5cmである。

ヒシャク（写真21-5） 柄杓である。押上土蔵に2点収蔵されている。高根村中洞の白畑新松家で、大正から昭和40年代はじめにかけて使用されていたものである。樹種はサワラで、タガはタケある。タグリオケと同様にワラビのデンプンを槽からくみだすのにつかわれた。

資料番号M22の桶は、口径21.8〜22.2cm、高さ23.0〜23.4cm、深さ19.5cmをはかる。側板（クレ）は13枚で、幅2.8〜7.3cm、厚さ1.4cmである。底板（ウラ）は板材1枚からなり、直径16.6〜17.2cmである。下から0.5〜1.5cmのところに幅1cmのシリタガが1本、下から6.0〜7.0cmのところに幅1cmのドウタガ、上から4.0〜5.0cmのところにクチタガが1本まかれている。タガはいずれもタケ製で、撚り方は横からみて右さがりになっている。桶の1個所に孔があけられており、そこに木柄が挿入されている。柄の断面は隅丸方形・方形で、手にもつ部分は一辺が3.1cmぐらいである。全体の長さ97.0cm、高さ60.4cmである。口縁部外側がフネの底とこすれあったため、やや磨滅している。

資料番号M23（写真21-5）の桶は、口径16.5〜17.2cm、高さ12.8〜13.0cm、深さ11.5cmをはかる。側板（クレ）は10枚で、幅2.9〜7.7cm、厚さ0.8cmである。底板（ウラ）は

板材1枚からなり、直径13.8cmである。下から0.4～1.6cmのところに幅0.8cmのシリタガの跡が2本みられる。胴部に針金が二重にまきつけてある。桶の2個所に孔があけられており、そこに木柄が挿入されている。柄の断面は隅丸長方形・長方形で、端部は3.3×2.5cmである。全体の長さ60.0cm、高さ24.3cmである。口縁部外側がフネの底とこすれあったため、すりへってしまっている。その範囲は円周の3分の1におよんでいる。

コテ（写真21－6）　櫂状の木製品で、1枚の板材から製作されており、基本的には刃部と柄部にわけられる。押上土蔵に資料番号M24～26の3点が収蔵されている。M24は高根村中洞の白畑新松家で、M25・M26は高根村中洞の下村密治家で大正から昭和40年代なかばにかけて使用されていたものである。その使用方法について調査カードには、「花舟からわらび粉をすくい取るときに使う。」としるされている。

資料番号M24（写真21－6）は長さ83.0cmをはかる。刃部は長さ24.0cm、最大幅9.5cm、厚さ2.1cmで、刃先にむけてやや細く、うすくなっている。刃縁はゆるいU字状をなし、刃先の厚さは0.5cmである。

資料番号M25は長さ99.2cmをはかる。刃部は長さ22.8cm、幅5.6cm、厚さ0.9cmである。刃縁は直刃を呈し、両角がきりおとされている。柄は端部から刃部にむけてややひろがっており、断面は楕円形を呈し、端部では3.1×2.3cmである。

資料番号M26は長さ100.0cmで、刃部と柄部の区別は明瞭ではない。刃先の厚さは0.8cm、刃縁はゆるいU字状の偏刃である。柄の断面は端部では3.2cm×1.4cmの楕円形で、刃部にちかいところでは隅丸方形を呈する。左撚りのワラ縄が柄にまかれている。

ハコ（図18－2、写真21－7）　長方形の木枠の底に棒材が格子状にしかれたものである。ワラビ粉小屋の屋根裏に数点おかれている。高根村中洞の下村密治家で大正から昭和40年代なかばにかけて使用されていたものである。調査カードには、「箱の上に紙をしき、花（ワラビ粉）をのせて炉の上に並べて乾燥させる」と記載されている。それらのうちの1点についてみてみると、木枠は長さ80.8cm、幅66.2cm、高さ5.4cmである。底には幅1.7～3.5cmの棒材がタテ・ヨコ各7本ずつ格子状にうちつけられている。

ワラビナワ（写真21－8）　ワラビ根の繊維でつくられた縄である。押上土蔵に1点収蔵されている。岐阜県吉城郡神岡町山ノ村伊西の大畠政治氏から昭和40年代はじめに採集されたものである。調査カードから必要な事項をぬきだすと、「非常にじょうぶで雨水にあてても強い。ワラビ根をなったもの。水車で打ったものはこまかくなり、良質のものができない。神岡では手打ちで製作した。長さ20尺を『一は』、『10は』で一束という。」とかかれている。収蔵されている製品は、一はを長さ33.5～34.0cmにおりまげている。2本の右撚りの縄を左撚りに撚りあわせて、結果としてLRのワラビナワが製作されている。直径5mm前後である。

事例ワラビ5．長野県南安曇郡奈川村黒川渡在住の斎藤實郎さんにおうかがいした話

　斎藤實郎さんは昭和2（1927）年うまれで、奈川村教育委員会の教育長である。1993（平成5）年8月25・26日に奈川村歴史民俗資料館でおうかがいした話である。
　現在村史をまとめているところである。
　奈川村ではワラビ粉をいつとりはじめたかわからない。江戸時代の記録にはある。大正のなかごろまでやっていた。大正13年ころから記録にみられなくなる。昭和にはいってからもやるにはやったが、うるほどやらなかった。昭和にはいって養蚕がさかんになってきたからである。奈川村には飛騨の乗鞍高原からはいってきた。飛騨のほうから馬にのせて野麦峠をこえてはこばれてきたことが、古文書にのこっている。貧しかった村では食糧の不足をおぎなうため、ワラビ粉をとった。
　ワラビの根を掘るのは、7・8月から雪がふりはじめるころまでと雪どけから春にかけてである。30cm四方を掘って、ワラビの根をとる。クワよりスコップのほうがよいのではないか。フネのなかに水をいれておいて沈澱させる。フネは側板をあてないものが多く、資料館に展示してあるものよりもっと大きい。コシキはフネの上においてこす。

事例ワラビ6．長野県南安曇郡奈川村の奈川村歴史民俗資料館に所蔵・展示されている採取用具と加工用具

　1993（平成5）年8月25・26日の2日間、資料の実測・計測・写真撮影をおこなった。同館に所蔵されている用具のうちクワ1点を実測し、コシキ1点、フネ1点を計測した。
　ワラビネホリクワ（図19－1）　木柄に鉄製刃部がつけられたクワである。鉄製刃部は長さ34.3cm、装着部幅10.5cm、刃部幅9.3cmである。刃縁は両角がまるみをおびた直刃を呈する。木柄は幹から枝がわかれた木の股を利用している。そのため木柄はややまがっており、長さは88.6cmをはかる。木柄の角度は60度で、その断面はほぼ円形を呈する。樹種は不明である。
　コシキ（図19－2）　4枚の板材で井桁状にくまれた木製品である。底には細長い棒材が間隔をおいてならべられ、簀状になっている。内法で長辺60.0cm、短辺31.0cm、深さ18.3cmをはかる。説明文には「わらび粉を作るときの用具である。わらびの根をたたいて細かくしたものをこのコシキの中の網の上にのせておくと、澱粉になる液が下においてある桶の底に沈澱していくのである。」とかかれている。
　ワラビコブネ（図20）　一木をくりぬいて製作されている。木口もくりぬいて側板をあてている。長さ167.5cm、幅54.0cm、高さ32.5cm、内側の深さ24.5cmをはかる。厚さは両側の胴部より底部が厚くなっている。樹種不明である。説明文には「わらびの根をたたき、粉分をしずませ、数回この作業をくりかえす。」としるされている。

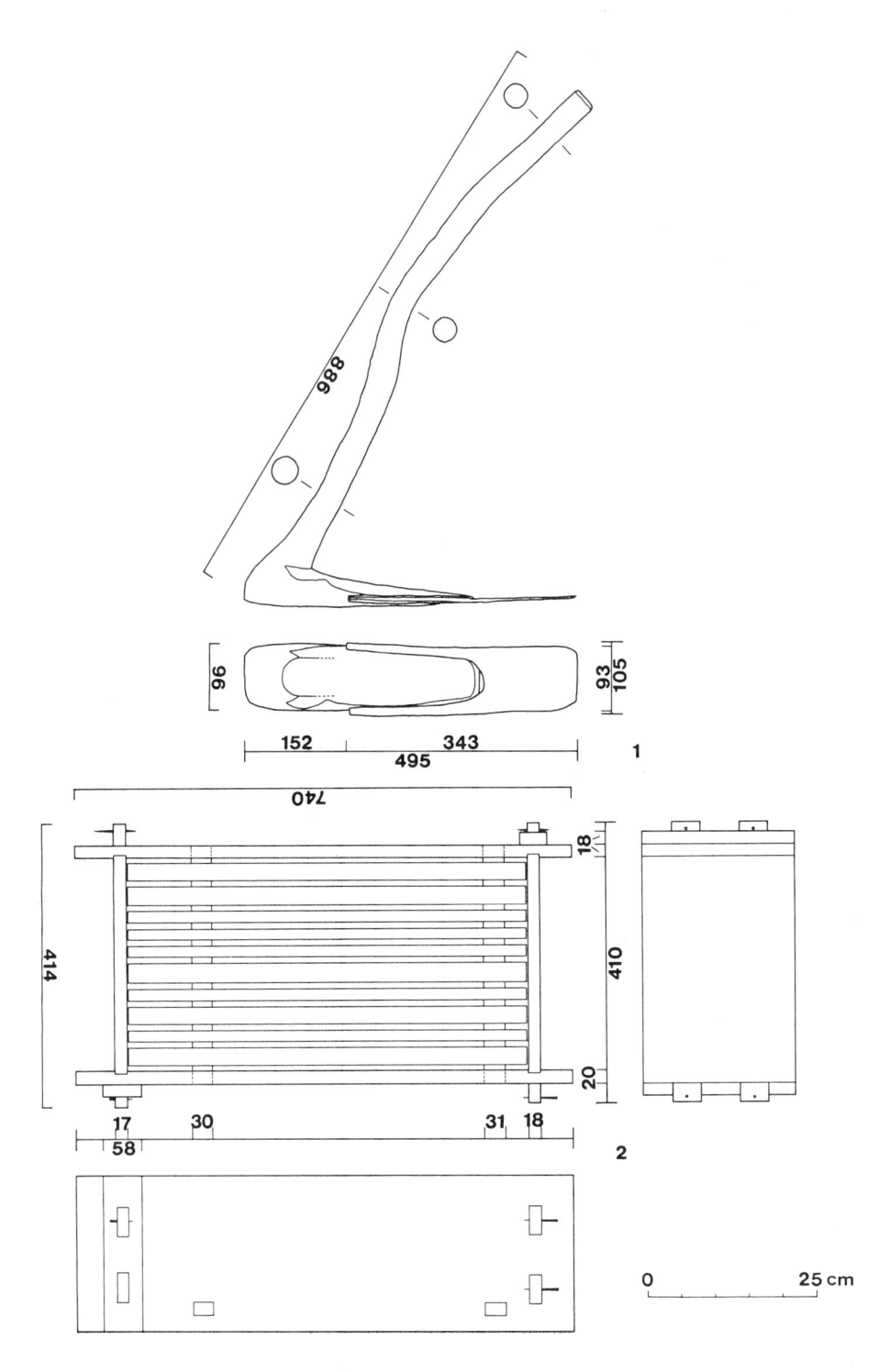

第2部 縄文時代の植物採集活動の民俗考古学的研究

図19 長野県内のワラビ採取用具・加工用具実測図
（1 ワラビネホリクワ、2 コシキ。縮尺1：10）

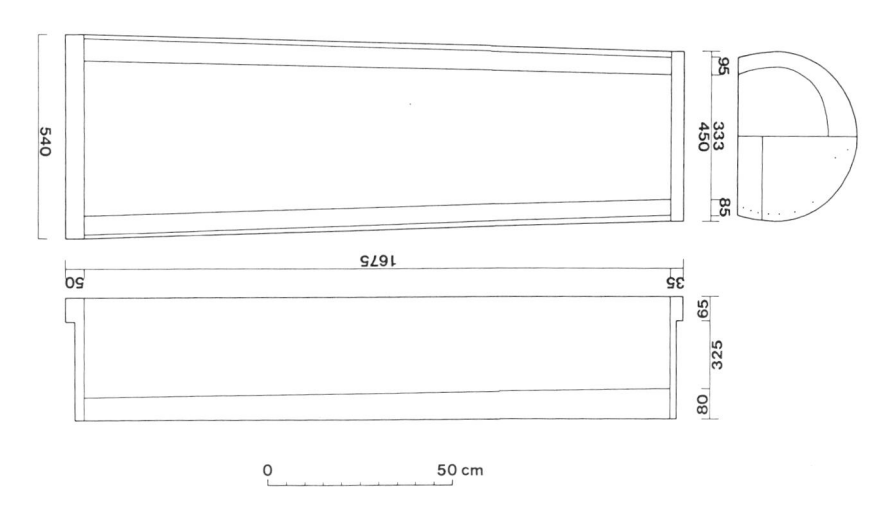

図20　長野県内のワラビコブネ計測図（縮尺1：20）

事例ワラビ7．岩手県下閉伊郡田野畑村の田野畑村民俗資料館に展示されている採取用具

　田野畑村民俗資料館にはワラビ根掘り用の二本鍬1点と鉄製鋤先2点が展示されており、これらを実測したものである。調査日は1994（平成6）年9月6・7日である。

　二本鍬（図21-1）　鉄製刃部の柄壺に木柄を装着するタイプで、柄の装着角度は76度である。鉄製刃部は2本の刃にわかれ、両側縁がややふくらみながら、刃先にむけて幅狭になっている。刃先の断面は円形にちかい多角形を呈し、直径は1.8cm前後で、先端にむけてやや細くなっている。刃部の長さ32.8cm、刃部幅9.3cm、刃の長さ24.2cmである。木柄は長さ90.0cm、端部ちかくの手でにぎる部分の断面は3.5×2.8cmの楕円形である。

　鋤先（図21-2）　鉄製で、全体的には細長い長方形を呈し、頭部から刃部にむけてごくわずか幅狭になっている。全長は49.2cmをはかり、刃部は幅10.4cm、厚さ1.3cmである。刃部はやや偏刃ぎみとなり、刃こぼれをおこしたためか、刃縁がややくぼんでいる。また刃縁の両角は少しまるくなっている。木柄の装着部位はV字状にきりこまれ、断面もV字状となっていて挿入された木柄をはさみこむ形になっている。

　鋤先（図21-3）　ラベルには「山鋤（ワラビ掘り用）」と表記されている。鉄製で、錆のためか全体的に暗褐色を呈している。全体的には細長い長方形を呈し、頭部から刃部にむけてごくわずか幅狭になっている。全長は55.3cmをはかり、刃部は幅11.0cm、厚さ0.9cmである。刃部はやや偏刃ぎみとなり、両角が少しまるくなった直刃を呈する。木柄の装着部位の状態は図21-2とおなじである。

　この鋤先に装着される木柄がべつに展示されている。この鋤柄は幹から枝わかれする部分

第 2 部　縄文時代の植物採集活動の民俗考古学的研究

を利用しており、幹が鋤先との装着部分になり、枝が手にもつ部分になる。全長158.5cm をはかる。装着部分は長さ52.0cm、幅6.5～9.5cm の舟形を呈し、柄の断面はほぼ円形で、直径4.8～6.4cm をはかる。

事例ワラビ8．岩手県遠野市の遠野市立博物館に展示されている採取用具と加工用具
　遠野市立博物館ではワラビの地下茎やハナをはじめ、ネモチづくりの用具が展示されている。また展示室の壁面には、ネモチづくりの工程に関する説明がしるされている。そこで最初にネモチづくりの工程の説明文を引用し、用具がどの工程で使用されるのかという点をあきらかにする。つぎに同館に展示されている採取用具・加工用具について記述をすすめていくことにする。調査日は1994（平成6）年11月15・16日である。

　　ネモチづくり
　　ワラビの地下茎から採ったでんぷんを、ワラビのハナといい、これを鍋に入れて火をかけ、練り固めたものがネモチです。気候の不順や、病害虫の発生などで農作物がみのらず、食物が欠乏して苦しむ飢饉の時には、このネモチで飢えをしのいだといわれ、どこの家にもワラビをほるため特別につくられた二本爪のクワや、地下茎をたたいてつぶす大きな平たい石が備えてありました。
　　1．掘る　畳1枚ぐらいの広さの表土を取りのぞき、二本爪のクワでワラビの地下茎を掘り起こす。
　　2．洗う　掘り出した地下茎を流れにひたして、コマンガを使って洗い、土をよく落とす。
　　3．砕く　よく洗ったワラビの地下茎を、平たい石や厚板の上にひろげて、ネタタキツチでくだく。
　　4．絞る　繊維状になったものを麻袋に入れ、水を加え、サンドギッツの上で押し絞り何度も汁をとる。
　　5．ハナを集める　汁をハンギリなどの容器に入れ一晩おき、底に沈でんした白い汁を天日に干し、粉にする。
　　6．食べる　粉（ハナ）に水を加えて火にかけ、練り固めたネモチにキナコなどをまぶして食べる。

　同館には根掘り道具・二本鍬の採取用具、サンドギッツ・ハンギリ・根たたき槌・小馬鍬の製造用具が展示されている。資料数はそれぞれ1点ずつであり、根掘り道具・二本鍬・根たたき槌を実測し、サンドギッツ・ハンギリ・小馬鍬を計測し、移動が困難な資料について

は展示された状態で写真撮影をおこなっている。

二本鍬（図21－4）　鉄製刃部の柄壺に木柄を装着するタイプで、柄の装着角度は65度である。鉄製刃部は2本の刃にわかれ、肩部がまるくふくらみ、刃先にむけて幅狭になっている。2本の刃の断面はちょうど蒲鉾を90度回転させたような形をしており、内側は直線的で、外側はゆるくふくらんでいる。また先端にむけて細くなっている。刃部の長さ30.4cm、刃部幅12.1cm、刃の長さ20.2cmである。木柄は長さ90.8cm、端部付近の手でにぎる部分の断面は4.4×2.4cmのほぼ楕円形を呈する。木柄の加工はあらく、稜線は明瞭である。

根掘り道具（図21－5）　鉄製刃部に木柄が装着された鋤である。全長120.0cmをはかる。鉄製刃部は長さ49.2cmで、166度に屈曲している。側縁部は直線的で、頭部から刃先にむけてかなり幅狭になっている。刃縁は両角が少し丸味をおびた直刃で、先端の厚さは0.3cmである。V字状になった刃部の装着部位に木柄が着装されており、そのあたりの木柄の断面は隅丸の菱形を呈し、手ににぎる部分の断面は直径4.8cmの円形を呈する。木柄はあらく加工されている。

サンドギッツ（図22－1）　板材でくみたてられた木箱である。全長135.0cm、口幅55.5cm、底幅36.0cm、高さ35.7cm、板材の厚さ1.5cmである。内法では長さ122.0cm、深さ34.2cmである。また横断面は台形を呈し、上底の方が下底よりも長くなっている。側面の底には水をながすための四角い穴が1個あけられている。孔の大きさは6.6×4.2cmである。

ハンギリ（図22－2）　口径58.0～61.0cm、高さ27.0cm、深さ22.0cmをはかる。側板（クレ）は14枚で、幅8.0～18.0cm、厚さ2.0cmである。底板（ウラ）は板材4枚からなり、直径50.0～52.0cmである。下から2.0～6.0cmのところに幅4cmのシリタガが1本、上から5.0～9.0cmのところにクチタガが1本まかれている。タガはいずれもタケ製で、撚り方は横からみて右あがりになっている。

根たたき槌（図22－3）　木の幹から枝がわかれる部分を利用して製作されており、幹が槌、枝が柄になっている。全長68.2cmをはかる。槌部は両面に平坦面があり、図の上平坦面は15.8×15.3cmのほぼ円形を呈し、下平坦面は17.0×15.9cmのほぼ円形を呈する。槌部の厚さは12.5～14.4cmである。柄部はやや湾曲し、あらく加工されていて部分的に稜線がのこっている個所もみとめられる。また手でにぎる部分は手垢で黒びかりしており、その断面は直径3.8cmの円形を呈する。上平坦面は角度をもっているが、その理由はたたくときに柄がうきあがり、柄と台石のあいだに隙間ができて手をつめないようにするためと推測される。

小馬鍬　ラベルには「こまんが」とルビがふられている。歯がついた体部に柄が装着されて製作されており、歯・体部・柄ともすべて木製である。体部は四角い角材で、長さ35.0cm、幅5.0cm、高さ6.2cmである。それに直径1.6～1.8cmの穴を6個あけ、先のとがった

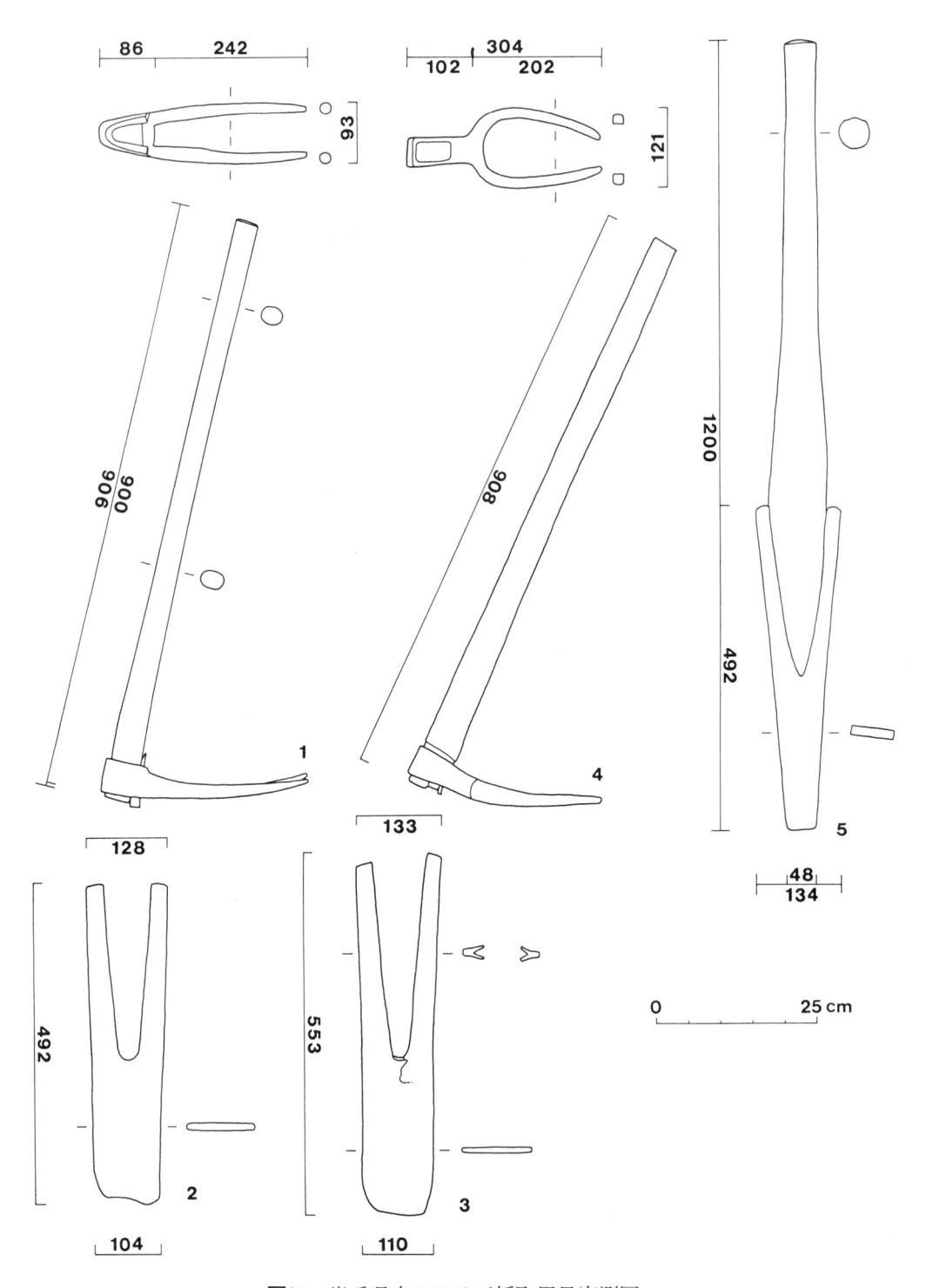

第2部　縄文時代の植物採集活動の民俗考古学的研究

図21　岩手県内のワラビ採取用具実測図
（1・4　二本鍬、2・3　鋤先、5　根掘り道具。縮尺1：10）

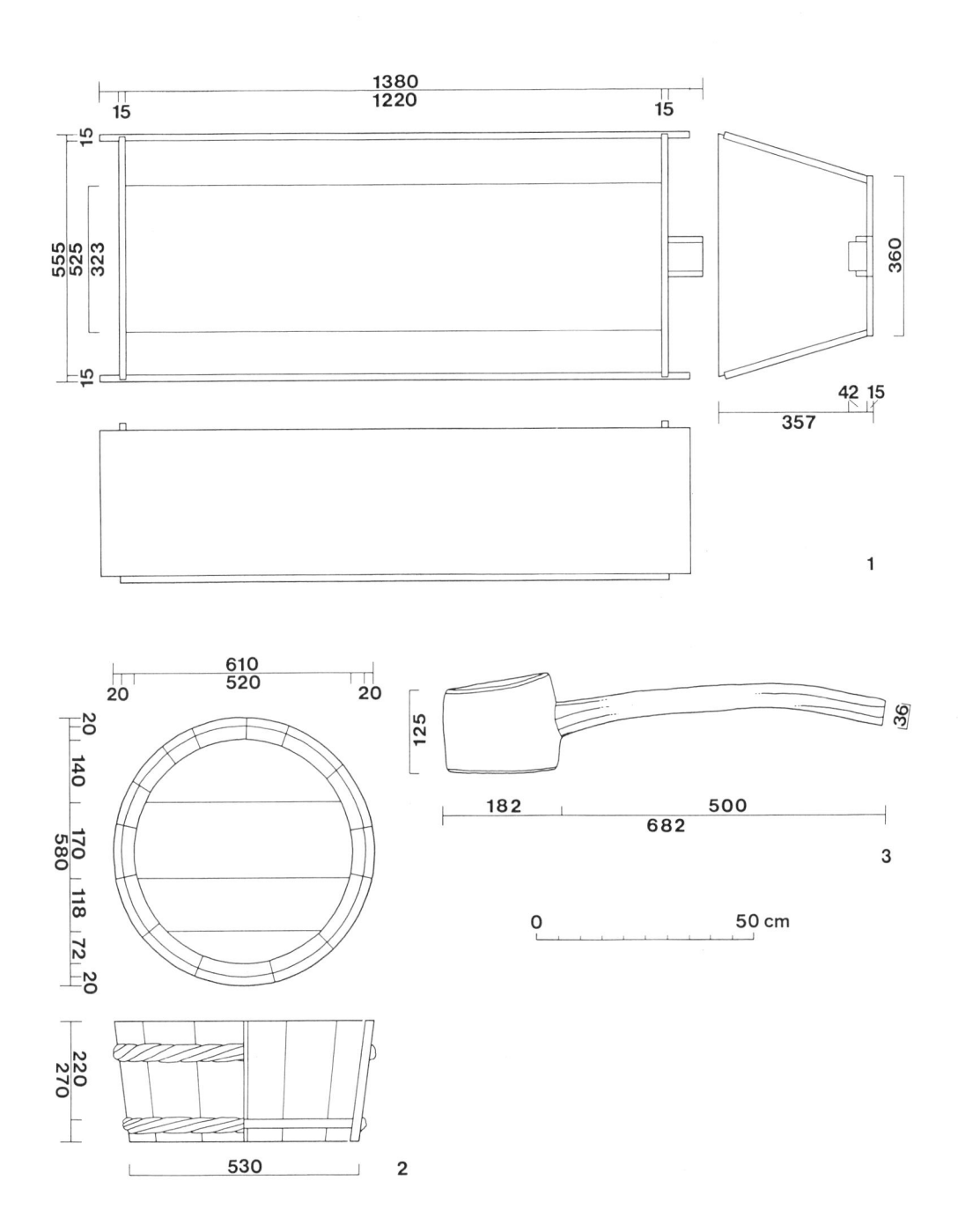

第 5 章　ワラビ食料化に関する民俗調査

図22　岩手県内のワラビ加工用具実測図・計測図
（ 1　サンドギッツ、 2　ハンギリ、 3　根たたき槌。 1・ 2 は縮尺 1：15、 3 は縮尺 1：10）

第2部　縄文時代の植物採集活動の民俗考古学的研究

長さ20cmくらいの歯を挿入している。また体部に貫通させた孔に、長さ121cm、断面の直径が2.0〜2.5cmの細長い柄を挿入している。

事例ワラビ9．秋田県仙北郡西木村上桧木内在住の浅利峯治さんと斉藤儀一さんにおうかがいした話

　浅利峯治さんは大正3（1914）年うまれで、同村上桧木内字黒沢におすまいである。斉藤儀一さんは明治45（1912）年うまれで、同村上桧木内堀内におすまいである。1994（平成6）年7月28日、浅利峯治さんのご自宅でおうかがいした話である。

　朝掘りにいって、夕方5・6時に山からおりてくる。周辺の山へ1・2kmあるいて掘りにいく。牛馬の放牧地があったので、そこでワラビの根を掘った。林のなかにもはえるが、木の根があって掘れない。山に草がはえて木がはえないようにするために、野火づけ・地焼きをする。おなじ山で20年も30年もやった。山で掘るのは重労働である。

　トウグワで掘る。土の下、ワラビの根がくみあっている。そこで二本鍬をつかう。30cmから1mくらいの深さで掘る。それまでもいかない深さで掘る。6〜7回掘れば、しょってくるほどある。山で掘るやつは地下茎が小指ほどの太さである。根の皮をはぐと、白いのがデンプンである。皮が二重にも三重にもなっている。

　山から7・8貫から10貫せおっておりてくる。土がついたまま束にしてしょってもってくる。山だとあらう場所がない。タケであんだ3尺×5尺の木箱のなかで、じゃあじゃあ水をかけてからあらう。よく土をあらいおとす。土とデンプンがまざるとたべれない。

　山からおりてきたらすぐあらって、その日のうちにつぶす。子供もみな手つだいをして家中の者でつぶす。あらってからつぶす。カケヤの小さいやつでつぶす。ネツキウスという木の臼の上でつぶす。ネツキウスは底をたいらにしてあり、平面形が楕円形で、長径3尺ほどである。こぼれないようにするために木の臼のまわりに縁をつける。縁は幅・高さとも10cmほどつくってある。

　ネギツに水をいれて沈澱させて、朝アク水をすてる。また水をいれる。ネギツは底のたいらな舟のようなもので、水をすてやすいようになっていた。3回アクぬきをすればよいが、いいとこ2回である。たべるのに忙しいから、いいのにしていられない。根10貫から3升のデンプンがとれる。昭和27・28年ころまでしていた。

　浅利峯治さんと斉藤儀一さんに話をおうかがいしたときに、上桧木内ふるさと教室が小学生用に大正うまれの人たちの生活体験をまとめた『暮らしの記録』というガリ版ずりの資料をいただいた。そのなかで浅利峯治さんが、「食料不足の時代」という題目でワラビ粉製造について執筆されているので、必要な個所だけ引用するものである。

それは戦争中、軍の指令で農家の保有米まで強制的に持って行かれてしまい、三度の食事も思うように食べる事ができませんでしたが、それは山間部落の良い所です。それは山に生えている「ワラビ」の根です。

　その頃、山林には何処の部落にも村有地の草山があり、雑草と「ワラビ」が一杯生えて居りましたのでその根を掘ってきて、洗ってから大きい桶にいれて、水を加えてかき混ぜた後、1時間位休めて置くと底の方に澱粉だけが沈みますので、その澱粉をまるめてゆでると食料となります。

　その名前は根餅といいます。一日三食の内、昼食はその根餅で間にあわせて過ごしたのです。

以上が、浅利峯治さんがかかれた文章を引用した部分である。

事例ワラビ10．秋田県北秋田郡阿仁町比立内字長畑在住の上杉政吉さんにおうかがいした話

　上杉政吉さんは大正15（1926）年うまれで、1994（平成6）年7月29日に、阿仁町ふるさと文化センターでおうかがいした話である。

　昭和6・7年の飢饉のときにたべた。戦時中、戦後までたべた。昭和18・19年から20年ころまでたべた。比立内の長畑ではたべた。阿仁町のどこでもたべたというわけではない。

　トグワで掘った。掘るときに、トグワだけをつかう。地下20〜30cmのところにはえているのを掘る。地中のあまり深くないところをはっている。

　山で掘って家へもってきて、土がついているのできれいにあらう。掘ってきた根をよくあらって、木の台の上でキヅチではたく。「はたく」とは「つぶす」ことをいう。はたくときにつかう台には、木でできたものと石でできたものの両方があった。たいらな石の上ではたくほうが、よくはたけた。はたいたワラビの根を布袋のなかにいれて、タライのなかでデンプンをしぼりだす。しぼったものをタライのなかにいれておくと、デンプンは下にしずむ。1回だけか、やっても2回である。2〜3日、うわずみの水をなげる。デンプンを沈澱させるとき、タライのような桶や木をほった舟のようなもの、木をくみあわせたものをつかった。タライの大きさは直径50〜60cm、高さ20cmくらいである。

　あさい桶のなかにいれて乾燥させる。乾燥させて保存する。

　食糧難のときだけやった。毎日やるというのではなかた。ワラビの根からとれるデンプンの量はごくわずかで、20分の1か、30分の1くらいであった。

第2部　縄文時代の植物採集活動の民俗考古学的研究

第3節　調査事例の分析

　クズの場合と同様に、これまで記述してきた調査報告と先学の研究成果をもとに、ワラビ粉の生産工程とそれに関する用具をあきらかにし、民俗モデル（作業仮説）を作製する。最初に、研究例の多い岐阜県大野郡朝日村・高根村の事例と長野県南安曇郡奈川村の事例をとりあげるものである。岐阜県大野郡朝日村秋神地区については、まず本文中の小林繁氏の調査報告をまとめ（事例ワラビ1）、つぎに上町利一氏の調査報告（上町1939ab）をまとめ（事例ワラビA）、工程・作業手順・用具を整理していくことにする。高根村については、まず長倉三郎氏の調査報告（長倉1965）をまとめ（事例ワラビB）、つぎに杉山是清氏の調査報告（杉山1989abc）と筆者の調査報告をまとめていくことにする（事例ワラビC）。これらの地域と隣接した奈川村については、細川修氏の調査報告（細川1979）をまとめていくものである（事例ワラビD）。つぎに、東北地方の3地区について、これまで筆者が記述してきた調査報告をもとにまとめることにする。岩手県遠野市では遠野市立博物館の展示資料から整理し（事例ワラビ8）、秋田県仙北郡西木村（事例ワラビ9）と秋田県北秋田郡阿仁町（事例ワラビ10）については本文の調査報告からまとめるものである。さらに、大蔵永常が1859（安政6）年にあらわした『広益国産考』（飯沼1978）のワラビの項目をまとめていく（事例ワラビX）。

事例ワラビ1．岐阜県大野郡朝日村秋神におけるワラビ粉の生産工程とそれに関連する用具
第1工程　ワラビ根の採取工程
　　作業手順1　根を掘る（トンガ、クワ、スコップ状掘り具）
　　作業手順2　掘った根をはこぶ（ショイコイナワ、土ソリ）
第2工程　ワラビ根の敲砕工程
　　作業手順3　根をあらう（クマデ）
　　作業手順4　あらった根をはこぶ（竹み・ささみ・箱み）
　　作業手順5　あらった根をくだく（水車でうごく杵、トビ）
第3工程　ワラビ粉の抽出工程1
　　作業手順6　砕いた根を箱にいれる（木箱）
　　作業手順7　デンプンをもみだす（もみ船［樹種クリ、ナラ、トチ］、三ツ手）
　　作業手順8　ながして濾過する（シャク、手オケ、こし器）
第4工程　ワラビカスの敲砕工程
　　作業手順9　カスをくだく（水車でうごく杵、トビ）

第5工程　ワラビ粉の抽出工程2
　作業手順10　デンプンをもみだす（もみ船［樹種クリ、ナラ、トチ］、三ツ手）
　作業手順11　ながして濾過する（シャク、手オケ、こし器）
　作業手順12　デンプンを沈澱させる（たれ船）
第6工程　ワラビ粉の精製工程
　作業手順13　うわ水をすてる（たれ船）
　作業手順14　おこしてうつす（ヘラ、オケ）
　作業手順15　水をいれてこす（オケ、金網）
第7工程　ワラビ粉の乾燥工程
　作業手順16　自然乾燥する（箱、台、アマ、灰）

事例ワラビA．岐阜県大野郡朝日村秋神におけるワラビ粉の生産工程とそれに関連する用具

第1工程　ワラビ根の採取工程
　作業手順1　根を掘る
　作業手順2　掘った根をはこぶ（背中ミノ、荷縄）
第2工程　ワラビ根の敲砕工程
　作業手順3　根をあらう（筧、クマデ）
　作業手順4　あらった根をくだく（ワラビ打石・平バン平石、ヅミ製ツチ）
第3工程　ワラビ粉の抽出工程1
　作業手順5　デンプンをもみだす（モン槽・モミ槽［樹種クリ、ナラ］）
　作業手順6　ながして濾過する（メンパ・ワリゴ、シャク、コシキ）
第4工程　ワラビカスの敲砕工程
　作業手順7　カスをくだく（ワラビ打石・平バン平石、ヅミ製ツチ）
第5工程　ワラビ粉の抽出工程2
　作業手順8　デンプンをもみだす（モン槽・モミ槽［樹種クリ、ナラ］）
　作業手順9　ながして濾過する（メンパ・ワリゴ、シャク、コシキ）
　作業手順10　デンプンを沈澱させる（タレ槽）
　作業手順11　うわ水をすてる（タレ槽）
　作業手順12　水をいれる（タレ槽）
　作業手順13　かきまぜる（ハナオコシ）
　作業手順14　デンプンを沈澱させる（粉桶、篩）
　　　　　　作業手順11〜14は「いつかせる」という
第6工程　ワラビ粉の乾燥工程

作業手順15　うわ水をすてる（粉桶、布、灰）

作業手順16　かげぼしする（アマ棚・ツシゴ）

事例ワラビB．岐阜県大野郡高根村中洞におけるワラビ粉の生産工程とそれに関連する用具

第1工程　ワラビ根の採取工程

　作業手順1　根を掘る（鍬、トンガ）

　作業手順2　掘った根をはこぶ（竹製籠・コウザ）

第2工程　ワラビ根の敲砕工程

　作業手順3　根をあらう（三ツ又の熊手、筧）

　作業手順4　あらった根をはこぶ（竹み）

　作業手順5　あらった根をくだく（水車でうごく杵、石の平盤、木枠、鳶口）

第3工程　ワラビ粉の抽出工程

　作業手順6　くだいた根をはこぶ（竹み）

　作業手順7　水をいれてかきまわす（モミ舟、三ツ手の棒）

　作業手順8　くんで濾過する（コシキ、手桶、三本手の棒）

　作業手順9　デンプンを沈澱させる（タレ舟）

　作業手順10　うわ水をすてる（タレ舟、テコ）

　　　　　　　作業手順6～10を10数回くりかえす

第4工程　ワラビ粉の精製工程

　作業手順11　デンプンをすくう（カイ）

　作業手順12　デンプンを沈澱させる（花舟）

第5工程　ワラビ粉の乾燥

　作業手順13　うわ水をすてる（花舟、木綿布、灰）

　作業手順14　デンプンをとりだす（木綿袋）

　作業手順15　家にもってかえる（木綿袋）

　作業手順16　乾燥させる（アマ、紙、養蚕棚、竹製ス）

事例ワラビC．岐阜県大野郡高根村日和田におけるワラビ粉の生産工程とそれに関連する用具

第1工程　ワラビ根の採取工程

　作業手順1　根を掘る（トンガ・トングワ、ミツグワ・マングワ、カマ）

　作業手順2　掘った根をはこぶ（ヤナギ製ミ・ササミ）

第2工程　ワラビ根の敲砕工程

作業手順3　根をあらう（水車）

作業手順4　あらった根をつきくだく（水車でうごく杵、台石、トビ）

第3工程　ワラビ粉の抽出工程1

作業手順5　根をあつめてはこぶ（ジョレン状の用具、木製箱ミ）

作業手順6　くだいた根をあらう（モミブネ）

第4工程　ワラビスジの敲砕工程

作業手順7　スジをすくいあげる（ビャ、ヤナギ製ミ）

作業手順8　スジをつきくだく（水車でうごく杵、台石、トビ）

第5工程　ワラビ粉の抽出工程2

作業手順9　スジをはこぶ（ジョレン状の用具、木製箱ミ）

作業手順10　スジをあらう（モミブネ）

作業手順11　カスをすくいあげる（クマデ状の用具）

作業手順12　カスを木箱にいれる（木箱）

作業手順13　カスに谷水をかける（ヒシャク）

作業手順14　上から重石をする（石）

作業手順15　ながして濾過する（コシキ）

作業手順16　デンプンを沈澱させる（タレブネ）

第6工程　ワラビ粉の精製工程

作業手順17　うわ水をすてる（タレブネ）

作業手順18　デンプンをおこす（ヘラ）

作業手順19　こしてうつす（フルイ、タル）

作業手順20　うわ水をすてる

作業手順21　水をいれる

作業手順22　かきまぜる

作業手順23　沈澱させる

第7工程　ワラビ粉の乾燥工程

作業手順24　うわ水をすてる（布、灰）

作業手順25　乾燥させる（筵）

事例ワラビD．長野県南安曇郡奈川村におけるワラビ粉の生産工程とそれに関連する用具

第1工程　ワラビ粉の採取工程

作業手順1　根を掘る（ワラビホリックワ［木柄の樹種カシ］、カマ、ナタ）

作業手順2　掘った根をはこぶ（ショイナワ）

第2部　縄文時代の植物採集活動の民俗考古学的研究

第2工程　ワラビ粉の敲砕工程
　作業手順3　根をあらう（クマデ）
　作業手順4　根をたたきつぶす（ササ製ザル、タタキイシ、木ギネ［樹種コナシ］）
第3工程　ワラビ粉の抽出工程
　作業手順5　水とかきまぜる（ミズブネ［樹種モミ・クリ］、クマデ）
　　　　　　　コガスをとりのぞく
　作業手順6　ながして濾過する（コシキ、ヒシャク）
　作業手順7　デンプンを沈澱させる（タレブネ）
　作業手順8　うわ水をすてる（タレブネ）
　作業手順9　水をいれる
　作業手順10　かきまぜる
　作業手順11　デンプンを沈澱させる
　　　　　　　作業手順1～11を3日間くりかえす
第4工程　ワラビ粉の精製工程
　作業手順12　うわ水をすてる
　作業手順13　ヒトオコシする（カナボーチョ）
　作業手順14　水をいれてとく（タレブネ）
　作業手順15　こす・濾過する（フルイ、コシオケ）
　作業手順16　デンプンを沈澱させる（コシオケ）
　作業手順17　うわ水をすてる（コシオケ）
　作業手順18　水をいれる（コシオケ）
　作業手順19　とく（コシオケ）
　作業手順20　デンプンを沈澱させる（コシオケ）
　　　　　　　作業工程17～20を3・4日間くりかえす
第5工程　ワラビ粉の乾燥工程
　作業手順21　ハナオコシする（カナボーチョ）
　作業手順22　かげぼしする（アマダナ）

事例ワラビ8．岩手県遠野市におけるワラビ粉の生産工程とそれに関連する用具

第1工程　ワラビ根の採取工程
　作業手順1　地下茎を掘る（二本鍬、根掘り道具）
第2工程　ワラビ根の敲砕工程
　作業手順2　地下茎をあらう（小馬鍬）

作業手順3　地下茎をくだく（石、板、根たたき槌）
第3工程　ワラビ粉の抽出工程
　　作業手順4　繊維状になった地下茎を麻袋にいれる（麻袋）
　　作業手順5　水をくわえておししぼる（麻袋、サンドギッツ）
　　作業手順6　汁を沈澱させる（ハンギリ）
第4工程　ワラビ粉の乾燥工程
　　作業手順7　天日にほす

事例ワラビ9．秋田県仙北郡西木村におけるワラビ粉の生産工程とそれに関連する用具
第1工程　ワラビ根の採取工程
　　作業手順1　根を掘る（トウグワ、ニホングワ）
第2工程　ワラビ根の敲砕工程
　　作業手順2　根をあらう（木箱）
　　作業手順3　根をつぶす（ネツキウス、カケヤ）
第3工程　ワラビ粉の抽出工程
　　作業手順4　水をいれてかきまぜる（ネギツ）
　　作業手順5　デンプンを沈澱させる
　　作業手順6　アク水をすてる
　　　　　　　作業手順4〜6を2・3回くりかえす
　　作業手順7　うわ水をすてる
　　作業手順8　デンプンをとる

事例ワラビ10．秋田県北秋田郡阿仁町におけるワラビ粉の生産工程とそれに関連する用具
第1工程　ワラビ根の採取工程
　　作業手順1　根を掘る（トグワ）
第2工程　ワラビ根の敲砕工程
　　作業手順2　根をあらう
　　作業手順3　あらった根をはたく（木の台、石、キヅチ）
第3工程　ワラビ粉の抽出工程
　　作業手順4　はたいた根を布袋にいれる（布袋）
　　作業手順5　デンプンをしぼりだす（タライ）
　　作業手順6　デンプンを沈澱させる（タライ、舟）
　　作業手順7　うわ水をなげる

　　　　　　　　　　作業手順5〜7を1・2回おこなう
　　作業手順8　　デンプンをとる
第4工程　ワラビ粉の乾燥工程
　　作業手順9　　乾燥させる（桶）

事例ワラビⅩ．『広益国産考』にみられるワラビ粉の生産工程とそれに関連する用具
第1工程　ワラビ根の採取工程
　　作業手順1　　根を掘る（鍬、鶴橋、鎌、竹のおうこ）
　　作業手順2　　掘った根をはこぶ（縄）
第2工程　ワラビ根の敲砕工程
　　作業手順3　　はこんできた根をあらう
　　作業手順4　　あらった根をくだく（石、槌）
第3工程　ワラビ粉の抽出工程
　　作業手順5　　つぶした根をあらう（桶、ざる、柄杓）
　　作業手順6　　ネズミ色のにごった水をこす（桶、木綿袋）
　　作業手順7　　こした水を半日ほどおく（桶）
　　作業手順8　　上水をすてる
　　作業手順9　　水をすこしいれる
　　作業手順10　かきまわす（棒）
　　作業手順11　水を9分目までいれる（桶）
　　作業手順12　かきまぜる
　　作業手順13　半日ほどおく
　　作業手順14　上水をすてる
　　　　　　　　　　作業手順9〜14を3度くらいくりかえす
　　作業手順15　粉をおこしとる（包丁）
第4工程　ワラビ粉の乾燥工程
　　作業手順16　粉を木綿布の上におく（灰、木綿布）
　　作業手順17　日にほして乾燥させる（こうじぶた）

第4節　まとめ

　ワラビ粉の生産工程は、クズ粉と同様に作業内容・作業場所を基準に根茎の採取とデンプ

ンの製造の２段階に大別することができ、さらにデンプンの製造工程は４工程に細分される。

第１段階…根茎の採取段階
　　第１工程…根茎の採取工程
第２段階…デンプンの製造段階
　　第１工程…根茎の敲砕工程
　　第２工程…デンプンの抽出工程
　　第３工程…デンプンの精製工程
　　第４工程…デンプンの乾燥工程
　　ワラビ粉の生産工程とそれに関連する用具については、以下のように整理される。
第１段階…根茎の採取段階
　　第１工程…ワラビ根の採取工程（トンガ・クワ、二本鍬、ミツグワ、スコップ状掘り具、
　　　　　　　　　　　　　　　　根掘り道具、カマ、ナタ、竹製カゴ、背中蓑、縄）
第２段階…デンプンの製造段階
　　第１工程…ワラビ根の敲砕工程（台石・ひらたい石、根つき臼・板・木の台、杵、かけや、槌、
　　　　　　　　　　　　　　　　サス、小馬鍬、箕［タケ・ヤナギ・ササ・マタタビ・箱］、
　　　　　　　　　　　　　　　　トビ・クマデ、筧、水）
　　第２工程…ワラビ粉の抽出工程（フネ、ミツデ、ジョレン状の用具、箕［タケ・箱］、手桶、
　　　　　　　　　　　　　　　　シャク・柄杓、漉し器、オコシ、テコ、桶、ザル、篩、
　　　　　　　　　　　　　　　　サンドギッツ・ネギツ、麻袋・木綿袋、水）
　　第３工程…ワラビ粉の精製工程（フネ、桶、ヘラ、包丁、コテ・カイ、篩、水）
　　第４工程…ワラビ粉の乾燥工程（桶、フネ、木綿袋・木綿布、灰、箱・コウジブタ、竹製ス、
　　　　　　　　　　　　　　　　紙、アマ・アマ棚、養蚕棚、ムシロ）

　つぎに、ワラビ粉の生産をめぐっても、いくつか検討すべき項目があり、順に検討をくわえていくことにする。
　第一は、ワラビ根の採取時期とワラビ粉の製造時期の関係についてである。ワラビ根の採取時期については、９月のはじめころから12月の雪がふるときまで（岐阜県高根村中洞）、９月なかごろから11月いっぱいまで（岐阜県高根村日和田）、５月中旬から約１ヵ月間と９月中旬から11月下旬（岐阜県高根村日和田、杉山1989b）、「春は雪消えの頃より、村々稗苗を植付くる頃まで、三四十日の間、秋は秋上げの後より、雪の降り積るまで、四五十日の間」（岐阜県阿多野郷、富田1930b:182）、「秋すぎから五月頃までの間の無雪期」・「十一月中旬から雪の降り積るまで」（長野県奈川村、細川1979:64）、７・８月から雪がふりはじめるころまで

と雪どけから春にかけて（長野県奈川村）、「春先の雪解けからワラビが発芽するまでの期間と、秋から冬にかけてホダが枯れて雪がつもるまでの期間の年二回」（岩手県遠野市附馬牛町小出、杉山1989a：8）で、地域差もあり、厳密に何月から何月までとはしるしがたく、一応ここでは春の雪どけから1ヵ月間と秋から雪がつもるまでの2回と整理しておくものである。ワラビ粉の製造時期については、採取時期とほとんど一致しているといえる。

　第二は、ワラビ根の採取地の問題についてである。シダ植物であるワラビは「森林の中ばかりでなく、『焼きワラビ』といって、焼畑の跡地、火入れをした牧場や採草地」で生育するという（市川1980：172）。かつてワラビ粉が生産されていた秋神はブナ林帯に属するが、採取地は森林でなく、それをやきはらったあとの放牧地である。また現在製造がおこなわれている日和田の通称オバコの採取地も放牧地で、南には御岳、北には乗鞍岳が眺望できる標高1350～1400mの高さのところで、林相はもう針葉樹林帯にはいっている。それでワラビの採取地はどういう森林相であるかということは、たいした問題ではないと考えられる。

　第三は、各工程にたずさわる人の性別・年齢についてである。採取では「B家の採取活動は青年男子が中心で、老夫婦がほぼ交替で行っている」（岐阜県高根村日和田、杉山1989b:17）ことや「ワラビ根掘りは、女の仕事とされていた」（長野県奈川村、細川1979:14）ことから、大人の男女がおこなっていたと考えられる。敲砕工程では、杵と台石でつぶすときは大人だけでなく、子どもの仕事にもなっていた（細川1979）ことや作業内容からも、老若男女をとわず家中の者がかかわっていたと推定される。抽出工程から乾燥工程までは、大人がたずさわっている。

註
1）　括弧のなかの数字はとおし番号である。
2）　筆者の調査による。ワラビ事例10参照。
3）　図14中の番号は、本文のとおし番号と一致している。
4）　小橋さんがよんでいた名称ではなく、「台石」の用語は便宜上もちいたものである。

第6章
ヤマノイモ食料化に関する民俗調査

第1節　調査事例の報告

２個所について民俗調査を実施したので、それをしるすことにする。

事例ヤマモイモ１－１．石川県珠洲市馬緤町吉国在住の久保竹雄さんにおうかがいした話
　珠洲市教育委員会に勤務する平田天秋氏に久保竹雄さんをご紹介いただき、1996（平成8）年3月18日に、自宅でおうかがいした話である。久保竹雄さんは明治43（1910）年うまれで、86才である。
　ヤマノイモとよんでいる。掘るのは９月の末ころから11月ころまでである。秋になるとツルはかれて、黄色くなる。冬になると、風でツルがとばされてさがせない。風が強いとツルが、イモのツルがとんでいく。ツルは下から5cmくらいのこるが、さがせない。
　掘る場所は、川をのぼっていった。川をあるいていくと、じゃまになるものがない。川のところは崖やさかい、掘りやすい。掘るとき、土を手前へおとしていけばよい。平地では５尺も、６尺も掘らなければならない。平地では１日に２・３本しか掘れない。きれいに尻までだす。おれたら値うちがなくなる。短気な人はできない。春や夏にツルをさがすようなことはしない。40年もやっていれば、どこにはえているかわかる。ツルをみれば、なんとなくわかる。若いのはツルの節が長い。ツルのついたところをカマできって１尺ほどのこしてくる。それがふとる。どこにどんなんがあるか、わかっている。１年でのびる。１年ものである。前のやつはくさる。こやしになる。
　道具は、ドカタグワで掘った。クワはヤマノイモを掘りはじめてずっとつかっていた。木の枝をはつったもので尻の方を掘った。木の枝で尻までだす。
　掘ってきて砂にいけておくと、一冬大丈夫である。６月ごろになると、芽がでてくる。６月ごろになると、味がなくなる。
　50年ぐらい掘った。掘らんがになって10年ぐらいたつ。金にした。金に専門であった。飯田にうりにいった。結核がはやっていて、われもかれも。多い所では、12貫もおいてきた。

これまで掘ったなかでいちばん長いので6尺、太さはいろいろである。米俵につまれんほど掘れたこともあるが、1回か2回である。カヤをかってしいてフジでしばると、おれない。カヤをつとにした。

オス・メスはないが、マイモとハイイモがある。マイモのほうがうれた。マイモはたいても煮くずれしない。ハイイモは肌がわるく、黒い。ムカゴは10年もたたないと、大きくならない。ムカゴがないのにもヤマノイモはなる。

事例ヤマノイモ1-2．石川県珠洲市馬緤町吉国在住の久保竹雄さんが使用している採取用具

1996（平成8）年4月20日に、馬緤町泊の本光寺で実測させていただいた。なお本光寺は平田天秋氏が住職をつとめる曹洞宗の名刹である。

ドカタグワ（図23-1、写真22-1）　鉄製刃部に木柄が装着されている。刃部の柄壺をのぞいた長さは18.0cmで、つかっているうちにへって短くなっている。刃幅は10.6cm、刃縁は両角が隅丸の直刃を呈している。刃の厚さは1.0cm前後であるが、刃先は3～4mmとなっている。木柄の長さは99.0cmで、手ににぎる部分の断面は直径3.2cmと3.8cmぐらいである。木柄の樹種はイツキで、イツキはかたくておれにくい。

事例ヤマノイモ2-1．石川県羽咋市福水町在住の大家弥一郎さんにおうかがいした話

大家弥一郎さんは大正10（1921）年うまれである。1996（平成8）年3月19日に、ご自宅でおうかがいした話である。

志雄町と羽咋の山間部の8ヵ集落で講をむすんでいる。毎年11月16日に山芋講がひらかれており、「16日お講」という。講長をつとめるのは、昨年が2年目であった。8集落交代でまわりでつとめている。寺のある集落は寺で、寺のないところは公民館で。平成5（1993）年に150周年記念事業で、しおりとビデオをつくって講員におわけした。

毎年11月16日に山芋講がひらかれており、お講に出品するために掘る。それで掘るのは10月15日頃から11月16日までの1ヵ月間だけである。

若いころ、わらじをはいて遠い山へいった。半日か、弁当をもって1日いってくるか。1ヵ月の間に4・5へんいって、1回に3貫目ほど、今でいうと12～15kg掘ってきた。いまは車の時代だし、勤めもあるから半日掘りにいく。つぎの日曜日にまたいく。

ササ・雑木が繁茂しているところでさがす。ツルが木にのぼると、葉が黄色くなってついている。それを目あてにさがす。上のほうからためて根っこのほうにおりてくる。いきなり根をさがそうとしてもササや雑木が邪魔してさがしにくい。葉はかれてもツルは青い。

ツルが嵐なんかでとんでしまうとダメである。天候がよくても11月の5日ごろか、10日ご

ろまでしか掘れない。ツルが嵐のためにちってしまう。そうすると全然わからない。

　傾斜の強いところほど掘りやすい。1.0～1.5mの穴を掘らなければならない。以前はクワばかりだった。スコップをつかうようになったのは10年ほど前から。若いころは、クワ・カマ・カンコ・背おう道具をもっていくので、スコップまでもっていけなかった。いまは車でいくから。山に林道がついて車でいけるようになった。カンコは金物屋にいけばうっている。鉄工所なんかでつくってくる人もいる。まがり具合は人それぞれで、長いのがほしいという人もいる。この辺では「クジリ」といっている。くじるから。

　ヤマイモといっても二とおりある。青いツルと赤いツル。赤いといっても、あずき色・褐色のツルである。青いツルのものは味がよい。そんなことばかりいっていられないから、赤くても掘ってくる。オス・メスがあるわけではない。本当のジネンジョは青いツル。（羽咋郡）志賀町なんかの畑でつくっているジネンジョは、山で青いツルの種、指の頭ほどの大きさの「ゴンゴ」ばかりをあつめてきて、畑でつくる。

　自家用に3貫目、4貫目あまり掘ってくる。一冬、砂にいけて保存しておく。保存しておいたものは、春もっても5月ごろまでである。砂にいけてあっても芽がでてくる。味もわるいし、やせていく。5月に芽がでるころ、いちばん栄養があるといわれた。

　ヤマイモは雑木林で繁殖する。スギの植林でヤマイモがたえていった。ヤマイモがなくなった。1kg、2kgと町の人から注文をうけている人もある。商売にだす、そば屋さんにだすところもある。女の人でも達者な人はいた。ソバをつくってヤマイモをつなぎにして手うちソバを冬にたべた。

事例ヤマノイモ2－2．石川県羽咋市福水町の大家弥一郎さんが使用している採取用具

　ヤマグワ（写真22－2）　市販のものである。柄壷をのぞいた鉄製刃部の長さは21.4cmで、刃幅は14.6cmである。刃縁は直刃をなし、側縁部はまっすぐである。厚さは1.8～2.5cmで、刃縁の厚さが1.8cmである。木柄の長さは107.0cmで、柄端の手でにぎる部分は2.8×2.5cmである。

　クジリ（写真22－3）　鉄製の柄に鉄製刃部がほぼ直角に溶接された道具で、15年くらい前に大家さんが自分でつくったものである。鉄製刃部は長さ17.2cmで、先端はとがっており、中央部の断面は直径1.2cmの円形を呈し、装着部付近の断面は1.5×0.9cmの隅丸方形を呈する。鉄製の柄は長さ13.4cm、手にぎる部分の断面は2.15cmの円形を呈する。その端部にはU字状を呈する突起がつけられており、そこに長さ1m黄色い紐がつけられている。この黄色い紐は長さ1m、幅3mm、厚さ1.5mmである。重さ302g。また柄の端部付近には赤いビニールテープがまかれており、これは山のなかでどこにおいたか、わかるようにするためである。刃部と柄の角度は自分におうた角度がある。うってあるのは、みなおなじである。

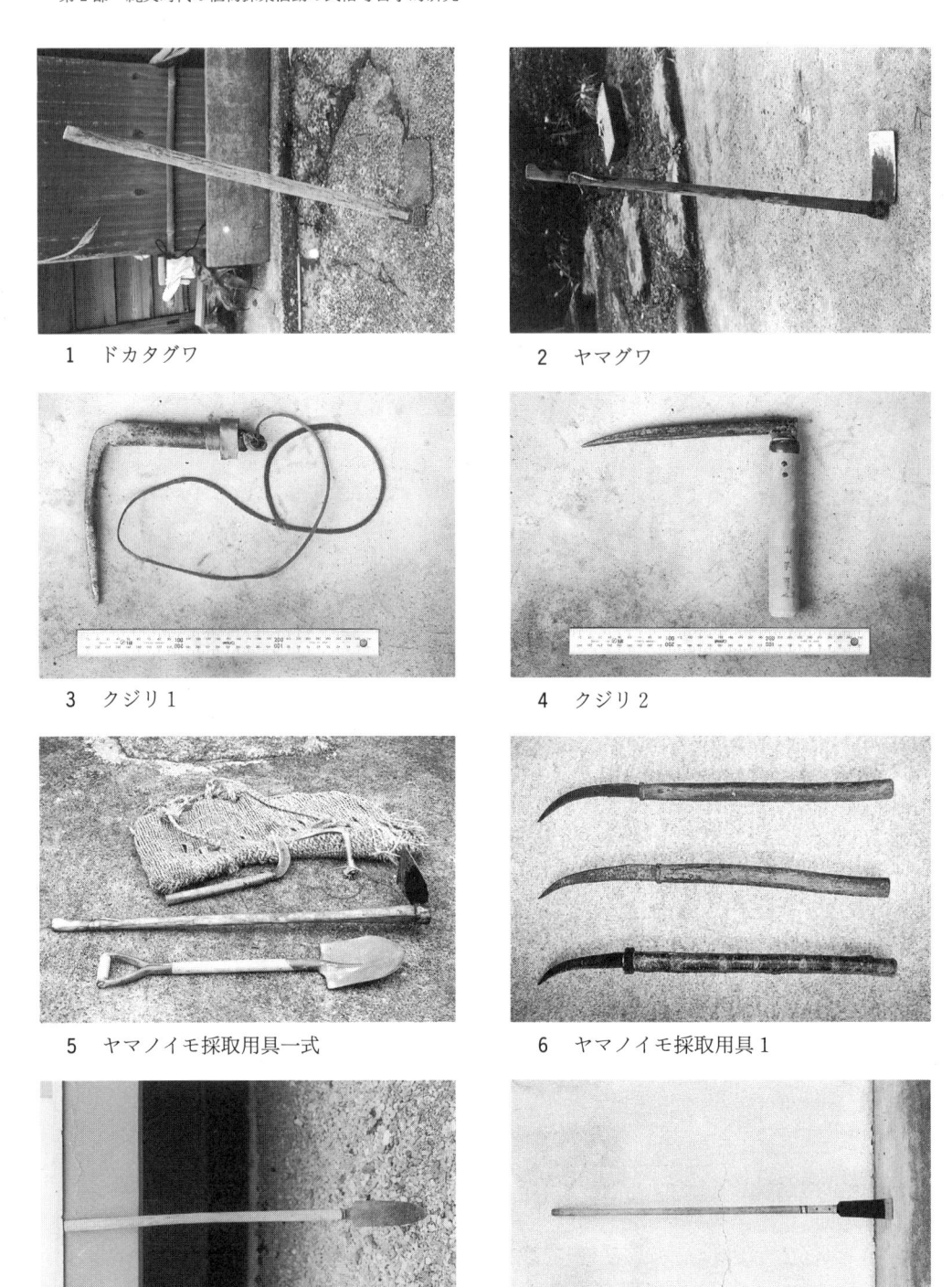

第2部 縄文時代の植物採集活動の民俗考古学的研究

1　ドカタグワ　　　　　　　　　　　　2　ヤマグワ

3　クジリ1　　　　　　　　　　　　　4　クジリ2

5　ヤマノイモ採取用具一式　　　　　　6　ヤマノイモ採取用具1

7　ヤマノイモ採取用具2　　　　　　　8　ヤマノイモ採取用具3

写真22　ヤマノイモ採取用具

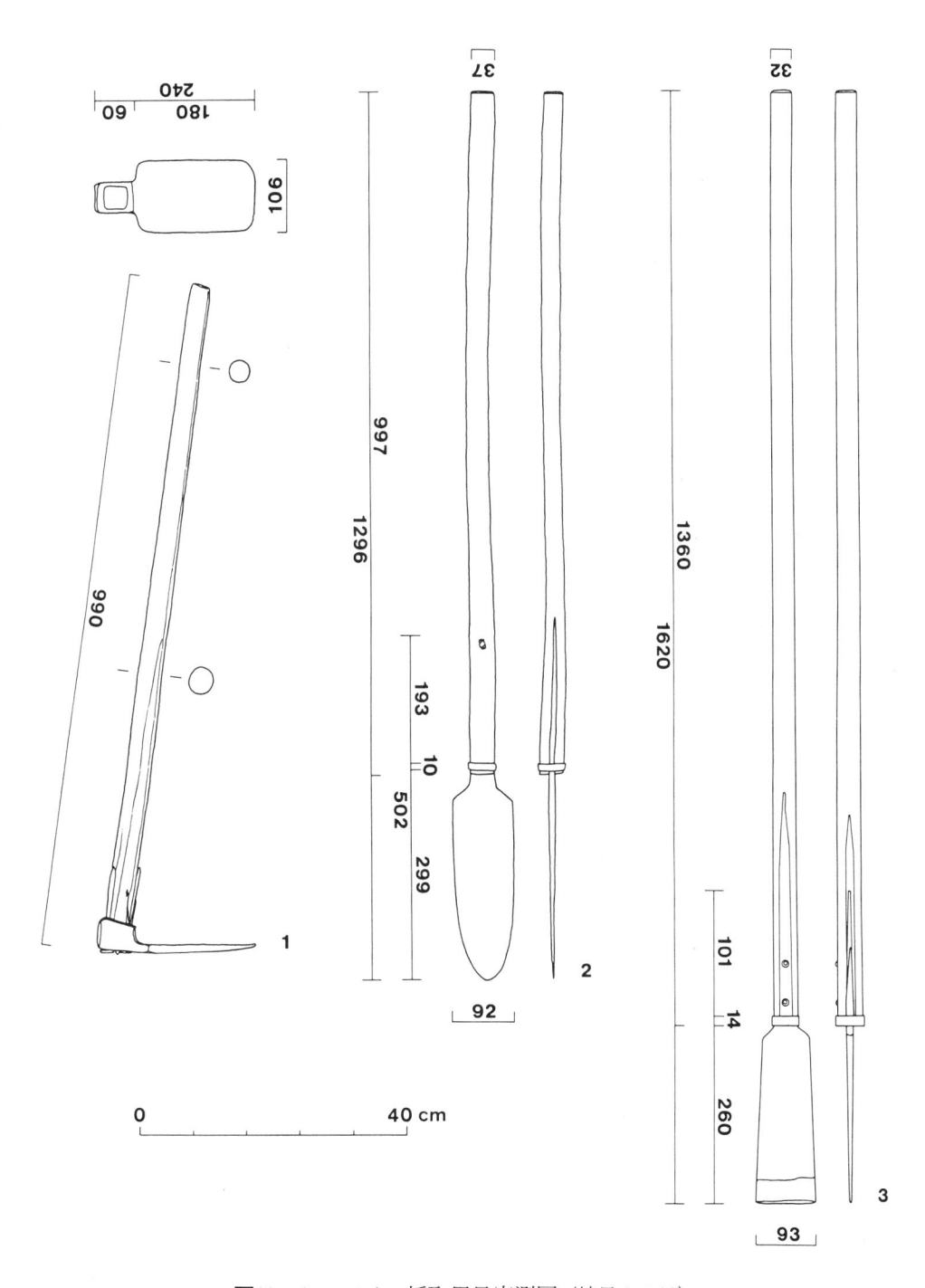

第6章　ヤマノイモ食料化に関する民俗調査

図23　ヤマノイモ採取用具実測図（縮尺1：10）

171

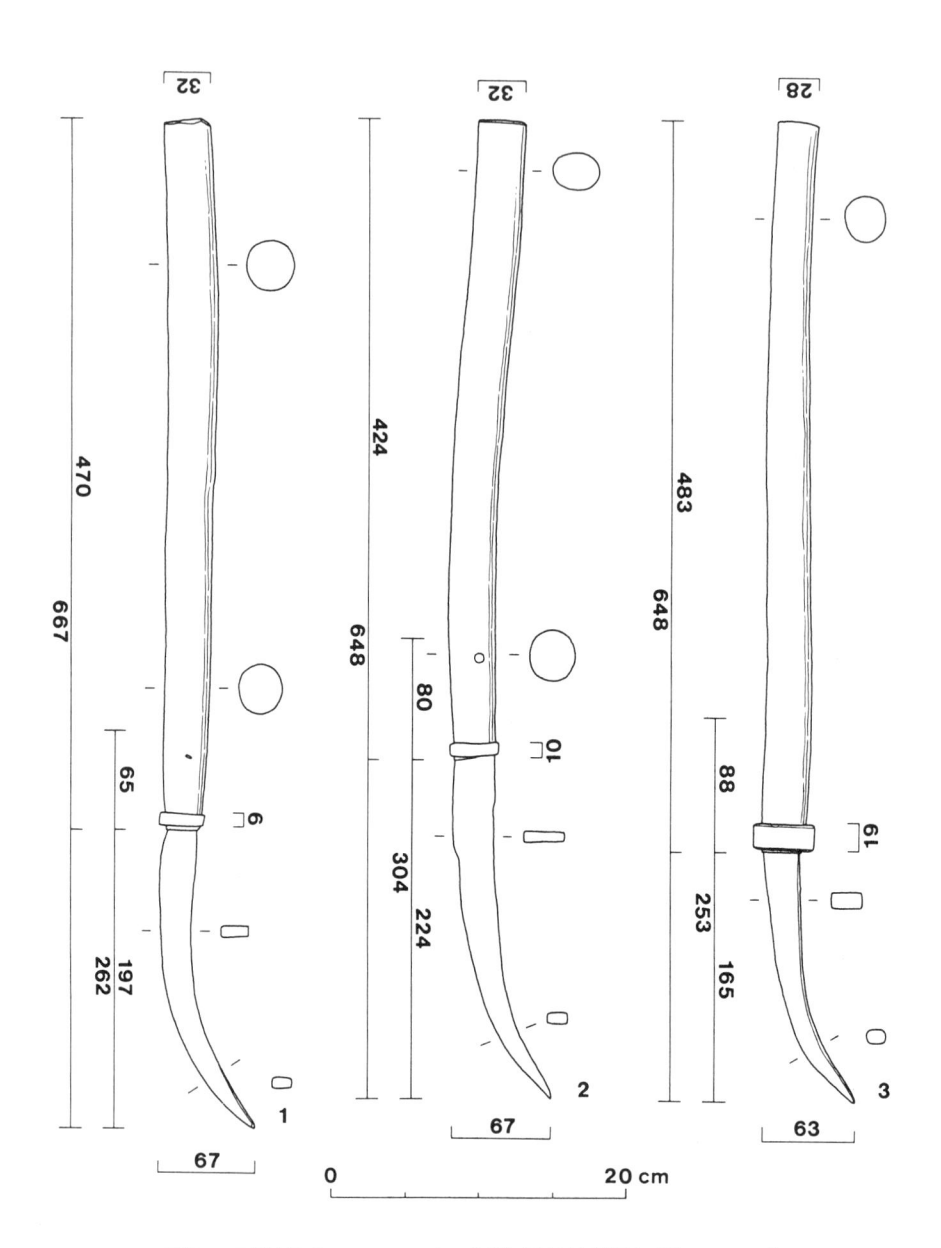

第2部　縄文時代の植物採集活動の民俗考古学的研究

図24　石川県内のヤマノイモ採取用具実測図（縮尺1：5）

クジリ（写真22-4）　木柄に鉄製刃部がほぼ直角に装着された道具で、昨年金物屋でかってきたものである。鉄製刃部は長さ21.5cmで、先端はとがっており、中央部では1.5×1.0cmの長方形の断面を呈し、装着部付近では直径1.6cmの円形を呈する。鉄製刃部の長さ9.5cmの茎を木柄に挿入して装着している。木柄は長さ17.0cmで、手でにぎる部分の断面は直径3.0cmの円形を呈する。またそこに「山芋掘」の焼印がおされている。重さ385g。

シバカリガマ（写真22-5）　木柄がおれたので、自分でつくった。それで木柄の表面には稜がみられる。全長43.3cm、重さ340g。木柄の長さ33.8cm、断面の直径は3.0cm前後である。柄には赤いビニールテープがまかれている。

スコップ（写真22-5）　市販のもので、小型品である。刃先が長いものもある。全長は82.0cm、刃幅は16.5cm、柄の断面は直径3.0cmである。

カガリ（写真22-5）　ヤマイモ専用で、横に長い。自分であんだ。胴下半部には、細い木の枝を2本とおせるようにしてある。こうすると、こばしりにはしっても、イモはおれない。全体の大きさは、タテ36〜38cm、ヨコ90cmである。タテ材は3mmのワラナワで、ヨコ材は7〜8mmのワラナワである。錘具をもちいたモジリ編みであまれている。

事例ヤマノイモ3．石川県輪島市立民俗資料館に展示されている採取用具

　3点とも民俗資料館設立にあたって1972（昭和47）年に収集されたものである。1995（平成7）年3月28日に実測をおこなった。

　いずれも木柄に「し」の字状を呈する鉄製刃部が装着される形態で、釘とリングで固定されている（図24、写真22-6）。鉄製刃部の先端は細く、とがっている。

　図24-1（写真22-6上）は全長66.7cm、鉄製刃部の長さ19.7cm、木柄の長さ47.0cmである。輪島市町野町広江でつかわれていたものである。

　図24-2（写真22-6中）は全長64.8cm、鉄製刃部の長さ22.4cm、木柄の長さ42.4cmである。手でにぎったためであろうか、木柄の両端はやや磨滅して光沢をおびている。これも輪島市町野町広江でつかわれていたものである。

　図24-3（写真22-6下）は全長64.8cm、鉄製刃部の長さ16.5cm、木柄の長さ48.3cmである。木柄はおれてつけかえられたせいか、あたらしい。輪島市南志見町忍で使用されていた。

事例ヤマノイモ4．長野県塩尻市立平出遺跡考古博物館に展示されている採取用具

　塩尻市芦ノ田でつかわれていた「長芋掘り」である（図23-2、写真22-7）。小林康男氏によれば、使用者は大柄な人で、そのために道具も大ぶりであるという。1981（昭和56）年10月21日に実測と写真撮影をおこなった。

　木柄に木の葉形の鉄製刃部が装着されており、全長は約130cmをはかる。鉄製刃部は長

さ約30cm、幅9.2cm、厚さは最大で1.1cmで、刃縁はややとがったU字状となっている。木柄のなかに刃部の茎が挿入され、釘とリングで固定されている。木柄は長さ約1m、手にもつ部分の断面は3.6×2.8cmの楕円形を呈する。重さは1220gである。

事例ヤマノイモ5．東京都八王子市で購入したヤマノイモの採取用具

1980（昭和55）年9月に、東京都八王子市内の金物屋で購入したものである。

木柄と鉄製刃部からなり、刃部の茎が木柄に挿入され、ボルトとリングで固定されている（図23－3、写真22－8）。全長は162cmである。鉄製刃部は長さ26.0cm、幅9.3cm、厚さ0.4～1.1cmで、基部から刃先にかけてまっすぐにひろがり、刃縁は直刃を呈する。木柄は長さ136.0cm、手にもつ部分の断面は3.2×2.8cmの楕円形を呈する。重さは約2.4kgである。

第2節　調査事例の分析

上記にのべてきた石川県珠洲市馬緤町吉国（事例ヤマノイモ1）と石川県羽咋市福水町（事例ヤマノイモ2）の事例をまず分析する。それらにくわえて、石川県小松市小原における伊藤常次郎氏の事例（朝日新聞社金沢支局1986）および新潟県岩船郡朝日村佐久間惇一氏の調査報告（佐久間1985）を分析し、事例の少なさを補足するものである（事例ヤマノイモA・B）。

事例ヤマノイモ1．石川県珠洲市馬緤町吉国における採取工程とそれに関連する用具
第1工程　根茎の採取工程
　作業手順1　ツルをさがす
　作業手順2　掘る（ドカタグワ）
　作業手順3　きれいに尻までだす（木の枝をはつったもの）

事例ヤマノイモ2．石川県羽咋市福水町における採取工程とそれに関連する用具
第1工程　根茎の採取工程
　作業手順1　ツルをさがす
　作業手順2　掘る（クワ、カンコ・クジリ、カマ・シバカリガマ、背負う道具、スコップ）

事例ヤマノイモA．石川県小松市小原における採取工程とそれに関連する用具
第1工程　根の採取工程
　作業手順1　ツルをさがす

作業手順2　周囲をていねいに掘りくずす（ネンボグワ）
　　作業手順3　ていねいにほじくりだす（トトロ）

事例ヤマノイモB．新潟県岩船郡朝日村における採取工程とそれに関連する用具
第1工程　根の採取工程
　　作業手順1　まわりを広く掘る（スコップ、トンガ）
　　作業手順2　しあげ掘りをする（ツクシ）

第3節　まとめ

　クズやワラビは、その食料化にあたって採取・敲砕・抽出・乾燥の各工程をへるのに対してヤマノイモは採取工程しかない。縄文時代にもヤマノイモも当然食用に供されたと想定されるが、植物食とりわけ根茎類全体のなかでの位置づけの問題がある。ヤマノイモは掘る労力に関してはほかの根茎類とかわりなく、掘りだしてきてすぐたべることができ、加工しないでもたべることができるという利便性がある。しかし、それを保存できる期間は砂にいけておいて一冬だけで、デンプンをとりだして数年間にわたって保存することができないということもある。いうなればヤマノイモは短期保存型で、長期保存には適さない根茎類であるといえる。

　採取にあたっては、採取に適した時期がある。ここでとくに注目しておかなければならない点は、ヤマノイモは強風でツルがとばされてしまうと採取しにくくなる、ツルがとんでしまう冬には採取しにくくなる、ということである。新潟県岩船郡朝日村においては、ヤマノイモを10月なかばごろから掘りはじめている（佐久間1985）。

　最後に採取用具についてであるが、ヤマノイモの採取用具については、本章でしるした事例のほかに石川県小松市小原と新潟県岩船郡朝日村の事例がある。石川県小松市小原では「ヤマイモ掘りに使う小道具は、ネンボグワとトトロの二種類がある。ネンボグワは、長さ約七十センチの柄に、幅約十五センチの刃金が直角について」おり、「トトロは、長さ約二十センチの鉄の棒で、先は細くとがっている」と報告されている（朝日新聞社金沢支局1986：110）。新潟県岩船郡朝日村のツクシは「現場で適当な木を切って先端を尖らして作る」と報告されている（佐久間1985：66）。

　すなわち採取用具にはクワと掘り棒の2種類があり、掘り棒は大きさと材質を基準に以下のように4類に細分される。

第 2 部　縄文時代の植物採集活動の民俗考古学的研究

掘り棒第 1 類…木柄に鉄製刃部が装着される形態で、鉄製刃部の大きさが鍬先とかわらない
　　　　　　もの。長野県塩尻市、東京都八王子市、福井県遠敷郡上中町熊川（クズ事例
　　　　　　5－2）（静岡県で購入）の各例。本類は鋤といいかえても、よいかもしれない。
掘り棒第 2 類…木柄に「し」の字状を呈する鉄製刃部が装着される形態で、全長65cm前後
　　　　　　のもの。石川県輪島市。
掘り棒第 3 類…木製の棒で、先端をとがらせたもの。木の枝をはつったもの（石川県珠洲市）、
　　　　　　ツクシ（新潟県朝日村）。
掘り棒第 4 類…鉄製の短い棒で、先端が尖ったもの。カンコ・クジリ（石川県羽咋市）、トト
　　　　　　ロ（石川県小松市）。

　なお、クワにはドカタグワ（石川県珠洲市）、クワ（石川県羽咋市）、ネンボグワ（石川県小松市）があるが、形態や大きさの面でそれほど大きなちがいはみとめられない。

第7章
その他根茎類食料化に関する民俗調査

第1節　調査事例の報告

　これまでのべてきたクズ・ワラビ・ヤマノイモについては調査例も多く、ある程度まとまった分析も可能であった。しかし、これらをのぞいた根茎類は事例がごく少数なので、それらをその他の根茎類としてまとめてとりあげることにする。

事例オオウバユリ1．北海道旭川市博物館に展示・収蔵されているオオウバユリの採取用具
　1996（平成8）年8月21〜23日に、旭川市博物館で実測と写真撮影をおこなった。
　オオウバユリの掘り具であるトゥレプタウライニ[1]は、展示品1点と収蔵品2点の合計3点を資料化した（図25、写真23−1・2）。3点とも本体に「ナンケアイヌ作」と墨でかかれていることから、復元された資料であることがうかがわれる。いずれも1本の細長い木を加工して製作されており、一端は円錐状の刃先で、もう一端は有頭状につくりだされている。手にもつ部分が有頭状につくりだされているのは、にぎりやすく、しかもつかっているときに、手からぬけおちないようにするためであると考えられる。長さは90cm強と均一であるが、太さに若干ちがいがみられ、それがそのまま重さのちがいとなっている。重量では図25−1は493.8g、図25−2は392.1g、図25−3は625.2gである。樹種不明。
　なお、写真23−7・8はオントゥレパカム（発酵したユリ根の円盤）で、オオウバユリの根の繊維とデンプンでつくられた保存食料である。
　写真23−7の平面形態は隅丸方形にちかい円形を呈し、直径20〜22cm、厚さ2.2〜3.1cmである。乾燥を早めるために、円形ないし楕円形の穴が表面に6個あけられている。もともとの色は黄白色を呈していたらしいが、黄褐色〜暗褐色に変色してしまっている。表面が剥離した部分から判断すると、繊維が多く、デンプンは少ない。
　写真23−8はほぼ円形で、直径15cm、厚さ2.4〜2.8cmをはかる。中央に直径1.5cmの穴があけられており、灰褐色〜暗灰褐色を呈している。表面がはがれている部分から判断すると、繊維ばかりでなく、デンプンもかなりふくんでいる。

第2部　縄文時代の植物採集活動の民俗考古学的研究

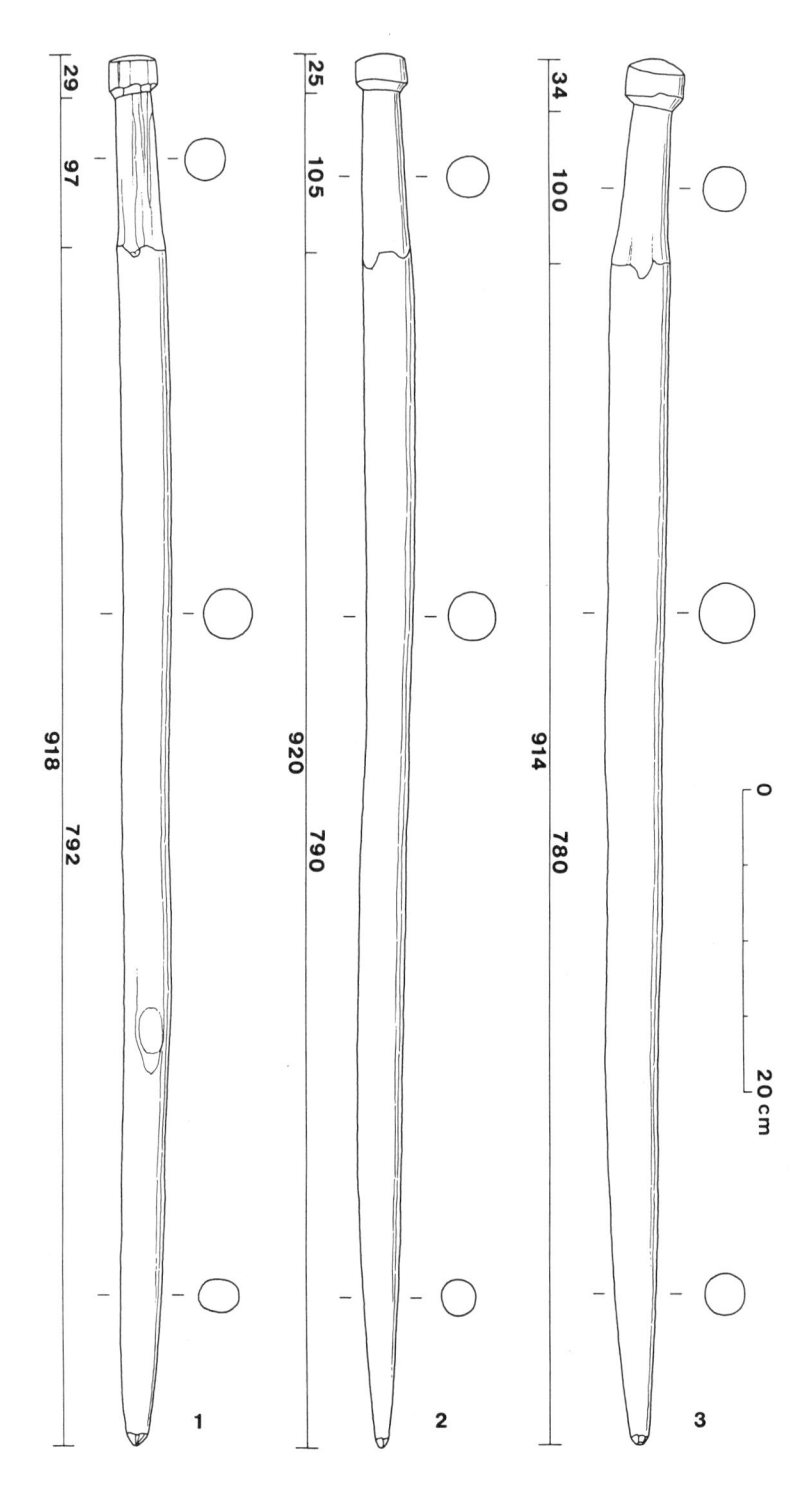

図25　北海道内のトゥレプタウライニ実測図（縮尺1：5）

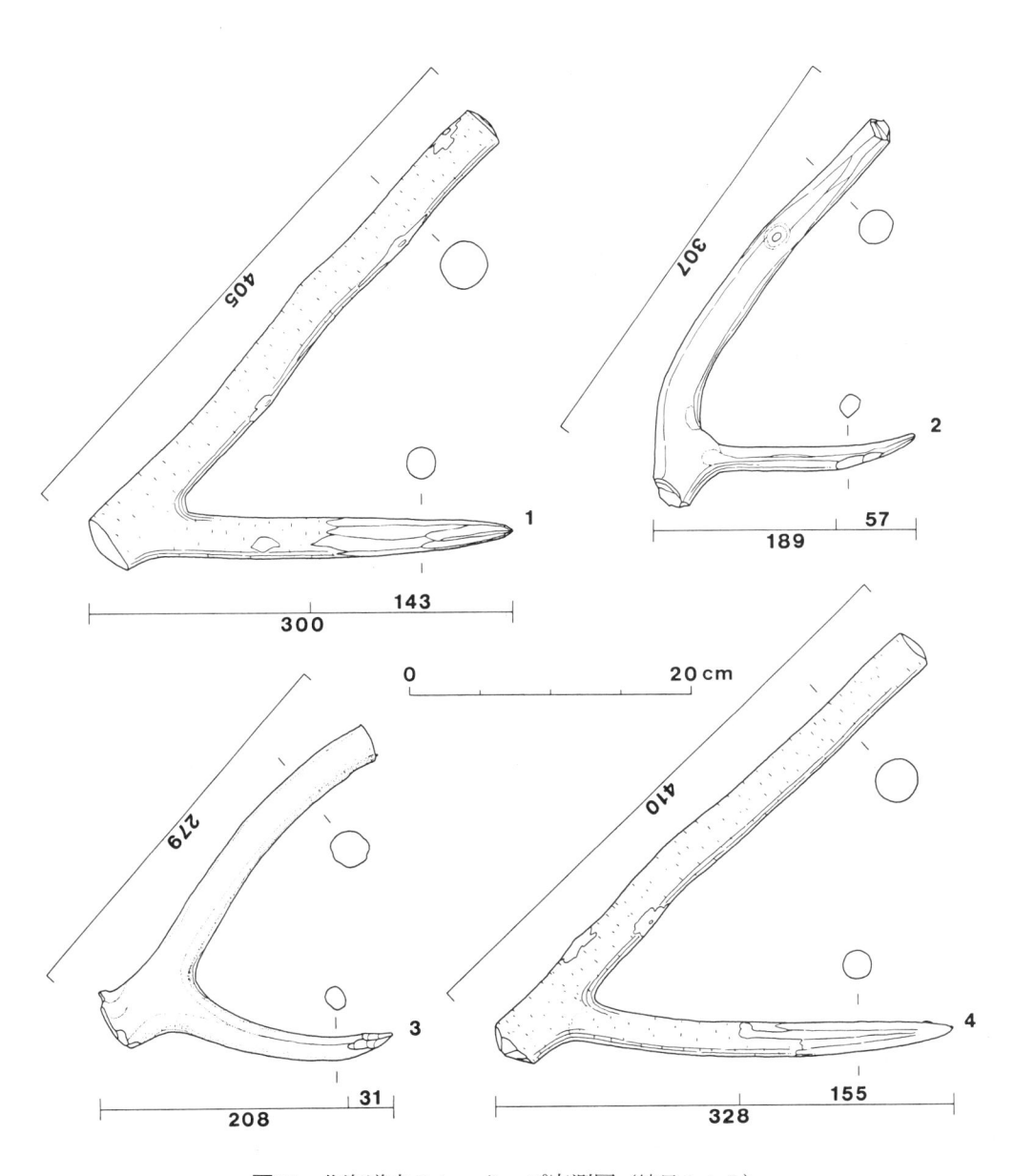

第7章 その他根茎類食料化に関する民俗調査

図26 北海道内のシッタップ実測図（縮尺1：5）

第2部 縄文時代の植物採集活動の民俗考古学的研究

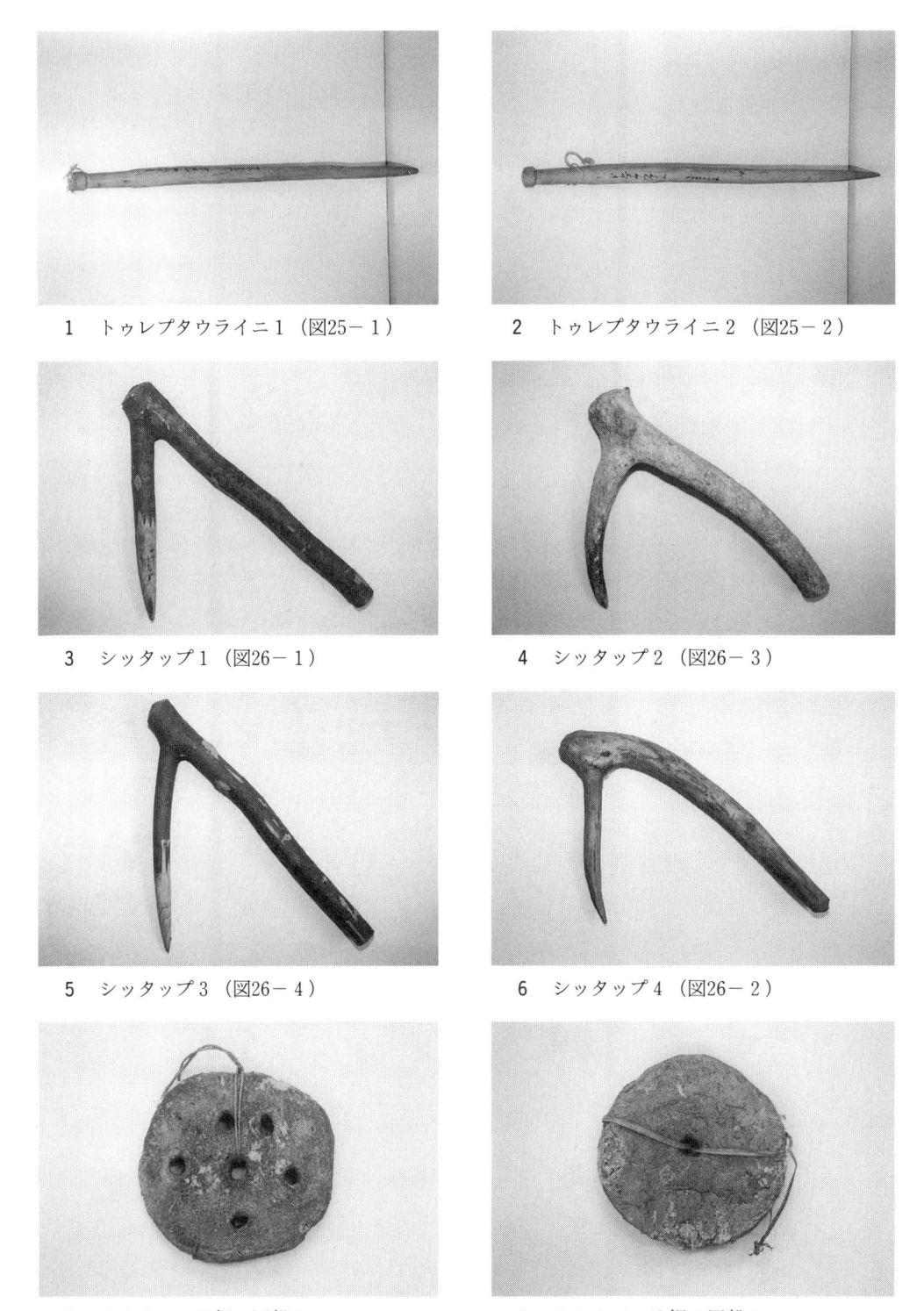

1 トゥレプタウライニ1（図25-1）　　2 トゥレプタウライニ2（図25-2）

3 シッタップ1（図26-1）　　4 シッタップ2（図26-3）

5 シッタップ3（図26-4）　　6 シッタップ4（図26-2）

7 オオウバユリ根の円盤1　　8 オオウバユリ根の円盤2

写真23 北海道内のオオウバユリ採取用具等

事例ギョウジャニンニク１．北海道旭川市博物館に展示・収蔵されている採取用具

　シッタップ[2]はギョウジャニンニク（荻中1985）やヤブマメ・ツチマメ[3]の採取具である。第１章第２節で列挙した17種類の根茎類の掘り具ではないことから直接的には関係しないが、掘り具として考古資料の鹿角斧と比較の対象になることから、ここで報告しておくものである。展示品２点と収蔵品２点の合計４点の実測図化と写真撮影をおこなっている（図26、写真23－３～６）。写真23－４（図26－３）のみ鹿角製で、他は木製である。木製のシッタップは木の股の部分を利用して製作され、幹を柄、枝を刃としている。鹿角製のものも、その枝わかれする部分がつかわれている。材質をとわず、平面形態は「レ」の字状を呈する。重量では図26－１は351.7g、図26－２は172.2g、図26－３は342.2g、図26－４は326.6gである。樹種不明。

第２節　調査事例の分析

　筆者自身の事例報告は前記にのべたものしかなく、それだけでは不十分であり、すでに先学の研究者によっておこなわれている民俗調査や事例報告も参考にして、根茎類食料化の工程、手順、用具の分析をすすめていくことにする。

　まずカラスウリ・キカラスウリ・トコロについては、1859（安政６）年に大蔵永常があらわした『広益国産考』（飯沼1978）を参考にする（事例カラスウリＡ・キカラスウリＡ・トコロＡ）。ヒガンバナの加工工程については、近藤日出男氏、辻稜三氏らによる民俗調査がおこなわれ、すぐれた研究成果が発表されている。筆者自身はそれに関する民俗調査をおこなっていないので、２氏によって実施された民俗調査の結果を、考古資料と比較研究するためのモデルを作成するという視点から、整理してみることにする（事例ヒガンバナＡ・Ｂ）。カタクリでも伊藤常次郎氏の事例（朝日新聞社金沢支局1986）を参考にし（事例カタクリＡ）、ウバユリでは松山利夫氏の調査報告（松山1975・1982）をもとに分析する（事例ウバユリＡ）。オオウバユリについては北海道全域を対象とし、これまでの研究成果をまとめた内田祐一氏のすぐれた論考（内田1996）があるが、本稿では荻中美枝氏の研究（荻中1985）をとりあげる（事例オオウバユリＡ）。テンナンショウでは橋口尚武氏の研究（橋口1978）をもとに分析をすすめる（事例テンナンショウＡ）。

事例カラスウリＡ．『広益国産考』にみられる採取工程・加工工程とそれに関連する用具
第１工程　根の採取工程
　作業手順１　ツルをたぐって根を掘りだす（先のとがった開墾用の鍬）

第2部　縄文時代の植物採集活動の民俗考古学的研究

第2工程　根の敲砕工程
　作業手順2　根を水であらう
　作業手順3　二人がむかいあって根をうつ（表面の平らな広い石、槌・樫の棒）
　作業手順4　よくつぶした根をおいておく（半切桶）
第3工程　粉の抽出工程
　作業手順5　ザルのなかで水をかけながら根を両手でもむ（桶、ザル、ヒシャク、水）
　作業手順6　根をよくしぼりとる
　　　　　　作業手順5・6をもう一度くりかえす
　作業手順7　あらった水を木綿袋のなかにいれる（桶、木綿袋）
　作業手順8　桶のなかで木綿袋をふる（桶、木綿袋）
　作業手順9　こした水をそっとしておく
　作業手順10　上水をすてる（桶）
　作業手順11　水をいれてまぜる（桶、水、竹の棒）
　　　　　　作業手順10・11を4・5回くりかえす
第4工程　粉の乾燥工程
　作業手順12　よくまぜて上水をすてる
　作業手順13　粉を包丁でおこす（包丁）
　作業手順14　日でかわかす（麹ぶた）

事例キカラスウリA．『広益国産考』にみられる採取工程・加工工程とそれに関連する用具
第1工程　根の採取工程
　作業手順1　根を掘りおこす（先のとがった開墾用鍬）
第2工程　根の敲砕工程
　作業手順2　根をあらう
　作業手順3　うってつぶす（平たい石、樫の棒・槌）
　作業手順4　つぶした根を桶にいれておく（桶）
第3工程　天花粉の抽出工程
　作業手順5　ザルのなかで水をかけながら根をもむ（ザル、桶、ヒシャク、水）
　作業手順6　あらった水を木綿袋でこす（木綿袋）
　作業手順7　半日から一晩粉を沈殿させる
　作業手順8　上水をすてる
　作業手順9　水をいれて棒でかきまぜる（水、棒）

作業手順10　半日くらいおく
　　　　　　　作業手順8～10を5・6回くりかえす
第4工程　天花粉の乾燥工程
　作業手順11　よくまぜて上水をすてる
　作業手順12　沈殿した粉を包丁でおこす（包丁）
　作業手順13　麹ぶたにいれて、ほしあげる（麹ぶた）

事例トコロA．『広益国産考』にみられる採取工程・加工工程とそれに関連する用具

第1工程　根の採取工程
　作業手順1　ツルをたぐっていく
　作業手順2　掘る（鍬）
第2工程　根の敲砕工程
　作業手順3　水であらう（水）
　作業手順4　ひげをむしりとる
　作業手順5　臼でひく（臼、杵、竹のへら）
　作業手順6　桶にこそげてとる（桶）
第3工程　粉の抽出工程1
　作業手順7　ザルのなかに根をいれて水をかけながら手でもむ（ザル、水）
第4工程　粕の敲砕工程
　作業手順8　臼でひく
第5工程　粉の抽出工程2
　作業手順9　ザルのなかに粕をいれて水をかけながら手でもむ（ザル、水）
　作業手順10　布袋にしぼった水をいれる（桶、すのこ・竹の簀、布袋）
　作業手順11　布袋をおさえてしぼる（棒）
　作業手順12　1日ほどすましておく
第6工程　粉の精製工程
　作業手順13　うわ水をすてる
　作業手順14　水をいれて棒でかきまぜる
　作業手順15　1日おいておく
　　　　　　　作業手順13～15を4・5回くりかえす
第7工程　粉の乾燥工程
　作業手順16　うわ水をすてる
　作業手順17　包丁でおこす（包丁）

作業手順18　日にほす

事例ヒガンバナA．四国山地における採取工程・加工工程とそれに関連する用具

　近藤日出男氏は、高知県・愛媛県・徳島県の3県にわたる山間地において17事例におよぶ民俗調査を実施し、6加工工程を確認している（近藤1988）。また近藤日出男氏はアルカロイドという有毒成分を除去するために、水さらしのほかに煮沸あるいは煮沸に灰汁を付加する方法が多用されていることを指摘している。近藤日出男氏の調査結果を筆者の目的にてらしあわせ整理すると、食料化の工程は以下の4工程にわけられる。

第1工程　球根の採取工程（鍬・クワ、背負いカゴ、コシカゴ・腰カゴ、カゴ、フゴ、袋、カマス）

第2a工程　球根の煮沸工程（水場・洗場、水、竹カゴ、包丁、水、桶・タル、芋コギ用平板・コネイタ、水、釜ナベ・鉄製平鍋・釜鍋・ハガマ、灰、灰汁、袋）

第2b工程　球根の敲砕工程（水、水場、ザル、石臼、キネ、大根おろし、踏臼、木臼、袋、木オケ、こね板、スリバチ）

第3工程　水さらし工程・デンプンの抽出工程（竹箕ノ子・竹のスノコ、板、袋・多布袋・木綿袋、トウフシボリ機、重石、桶・木桶・ソウケという木桶・カゴオケ、布、竹ザル、コザル、水・谷水、桶・竹樋、水場、シャモジ、丸棒）

　さらに第2工程においては煮沸・敲砕の有無、それらの順序、煮沸での加灰の有無から、6類に細分される。すなわち、敲砕、敲砕→煮沸、敲砕→煮沸（加灰汁）、煮沸、煮沸（加灰汁）、煮沸→敲砕である。結果として、食料化の工程は大きくは6系列に分類される。

事例ヒガンバナB．四国山地における採取工程・加工工程とそれに関連する用具

　辻稜三氏は四国山地の4個所で加工事例の聞き取り調査をおこない、7～8工程におよぶ加工工程と使用される道具についてまとめている（辻1988）。さらに林宏氏が奈良県十津川村でおこなった調査例（林1980）もくわえてヒガンバナのアク抜き技術について考察をくわえている。そのなかで加熱処理・加灰処理・水さらしのアク抜き技術があることあきらかにし、ヒガンバナの球根にふくまれるLycorineの毒は水溶性であることから、水さらしによるアク抜きはかならずくだいたあとおこなわれるとしている。

　辻稜三氏の研究成果をわたしなりの方法でまとめると以下のようになり、第2工程において敲砕工程がみられず、上記の6系列のうちの煮沸と煮沸（加灰汁）が該当することになる。

第1工程　球根の採取工程（クワ、カマ）

第2工程　球根の煮沸工程（オケ、ソーケ、イカキ、ワラ、灰、タフの袋（楮製）・布袋、布地、熱湯、灰汁、鍋）

第3工程　濾過・水さらし工程、デンプンの抽出工程

（オケ・木オケ、ザル、タケ製カゴ・イカキ、トウキビのカラ、布地（木綿）、布袋・タフの袋、水、トユ、ごみ止め用袋、木箱、フタ、板、石）

事例カタクリＡ．石川県小松市小原における採取工程・加工工程とそれに関連する用具

第１系列第１工程　球根の採取工程 　　　　第２系列第１工程　球根の採取工程
　作業手順１　球根を掘る（鍬）　　　　　　　　作業手順１　球根を掘る（鍬）
第１系列第２工程　球根の加工工程　　　　　第２系列第２工程　球根の乾燥工程
　作業手順２　すりおろす　　　　　　　　　　　作業手順２　天日乾燥させる
　作業手順３　布でこす（布）　　　　　　　　第２系列第３工程　球根の敲砕工程
　作業手順４　デンプンを沈殿させる　　　　　　作業手順３　くだく（木づち・コンコロバイ）
　　　　　　　しぼりかすを食用にする　　　　　作業手順４　石ウスでひく（石臼）

事例ウバユリＡ．石川県石川郡白峰村における採取工程・加工工程とそれに関連する用具

第１系列第１工程　根（鱗茎）の採取工程
　作業手順１　根（鱗茎）を掘りとる（鍬）
第１系列第２工程　根の敲砕工程
　作業手順２　赤いうすい皮膜を手ではぎとる
　作業手順３　白い肉（鱗片葉）を臼にいれてつきつぶす（臼）
第１系列第３工程　デンプンの抽出工程
　作業手順４　つぶした根を布袋にうつす（麻袋）
　作業手順５　水にひたして袋ごとよくゆする（麻袋、桶、水）
　　　　　　　袋にのこった繊維はそのまますててしまう
　作業手順６　２・３時間放置しておく
　作業手順７　上澄を注意ぶかくながす
　作業手順８　水をそそいで撹拌する（水）
　作業手順９　２・３時間そのままにしておく
　　　　　　　作業手順７〜９を数回くりかえす
　作業手順10　上澄を注意ぶかくながす
第２系列第１工程　根（鱗茎）の採取工程
　作業手順１　根（鱗茎）を掘りとる（鍬）
第２系列第２工程　根の乾燥工程
　作業手順２　天日で乾燥させる

第2部　縄文時代の植物採集活動の民俗考古学的研究

第2系列第3工程　根の敲砕工程
　作業手順3　バラバラにつきくだく（臼）
　作業手順4　粉にする（石臼）

事例オオウバユリA．北海道における採取工程・加工工程とそれに関連する用具
第1工程　根の採取工程
　作業手順1　根を掘る（トゥレプタニ）
第2工程　根の敲砕工程
　作業手順2　根を一片ずつはがしてよくあらう
　作業手順3　臼にいれて杵でつく（臼、杵）
第3工程　デンプンの抽出工程
　作業手順4　くだいたものをザルにいれて水をそそいでこす（笊、水、樽）
　作業手順5　樽に沈殿したものを編袋にいれてこす（樽、編袋）
　　　　　　作業手順5を何度もくりかえし、何度も水にさらす（目のつんだ袋）
　作業手順6　デンプンをとる
第4工程　オントゥレパカムの加工工程
　作業手順7　デンプンをとったのこりを10日から2週間ねかせる（草・ゴザ）
　作業手順8　つぶしてこねる（木鉢）
　作業手順9　径13〜20センチほどの円盤をつくる
　作業手順10　穴をあけてかわかす（棚・火棚）

事例テンナンショウA．東京都八丈島における採取工程・加工工程とそれに関連する用具
第1工程　根の採取工程
　作業手順1　根茎をあつめる（移植ゴテ、バケツ）
第2工程　根の敲砕工程
　作業手順2　水あらいして泥をおとす（水）
　作業手順3　表皮をむく（包丁）
　作業手順4　水あらいして容器にいれる（水、容器）
　作業手順5　こまかくする（イモ割り道具）
　作業手順6　充分に臼でつく（臼、竪杵）
第3工程　デンプンの抽出工程
　作業手順7　ついた根を木綿袋にいれる（木綿袋）
　作業手順8　水のなかでもみだすようにしぼる（木綿袋、水）

　　　　　　　粕はすてないで乾燥させて保存食とする
　作業手順9　一昼夜おく（バケツ）
　作業手順10　上水をながす
　作業手順11　あたらしい水をそそぐ（水）
　作業手順12　沈殿をまつ
　　　　　　　作業手順10〜12を一両日くりかえす・上水を何回もとりかえる
第4工程　デンプンの乾燥工程
　作業手順13　天日でかわかす

第3節　まとめ

　以上にのべてきた調査事例とその分析結果を、水さらし技術・食料化の工程・採取と加工の時期・採取用具の四つの観点から、まとめてみることにする。
　最初に水さらし技術については、カラスウリは水さらしをすることによって、繊維やこまかいカスをとりのぞいている（飯沼1978）。また松山利夫氏は「ウバユリの根が生食できるにもかかわらずおこなわれるこの一連の作業は、根に含まれるデンプンをより精選した状態で食用に供するためである。（中略）ただこの作業を省くと、ウバユリは繊維が多くて非常に食べにくいだけである」と指摘している（松山1982：156）。これらのことからカラスウリとウバユリでは水さらしによってデンプンと繊維を分離しており、水さらしはアク抜きのためのものではなく、デンプンの抽出のためであるといえる。
　第二に食料化の工程に関しては、カラスウリ・キカラスウリ・トコロなどはクズやワラビと同様に、その食料化にあたっては採取・敲砕・抽出・乾燥の各工程をへている。
　また、松山利夫氏はウバユリについて「毎日の食事には、必ずしも精選された食品を供する必要はなかった」とのべている（松山1982：157）。また橋口尚武氏はテンナンショウも「水晒しをすれば食用になるわけで、多少澱粉に粕が混入しても差しつかえはない」と指摘しており（橋口1978：98）、この点はクズ・ワラビと同様である。つまり自家消費用に食料化することと販売用に精製品を製造することとは別物であるといえる。
　さらに、石川県小松市小原のカタクリと白山麓のウバユリは2系列に大別され、両者の第2系列はほぼ一致する。そしてカタクリの第2系列では「表皮など、少々の混じりものはあるが、むだがなく、量も多い」（朝日新聞社金沢支局1986：48）ということや、白山麓のウバユリの第2系列を採用すると「ウバユリ特有のあの繊維はさほど気にならない」（松山1982：157）ということがあり、第2系列の加工方法はこの地域に特有のものか、それとも広くおこなわ

れていたがこの地域にたまたま残存したにすぎないのか、という問題については、調査例が少なくて判断はくだせない。またカタクリとウバユリの加工工程において、第1系列と第2系列の時間の前後関係についても、資料の増加をまって検討すべき課題であると考えられる。

　第三に採取・加工の時期については、各地下茎を採取・加工するのに適した時期があり、以下にそれを列挙することにする。基本的には採取時期と加工時期はほぼ一致している。

　カラスウリの採取は9月から1月まで冬の時期におこない、夏に掘っても粉がきわめて少ない（飯沼1978）。キカラスウリは10月から翌年の1月までに掘り、夏から初秋までに掘っても粉はとれない（飯沼1978）。オオウバユリの採取は5月のおわりごろから開始された（荻中1985）。また5月から9月まで採取できるようであるが、その最盛期は6・7月である（内田1996）と考えられる。ウバユリの「採集期間は6月末から7月はじめごろのごく短期間にかぎられた」という（松山1982:155）。伊豆諸島における地下茎の採取・加工の時期は、シマテンナンショウ・テンナンショウが5月末から6月初旬、キカラスウリ・クズが10月から翌年春先にかけてである（橋口1978:95・99）。ヒガンバナの採取時期は「春おそく桃の花の開花盛りがすんだ時季から（中略）通常八月まで」（近藤1988:74）で、年末までとりつづけたところや年中いつでもとるというところもある。

　オオウバユリの採取用具についていうと、その根を「トゥレプタニと呼ぶ長さ60〜80センチほどの先端を削った棒を使って掘った」（荻中1985:59）ことが指摘されており、事例調査でしめしたトゥレプタウライニも長さ90cmあまりの木製品である。またオオウバユリを湿地で採取しているようすがえがかれた絵画資料（荻中1985、市立函館図書館1968）が存在することや、オオウバユリと同じ種類のウバユリが「谷あいのやや湿ったところに群生するため、比較的採集しやすい」（松山1982:155）ことから判断して、オオウバユリやウバユリは木製掘り棒で採取されていたが、木製品という性質から考古資料としては遺存率がわるいものと推測される。

　ヒガンバナについては、近藤日出男氏や辻稜三氏のほかに、高橋龍三郎氏も高知県四万十川流域で民俗調査をおこない、3事例の報告をおこなっている（高橋1992）。ヒガンバナの鱗茎の有毒成分はサポニンであるとし、高橋氏自身の調査事例に近藤日出男氏・辻稜三氏の研究成果をくわえて、そのアクヌキ工程についてまとめている。

　最後に、ヒガンバナに関して考古資料と比較研究するうえで、今後にのこされた課題として以下の2点を指摘することができる。第一は、球根・鱗茎にふくまれている有毒成分については上記のように三者三様の表現がとられているので、それがなにであるかをはっきりさせる必要がある点である。第二は、採取・加工にあたって使用される道具の名称は言及されているものの、その形態・大きさ・材質などについては報告されておらず、それらについても調査する必要がある点である。

註
1) 資料本体には「トレプ・サ・ウライ・ニ」と墨書されているが、展示解説では「トゥレプタウライニ」と表記されていることから、本稿では展示解説の表記を優先するものである。
2) 資料本体に「シタップ」と墨書されているが、展示解説では「シッタップ」と表記されていることから、本稿では展示解説の表記を優先するものである。
3) 旭川市博物館の青柳信克氏のご教示による。

結　論
根茎類食料化の民俗考古学的研究

第8章
クズ・ワラビ食料化に関する民俗モデルの構築と比較

第1節　民俗調査の留意点と問題点

　はじめに基礎資料や民俗モデルをつくるために、筆者が実施した民俗調査について言及するものである。筆者が民俗調査を実施するにあたって注意した点やそのときの問題点が少なからずあるので、それを指摘するものである。さらに民俗調査に際しては話者に対して留意した点や気がついた点もあり、それもしるすことにする。

（1）筆者が実施した民俗調査に関する注意点
1）残存調査でなく、自然環境的要因と社会環境的要因を考慮した条件調査である。
2）話者の居住地と生年月日、調査日を明記したが、その理由は二つある。
　　第一の理由は、民俗調査が架空のものでないことをあきらかにするためである。ただし、この場合話者のプライバシーの問題もあり、話者がはなしてくれた場合にかぎっている。これらが記載されていても創作された危険性はないとはいえないが、そうすることによって、それらがかかれていない場合よりも民俗調査の信憑性がうまれると考えるからである。
3）もう一つの理由は、ほかの研究者が追調査・追体験し、資料批判をおこなえるようにするためである。つまり他の研究者が自分の目的に応じて再調査したり、筆者の調査が事実かどうか再確認できるようにするためである。筆者自身の体験から、他の研究者がすでに調査をおこない、その成果が報告されている事例について追体験・確認調査を実施すると、名前のない用具に名称がつけられていたりすることがあったからである。
4）聞きとった話を文章化するときに、自分で話を創作することがないようにつとめた。そうした危険性を回避し、危険性を低めるために、一次資料である事実報告とその分析とはわけて記述している。事実報告をする場合、文章化するにあたって少しは話をまとめている部分はあるが、最少限度にとどめ、できるだけ話をそのまま記述するようにした。そのため、文章の前後がつうじなくなっている個所がいくつも存在する結果になってしまった。

5）自分で用具に勝手な名前をつけたり、独特な名称を無視して一般的な名称をつけないようにした。それと用具名を表記するとき、漢字をつかわず、カタカナをつかうようにした。表記された漢字のよみ方と現地での実際のよび方とはちがっていることがあるからである。石川県羽咋郡押水町宝達の「山鍬」を例にとって具体的にいうと、現地では「ヤマグワ」もしくは「ヤマンガ」と発音されているが、それを「山鍬」と表記したら「ヤマグワ」としかよめなくなるからである。

6）すでに民俗調査が実施されていても、現地で追体験することをこころがけた。

（2）筆者が実施した民俗調査に関する問題点

1）調査能力がなく、ひきだすべき本質的な部分や重要な部分がききだされていない危険性がある。

2）調査地の問題である。いくつも調査候補地があるなかで、実際に調査をおこなった個所が良好な調査地であったかどうか、ということがある。

3）調査時間の制約をうけているということもある。話者には当然自分の予定・都合があり、「これだけの時間の範囲でならば」、「この時間にきてくれ」ということがあり、相手方の都合を最優先させている。そのため十分な時間がとれず、不十分な調査におわってしまっているものもある。

（3）筆者が実施した民俗調査の話者に留意した点や気がついた点

1）話者が本当のことをはなさずに、意図的に嘘をついている危険性がある。嘘といわないまでも、事実とちがうことをはなす危険性もある。話者の記憶があいまいな場合も想定できる。しかし調査を実施したかぎりでは、このような話者の側の問題はほとんどなかったと考えている。

2）話者が普段つかっている用語をつかわず、調査者にわかりやすいようにべつの言葉で表現することがある。

3）話者がはなすたびに内容に若干のずれがみられる。用具の名称が異なることがある。

4）おなじ集落内でも、話者による個人差が存在する。

　筆者がおこなった民俗調査には上記に指摘したような注意点・問題点、話者に対して留意した点や気がついた点をふくんでおり、それを認識したうえで調査結果をまとめ、民具資料と考古資料の比較研究をすすめていくことにする。

第8章　クズ・ワラビ食料化に関する民俗モデルの構築と比較

第2節　クズ・ワラビ食料化に関する共通点と相違点

　本論でクズ・ワラビ食料化に関する民俗調査の結果を報告し、若干の項目について個別に検討をくわえてきた。本節では、検討項目について両者の共通点や相違点をしるしておきたい。
　第一は、食料化と商品化についてである。水さらしによって、クズの根茎からアクと繊維をとりのぞき、ワラビの根茎から繊維をとりのぞき、それらからデンプンだけをとりだし、クズ粉やワラビ粉として食料化している。そして現在ではクズ粉やワラビ粉は商品化され、お菓子や料理の材料としてつかわれているが、それらを商品化することと食料化することは別のことである。すなわち、クズ粉にしても、ワラビ粉にしても商品としてうる場合と自家用に消費する場合とでは精製度が異なってくる。自家用に食料化するのならば、何度も何度も手間ひまかけて丁寧にさらす必要はない。食料化するだけならば、クズ粉もワラビ粉も精製工程を簡単にして抽出工程から乾燥工程にうつればよく、デンプンの抽出工程か、あるいは精製工程で1・2回さらして乾燥させれば十分である。商品として流通させる場合に品質の点からも精製デンプンにしなければならず、精製工程と乾燥工程が重要になってくる。
　第二は、デンプンの保存性についてである。クズやワラビの根茎はそのままの状態では長期保存にたえるものではない。しかしそれらからデンプンをとりだすことによって、食料となるデンプンを長期保存することが可能となる。それらは水さらしによるアクぬきをしてすぐに食料化できるだけでなく、とりだしたデンプンを乾燥させておけば、十分に保存食料にもなりうるものである。根茎からとりだされたデンプンの保存性の高さは、クズにもワラビにも共通する点である。
　第三は、デンプン生産のにない手についてである。採取ではクズ根を掘るのは主に男の仕事になっているが、ワラビ根は成人の男女ともおこなっている。こうした背景には、掘る場所の状況と運搬の労働量に原因があると考えられる。両者とも掘るのは重労働であるが、ワラビ根を掘るのは草地状のところであるのに対して、クズ根は雑木林など山林のなかである。しかもクズ根をはこびだすときは、山のなかの道らしいところを、根をせおってあるいてこなければならない。それゆえクズ根は掘ることよりも、根をはこびだすことのほうがたいへんである、ということにもあらわれている。根を敲砕するときは、両者とも家中の者でおこなう。家族総出でおこなうのである。そのなかでも力仕事は男がにない、子どもも手つだいをする。すなわち、クズ粉とワラビ粉の生産においては、作業内容によって老若男女それぞれの体力に応じた役割分担がなされているといえる。
　第四は、空間的分布についてである。日本列島におけるクズ粉やワラビ粉の空間的分布に

ついては、明治初期の生産量からみてワラビ粉とカタクリ粉はブナ林帯を、クズ粉は照葉樹林帯を代表するデンプン食料であるとされている（市川・斎藤1985）。これはとりもなおさず、東日本ではワラビ粉・カタクリ粉、西日本ではクズ粉が優先するということである。しかしワラビ粉がブナ林帯を代表するデンプン食料であるという市川健夫氏らの考えは、二つの点で大きく矛盾する。第一点は、生産地の分布の問題である。微視的に分布をみると、クズ粉は西日本を中心としながらも岩手県にまでおよんでおり、ワラビ粉は明治末期では本州のほぼ全域で製造され、とくにブナ林帯が卓越しない西日本でも生産されているということがある。巨視的に表面現象をみれば、たしかに西日本より東日本の方が近年までワラビ粉生産がおこなわれていたが、これはかつて日本列島全域にひろがっていたワラビ粉生産が社会的状況から西日本では早く消滅し、東日本に近年まで残存していたにすぎないと考えられる。第二点は、クズもワラビも本来は温帯植物で、照葉樹林帯の植物であるとされている点である（中尾1966）。こうした点からも、市川氏らによって指摘された点は現在および近過去の生産地の状況からのみいえることであり、クズ粉の生産地は樹林帯をほどほどに反映しているが、ワラビ粉の生産地は単純に樹林帯だけで区分できないものといえる。ワラビの場合はブナ林帯であることが重要なのではなく、その生育条件をみたし、ウシがワラビをたべない放牧地であることの方が重要であると考えられる。

　第五は、開始時期についてである。文献史料によってそれをみていくと、クズ粉の生産は『伊予弓削嶋年貢注文（東寺百合文書と）』に公物分年貢「くすのこ一をけ」（毛塚1994）とみえることから、1239（延応元）年までさかのぼることは確実である。またワラビ粉の生産は『金沢貞顕書状（金沢文庫文書）』に「わらひのこ一桶進之候、久米郡土産候、器物比興候カ」（毛塚1994）とみられることから、1317（文保元）年までさかのぼるといえる。

　第六は、食品のなかでの位置づけや用途についてである。クズ粉やワラビ粉は当初食料として生産され、のちに穀類の生産量が増大したことや社会条件の変化から食糧不足や飢饉のときに食糧をおぎなう救荒食・非常食という性格が強くなっていったと推測される。そして現在ではお菓子や料理の材料としてつかわれるようになっている。またワラビ粉は明治時代以後は蚕種用紙や提灯の糊としてつかわれていた時期があるが、化学糊の出現によってその用途は消滅してしまっている。

第3節　クズ・ワラビ食料化の工程と関連用具

　これまでにクズ粉では14事例、ワラビ粉では10事例におよぶ民俗調査を、自分自身で実施してきている。そしてその成果を報告して資料を提示し、その分析をおこなってきた。それ

第8章 クズ・ワラビ食料化に関する民俗モデルの構築と比較

表1 クズ・ワラビの採取・加工に関する民具資料と考古資料の対応表

工程		資料名	クズ粉に関する民具資料	ワラビ粉に関する民具資料	考 古 資 料	分類
第1段階		根茎の採取	トグワ、ヤマグワ、クワ、ツルハシ	トンガ、クワ	打製石斧	Aa
				二本鍬、ミツグワ	打製石斧	Aa
第1工程		根茎の採取	スコップ、テコ	スコップ状掘り具、根掘り道具	打製石斧	Aa
			テコ、イシマワシ		掘り棒	Aa
			ノコギリ			Bc
			カマ、ヤマガマ	カマ		Bc
			ナタ	ナタ		Bc
			背中あて	背中蓑、竹製カゴ	カゴ、編物	Bb
			縄		縄、縄文土器	Ba
第2段階		澱粉の製造	納屋、工場	水車小屋	竪穴・掘立柱建物	Ba
			台石、ジョウボイシ	台石、ひらたい石	石皿	Aa
第1工程		根茎の敲砕		根つき臼、板、木の台		Bc
第2工程		澱粉の抽出	杵、カケヤ、ゲンノウ、槌、棒	杵、カケヤ、槌	ヨコヅチ	Ab
第3工程		澱粉の精製	ノコギリ			Bc
第4工程		澱粉の乾燥	ユキ、マサカリ		磨製石斧	Bb
				サス、小馬鍬、トビ、クマデ		Bc
			水、地下水、谷水	水、谷水	自然湧水、清水	Aa
			桶、半切桶	桶	深鉢形土器	Ab
				フネ、サンドギッツ、ネギツ	丸木舟	Aa
				筧	筧状木製品	Ba
			箕	箕	編物、底部圧痕	Bb
			木綿袋、布袋、絹袋	麻袋、木綿袋、木綿布	編布、編布圧痕	Ba
			マワシノクワ			Bc
			マワシボウ、トキボウ、カキボウ			Bc
				ミツデ、ジョレン状の用具		Bc
			スダレ、ザ、竹簀、簀子	竹製ス	スダレ状圧痕	Ba
			手桶、柄杓	手桶、柄杓、シャク	杓子、鉢形土器	Bb
			ザル、ソウケ	ザル	カゴ、編物	Ba
				漉し器		Bc
			しぼり網		縄、網	Ba
			篩	篩		Bc
			オコシ、ヘラ、カネベラ	オコシ、テコ		Bc
			包丁	包丁		Bc
				コテ、カイ		Bc
			灰	灰	炉、灰層	Ba
			乾燥箱	箱、コウジブタ	加工材、カゴ	Bb
				アマ、アマ棚	竪穴・掘立柱建物	Bb
			桟、棚	養蚕棚	加工材	Bb
			紙	紙		Bc
				ムシロ	編物、底部圧痕	Bb

第2部　縄文時代の植物採集活動の民俗考古学的研究

をもとに、クズ粉ならびにワラビ粉の食料化の工程とそれに関連する用具を整理し、普遍化するものである。これはそのまま考古資料との比較研究のための民俗モデル（作業仮説）になるものである。またそれを普遍化する場合、どれくらいの事例数が必要となるかということがあるが、上記にのべたように24例におよぶ事例を報告し、先学の研究を参考にしてきているので、これまでに記述してきたことで十分であると考えている。

　クズ粉・ワラビ粉両者とも、作業内容・作業場所を基準に根茎の採取とデンプンの製造の2段階に大別され、デンプンの製造段階は下記のように4工程に細分される。

第1段階…根茎の採取段階
　　第1工程…根茎の採取工程
第2段階…デンプンの製造段階
　　第1工程…根茎の敲砕工程
　　第2工程…デンプンの抽出工程
　　第3工程…デンプンの精製工程
　　第4工程…デンプンの乾燥工程

　そして日本列島におけるクズ粉とワラビ粉の生産工程とそれに関連する用具は、以下のようにまとめることができる。

（1）クズ粉の生産工程とそれに関連する用具

第1段階…根茎の採取段階
　　第1工程…クズ根の採取工程（トグワ・ヤマグワ・クワ、掘り棒・イシマワシ、ツルハシ、スコップ、ノコギリ、カマ・ヤマガマ、ナタ、背中あて、縄）
第2段階…デンプンの製造段階
　　第1工程…クズ根の敲砕工程（台石・ジョウボイシ、杵・カケヤ・ゲンノウ・槌、ノコギリ、ユキ・マサカリ、水）
　　第2工程…クズ粉の抽出工程（桶・半切桶、箕、木綿袋・布袋、マワシノクワ、マワシボウ・トキボウ・カキボウ、スダレ・ザ・竹簀、手桶、柄杓、ザル・ソウケ、篩、オコシ、水）
　　第3工程…クズ粉の精製工程（桶・半切桶、絹袋・布袋、マワシボウ・トキボウ・カキボウ・オコシ・ヘラ・ツキオコシ、包丁、水）
　　第4工程…クズ粉の乾燥工程（オコシ・ヘラ・カネベラ、包丁、木綿袋・木綿布、灰、乾燥箱［カイコカゴ・コウジブタ・エビラ］、簀子、桟、棚、紙）

（2）ワラビ粉の生産工程とそれに関連する用具

第1段階…根茎の採取段階

　第1工程…ワラビ根の採取工程（トンガ・クワ、二本鍬、ミツグワ、スコップ状掘り具、
　　　　　　　　　　　　　　根掘り道具・鋤、カマ、ナタ、竹製カゴ、背中蓑、縄）

第2段階…デンプンの製造段階

　第1工程…ワラビ根の敲砕工程（台石・ひらたい石、根つき臼・板・木の台、杵・かけや・槌、
　　　　　　　　　　　　　　サス、小馬鍬、箕［タケ・ヤナギ・ササ・マタタビ・箱］、
　　　　　　　　　　　　　　トビ、クマデ、筧、水）

　第2工程…ワラビ粉の抽出工程（フネ、ミツデ、ジョレン状の用具、箕［タケ・箱］、手桶、
　　　　　　　　　　　　　　シャク・柄杓、漉し器、オコシ、テコ、桶、ザル、篩、
　　　　　　　　　　　　　　サンドギッツ・ネギツ、麻袋・木綿袋、水）

　第3工程…ワラビ粉の精製工程（フネ、桶、ヘラ、包丁、コテ・カイ、篩、水）

　第4工程…ワラビ粉の乾燥工程（桶、フネ、木綿袋・木綿布、灰、箱・コウジブタ、竹製ス、
　　　　　　　　　　　　　　紙、アマ・アマ棚、養蚕棚、ムシロ）

以上にのべてきたことが、クズ粉とワラビ粉の生産工程とそれに関連する用具についてのまとめである。

第4節　クズ・ワラビ食料化における民具資料と考古資料の比較

つづいて各工程で使用される民具資料と縄文時代の考古資料がどのように対応するかみていくと、表1のようにまとめることができる。しかし民具資料では存在しても考古資料には存在しないものがあり、比較研究が可能な資料とそうでないものがある。さらに一口にクズ粉・ワラビ粉の食料化といっても、商品化することと自家用消費のために食料化することは精製度という点でちがいがある。本節で問題にしているのは後者の場合で、民具資料のなかでも必要度に応じて、どうしても必要なもの（A類）、あれば効率的に作業がすすめられるもの・便利なもの（B類）の2類に分類することができる。さらにA・B類はa～cの3類に細分され、a類は民具資料と考古資料が両方とも存在するもの、b類は民具資料に該当する考古資料はないが、代替品・代用品と考えられるものが存在するもの、c類は民具資料に該当する考古資料がないものである。A類はAa・Abの2類、B類はBa・Bb・Bcの3類、あわせて5類に分類することができ、表1にはそれらの区別もしるしてある。A類としてあげられるものは、根茎を掘る道具、根茎をつぶす道具、水、デンプンを沈殿させる容

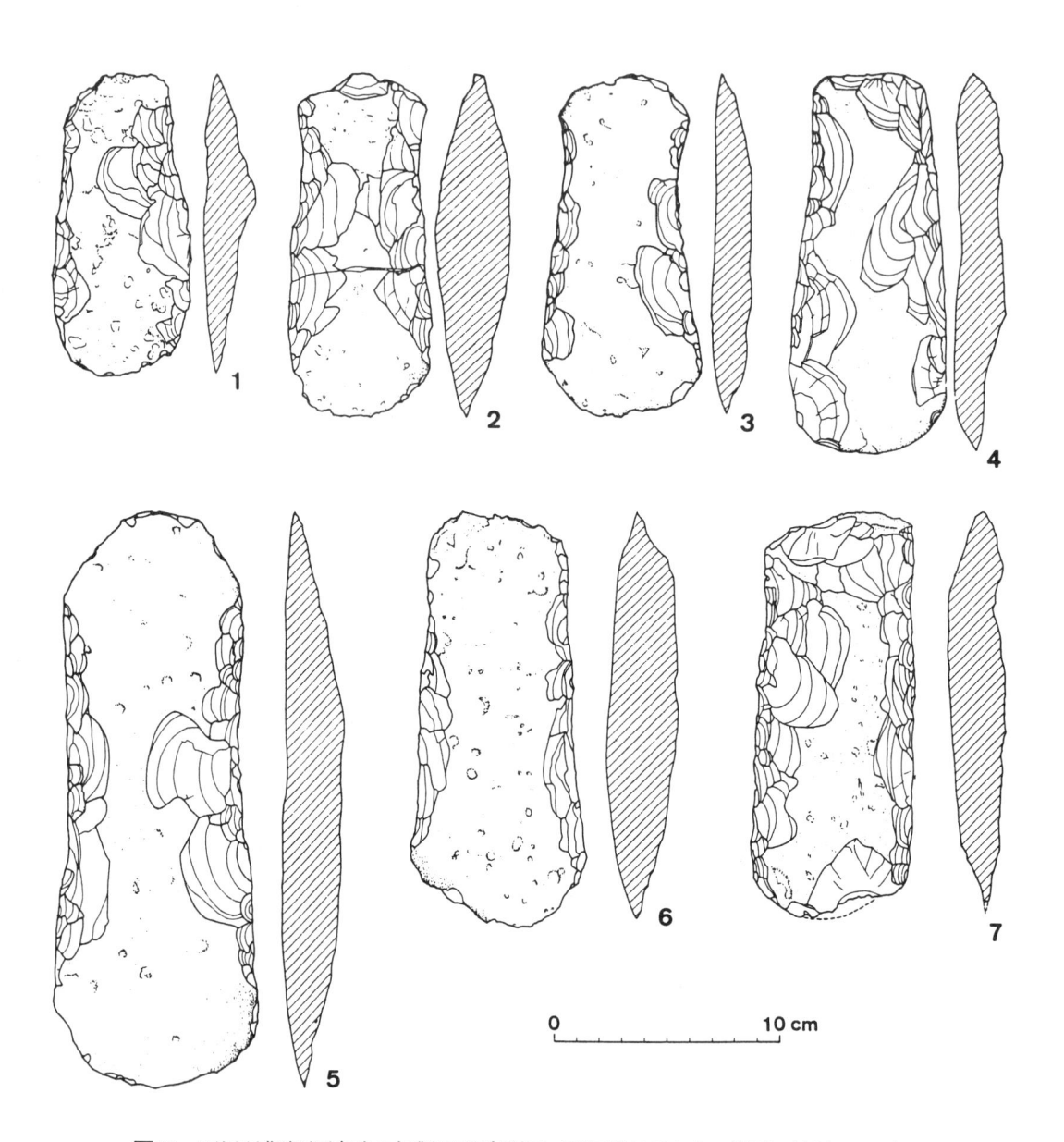

第2部　縄文時代の植物採集活動の民俗考古学的研究

図27　石川県御経塚遺跡の打製石斧実測図（湯尻他1976からの引用。縮尺1：3）

器であり[1]、B類はそれ以外の道具である。ここではA類の資料について記述をすすめていく[2]。

ところで、考古資料と民具資料を比較研究するときは、それぞれにまず研究成果をだし、それに立脚してすすめていかなければならない。両者を比較研究するために十分な研究成果があがっているとはいいがたい側面もあるが、現時点での研究成果にもとづいて比較研究をすすめていく。

（1）鍬・鋤：打製石斧

正確にしるせば、鍬先・鋤先と打製石斧（図27）ということである。まず採取用具の種類・形態・大きさをしるし、つぎに打製石斧の分布と属性をしるし、両者を比較する。なお民俗調査では、両者の大きさを比較するため鍬と鋤の鉄製刃部だけの法量やそれから柄壺をのぞいた法量を計測している。

クズ根の採取用具にはヤマグワ、トンガ、ツルハシ、テコがつかわれ、ワラビ根の採取用具にはトンガ、ワラビネホリクワ、ニホングワ、ミツグワ、鋤がつかわれている。両方で鍬類ではヤマグワ・トンガ・ツルハシ・ワラビネホリクワ・ニホングワ・ミツグワの6種類、鋤類はテコ・鋤の2種類、合計8種類使用されている。

鍬先の形態は、頭部から刃部にかけて幅広にひろがり、台形や細長い台形を呈する。側縁部は直線的である。刃縁は直刃や両角がやや丸味をおびた直刃を呈するものが多く、U字状刃や円刃もみられる。クズ事例2の石川県宝達の山本光幸さんが使用しているヤマグワのように、本来は直刃であった鉄製刃部が、使用によってその両角が磨耗してまるくなり、刃縁はU字状を呈し、やや片べりして偏刃となっているものもある。

鋤先の形態は、全体的には細長い長方形を呈し、頭部から刃先にむけて幅広になるものと幅狭になるものがあり、側縁部は直線的である。刃縁は直刃あるいは両角がやや丸味をおびた直刃となる。また刃部ではやや偏刃ぎみになるものもある。

これまでに事例報告をしてきた鍬先・鋤先について、その大きさを種類ごとに一般化していく。類例が少なくて一般化に適さないものや一般化できないものもあり、それらについてはそのまま記載している。

1) ヤマグワ　長さ16.8〜20.4cm、幅13.5〜13.8cm、厚さ0.3〜0.5cm。
2) トンガ　長さ24.6〜28.8cm、刃幅8.4〜11.4cm、厚さ0.4〜1.3cm。
　　　　　長さ26.0〜28.5cm、刃幅10.4〜10.8cm、厚さ0.4〜0.8cm。
3) ツルハシ　長さ15.0〜18.5cm、幅5.0〜7.2cm。長さ13.8cm、幅2.2cm。
4) ワラビネホリクワ　長さ34.3cm、刃幅9.3cm、厚さ0.2〜0.5cm。
5) ニホングワ　長さ20.2〜24.2cm、幅9.3〜12.1cm、厚さ0.5〜2.0cm。

6）ミツグワ　長さ32.8cm。

7）テコ　長さ27.8cm、刃幅8.8cm、厚さ0.2〜0.7cm。

8）鋤先　長さ49.2〜55.3cm、刃幅4.8・10.4〜11.0cm、厚さ0.9〜1.3cm。

　つぎに比較の対象となる打製石斧についてであるが、最初に日本列島における分布をみていくことにする。一般に土掘り具として認知されている打製石斧は前期前半関山式期に南関東において出現し（村田1970、梅沢1987）、前期中葉黒浜式期に増加しはじめ、前期ではおもに関東地方から長野県南部にかけて分布する。中期前葉新保式期には中部地方の北陸まで波及し（山本1985）、東海でも中期になってひろがっている。さらに後期中葉には近畿地方、後期後葉から晩期にかけて九州地方におよんでいる（渡辺編1975）。東北地方への波及は緩慢で、出土遺跡が少ないうえに出土量もかなり少ない。すなわち関東地方を起点として東から西へと大きくながれており、北への拡張は緩慢である。量的には、中期後半の加曾利E式期に関東地方から長野県南部において爆発的に増加する。北陸でも中期後葉の串田新式期・笠舞式期に増加し、東海の山間部でも中期後半に増加する傾向がみられる。後期から晩期にかけては、手取川扇状地のように、狭小な地域において大量の打製石斧が出土するといった具合で、局地的かつ分散的であるといえる。

　打製石斧の形態に関しては、全体の形態と刃部形態の二つのレベルにわけられる。全体の形態からみた場合、従来からつかわれている短冊形・撥形・分銅形の3類にわけられることが多く、撥形と分銅形の中間形態である弱分銅形をくわえて4類とすることもできる。短冊形は頭部幅と刃部幅がほぼおなじものであるが、厳密には刃部幅が頭部幅の1.2倍になるものまでふくまれる。撥形は頭部から刃部にかけて幅広になるものである。分銅形は側縁部が大きくくびれ、頭部と刃部がほぼおなじ大きさを呈する。弱分銅形は撥形の側縁部がくびれるものである。上記の打製石斧の3形態のうち、短冊形と撥形を微視的にみれば、石材・石質にもとづく形態差や時期・地域による形態差はみとめられるものの、巨視的にみると、前期から晩期まで大きな差はみとめがたい。形態にとくに特徴のある分銅形は、中期後半に北関東で普及し、中期末には東関東にひろがり、後〜晩期には南関東から東北地方南部に分布するようになる（小薬・小島1986）。

　土掘り具としての機能ともっとも密接に関係するのが刃部の形態である（山本1985）。その形態を特徴づけるのが刃縁の形であり、両側縁部が長軸の中心線で線対称になるようにしたときの刃縁の形である。そして中心線で刃部が線対称になるかどうかで2類に大きく分類することができ、線対称になる形態を対称刃、線対称にならない形態を偏刃とする。さらに両者は、刃縁がまるいもの（円刃）・刃縁がゆるく外湾するもの・刃縁が直線的なもの（直刃）・刃縁がV字状を呈するものの4類に細分される。中期から晩期まで打製石斧が存在する石川県で、刃部の形態による分類をおこなった結果、つぎのことがあきらかになった。遺跡に

よって差はあるものの、中期では対称刃と偏刃がおなじ割合でつかわれているが、後〜晩期では偏刃の方が多くなるという傾向にある。また中期でも後〜晩期でも対称刃・偏刃をとわず、円刃と刃縁がゆるく外湾するものが多い。

打製石斧の大きさに関しては、中期後半と後〜晩期の2時期について出土量の多い地域についてみていくことにする（山本1985）。

中期後半では、東京都多摩川流域の打製石斧の一般的な大きさは、長さ8.0〜13.0cm、幅3.5〜6.0cm、厚さ1.0〜2.5cm、重さ50〜180g である。長野県天竜川流域の打製石斧の一般的な大きさは、長さ8.0〜12.0cm、幅3.0〜5.5cm、厚さ1.0〜2.0cm、重さ50〜150g である。石川県では、長さ8.0〜15.0cm、幅3.5〜6.0cm、厚さ1.5〜3.0cm、重さ80〜350g である。3者をくらべてみると、多摩川流域のものと天竜川流域のものはひじょうにちかよった大きさであり、天竜川流域のものがやや小ぶりである。石川県のものを他2都県のものにくらべると、長さと幅はおなじであるが、厚さが厚く、そのぶん重さが重い点に特徴がある。

後〜晩期では、東海以西の西日本では遺跡によって差はあるものの、長さ9.0〜14.0cm、幅4.0〜6.5cm、厚さ1.0〜2.5cm である。石川県の打製石斧の一般的な大きさは、長さ9.0〜17.0cm、幅4.0〜6.5cm、厚さ1.5〜4.0cm、重さ100〜700g である。石川県のものは西日本の打製石斧にくらべて、長さと幅はそれほどかわりないが、厚さと重さで相違し、厚くて重いのが特徴である。

以上、クズ根・ワラビ根の採取用具と打製石斧について、形態と大きさの特徴をのべてきたので、これからは両者を実際に比較し、その機能・用途を推察していくことにする。

まず材質については、いうまでもなくクズ根・ワラビ根の採取用具が鉄製であるのに対し、打製石斧は石製で、決定的なちがいがみとめられる。つぎに形態についてみると、全体の形態も、刃部の形態もひじょうに類似しているといえる。大きさについては、クズ根・ワラビ根の採取用具が打製石斧よりも圧倒的に大きく、ごく少数おなじ大きさになるにすぎない。材質や大きさの面では相違はあるものの、形態的にはよくにているといえる。これは材質がちがえば、つかいがってのよさから大きさもちがってくると推測される。

刃部の形態についていうと、鉄製刃部はもともと左右対称に製作されたものが、つかっているうちに使用者のクセがでたり、刃こぼれをおこしたり、消耗したりして偏刃になっていくものと考えられるが、そちらの方がつかいよい場合がある。一方、偏刃の打製石斧は側縁部が非対称になることや、刃こぼれをおこしても折損しないかぎりはそのままつかいつづけていることから、採取者が使用しやすいように当初から偏刃として製作したり、刃をつけなおして偏刃としたものと考えられる。また打製石斧の刃部の形態が多様であることは、つかわれる土地の土壌にあうように製作された結果であるとも推測される。

刃部の鋭さについては、鉄製刃部が鋭いことはいうまでもないことである。打製石斧の刃

第2部　縄文時代の植物採集活動の民俗考古学的研究

先は鋭くはなく、刃こぼれをおこしても影響がない程度のほどよい粗雑さである。
　石川県押水町山崎（クズ事例1）ではクズ根を株からきりはなすときに鋸をつかっており、クズはそうしないとなかなか切断できない根茎である。このような事実や上記の民具資料と打製石斧の比較から、打製石斧の機能は根きりに重点のある土掘り具で、その主用途はタケ類やササ類のような切断しにくい根をきったり、クズ根を株からきりはなすことであったと考えられる。
　さらに、打製石斧が鍬先・鋤先のどちらとして使用されたのかという問題については、鍬先・鋤先とも形態は多種多様であるため、打製石斧の形態からだけではその究明はかなり困難である。また打製石斧に付着した使用痕から、いずれにつかわれたかを特定することもはなはだ困難である。鍬先にしても鋤先にしても、使用時の力のくわわり方は多少ななめ方向からになることはあるにせよ、上から下へという基本的な力のくわわり方はかわらず、使用痕の付着状態からはいずれになるかは特定しにくいからである。いずれにもつかえることから、土質や使用者の状況に応じてルーズな形でつかいわけられていたものとしておきたい。さらには打製石斧をつかう場合、採取対象物ばかりではなく、つかわれる場所の土壌の質によっても採取用具の種類・刃先の形態・大きさがちがってくることも考えられる。

（2）掘り棒：木製掘り棒

　民具資料としての掘り棒は、福井県熊川のテコと石川県宝達のイシマワシだけである。
　掘り棒の刃部の形態は、頭部から刃部にかけて幅広にひろがって細長い台形を呈するものととがった先端部が刃になるものがある。前者は両角がやや丸味をおびた直刃となり、側縁部は直線的で、長さ18.5cm、幅9.2cm、厚さ0.2～1.0cmである。後者の尖端は長さ3.8cmである。
　考古資料としての木製掘り棒が出土している遺跡は全国的には5遺跡確認されており、北海道石狩市石狩紅葉山四九号遺跡と青森県青森市三内丸山遺跡、千葉県茂原市下太田貝塚、神奈川県小田原市羽根尾貝塚、富山県小矢部市桜町遺跡である。三内丸山遺跡の掘り棒は前期に属する（岡田1995a）。下太田貝塚からは中期後葉に属する掘り棒が2点出土しており、形態的には鋤状を呈し、「大きいほうは長さ約150センチ、柄の直径3.5センチ。先端部の長さ15.7センチ、幅8センチ、厚さ1.2センチ」と報告されている（朝日新聞社2000：45）。桜町遺跡の掘り棒は中期後葉の低湿な旧河川跡から出土しており、「一端は尖り、反対端はヘラ状となる1.5mの真っ直ぐな棒」である（山森1990：477）。前期中葉に属する羽根尾貝塚の掘り棒は、長さ107.1cm、断面径2.2cm、「一端は鋭く尖らせ、もう一端は横幅2.8センチ、厚さ5ミリのヘラ状に作り上げている」と報告されている（岡村2002：74）。中期末の石狩紅葉山四九号遺跡の資料は「尖り棒」と報告されており、長さ1.1メートル、最大径3センチで、

柄がけずりだされている（岡村2002:77）。これらの掘り棒は効果的であったとはいいがたいが、採取にあたっては使用された可能性もあるであろう。A類に分類しているが、B類にちかいA類である。

（3）台石：石皿

まずクズの根をつぶすときにつかう台石である。

石川県羽咋郡押水町山崎の田村重治・梅乃さんご夫妻によれば、むかしはジョウボイシの上でクズ根をたたいてつぶしたという（事例クズ1）。ジョウボイシというのは、丈夫な石という意味かもしれない。どんな石でもよいというわけではなく、表面が平坦な赤い石で、たたいても石の粉がでないものがよい。石屋さんに赤石の表面をたいらにしてもらった。庭の片隅のコンクリートのところにうめこんでおいた。ジョウボイシの平面形態は隅丸台形にちかい楕円形である。長径約67cm、短径約52cm、厚さ約20cmをはかる。平坦面の表面には、アバタ状のくぼみと弱い磨耗痕がみられる。

石川県羽咋郡押水町宝達の山本光幸さんにうかがった話によれば、精一杯大きい、かたいたいらな石を土間の漆喰にうめこんであったという（事例クズ2）。漆喰の土間に直径80cmの石がおいてあり、石のまわりをコンクリートでかためてあった。1軒に二つはあった。御影石で、名前はない。そんな石は川のなかにゴロゴロあった。大川のなかにいっぱいあった。

押水町宝達の金田実さんによれば、女の人がむかいあって交互にクズの根をたたいたため、大きな石の中央がゆるくくぼんでしまったという（事例クズ3）。

福井県遠敷郡上中町の鯖街道文化資料館でうかがった話では、川であげてきた石の上でたたいたという（事例クズ6）。ひろってきた河原石の上にのせてつぶし、戦前は一家に一つあったという。

福井県小浜市須縄の藤本勇五郎さん宅でつかわれていた台石には、荒打ち用と中打ち用があり、荒打ち用は120×70cm、中打ち用は78×45・46cmで、荒打ち用は土間にうめてあったという[3]。

福井県遠敷郡上中町海士坂の竹田力太郎さん宅の台石表面は平坦であり、その大きさは82×52cmで、もちはこびができたから土間においておいたという[4]。

福井県遠敷郡上中町新道の竹下とみさん宅では、直径40〜50cmの大きさの石を土間のまんなかに三つくらいならべてあったという[5]。

島根県迩摩郡温泉津町西田「地方では農家の土間に縦、横ともに60cmばかりの平らなタタキ石が埋め込まれてい」たと記載されている（津川・サセック1991:71）。

つぎはワラビ根をつぶすときにつかわれる台石について記述をすすめていく。

岐阜県大野郡高根村日和田の小橋弥一氏が使用している台石の平面形態は楕円形で、長径

第2部　縄文時代の植物採集活動の民俗考古学的研究

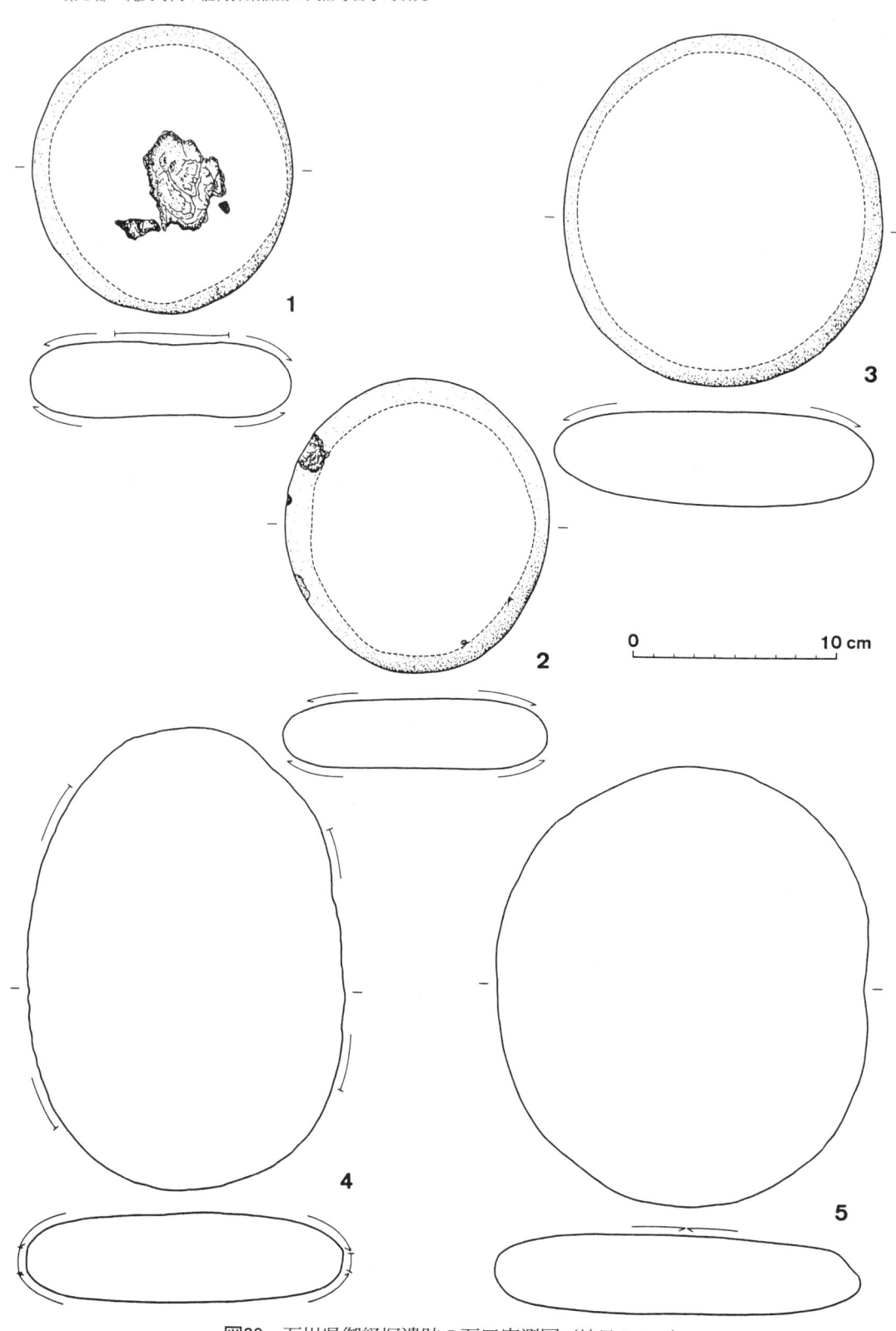

図28　石川県御経塚遺跡の石皿実測図（縮尺1：3）

約70〜80cm、短径40〜50cm である（事例ワラビ3）。石質は不明である。水車でうごく3本の杵とセットでつかわれている。

かつて岐阜県大野郡丹生川村森部の坂上芳房家で使用されていた台石で、現在飛騨の里のワラビ粉小屋に展示されている資料は、平面形態は楕円形を呈し、長径105cm、短径85cm、厚さ10〜16cm である（事例ワラビ4）。表面が平坦な石で、人工的に加工されたものと考えられる。使用によるものか上面は光沢をおび、少しつるつるしている。石質は不明であるが、森部付近では「アオイシ」とよばれている。

以上のことから、クズ根やワラビ根をつぶすときにつかう台石について共通点をみてみると、石材を使用地近郊で調達していることや台石の表面が平坦であることを指摘することができる。大きさについては類例が少なくて一般化することはむずかしいが、あえておこなえば以下の3類にわけることができる。すなわち、第1類は直径40〜50cm、第2類は長径60〜80cm、短径40〜60cm、第3類は長径105〜120cm、短径70〜85cm である。概して大型で、とくにワラビでは水車の杵とセットになる台石であるため大きいが、水車をつかわないときはこれほどの大きさは必要ないと考えられる。

考古資料の石皿についてみていくことにする。台石をふくむところの石皿は縄文時代早期から晩期まで存在する一般的な石器である。あまりに一般的であり、属性にきわだった特徴がみられないためか、個別研究はあまりすすめられておらず、地域的・時期的な特徴も明確にされているとはいいがたい。

筆者自身も石皿について個別研究の蓄積がないので、ここでは具体的な例として、筆者が整理にたずさわった石川県石川郡野々市町御経塚遺跡から出土した石皿をとりあげて、検討をくわえることにする（山本1983）。この遺跡の石皿は縄文時代後期中葉〜晩期に属し、断面の形態により四つに分類される。そのなかの第4類として分類される石皿は、中央部が平坦かやや高く、周縁にむけてゆるく傾斜しているもので、台石とでもよぶべき形態を呈している（図28）。この第4類が圧倒的多数をしめ、もっとも特徴的であり、典型的な有縁石皿はまったく検出されていない。

まず第4類の石皿の磨耗痕についてみると、これらの表面には光沢をおびてツルツルした磨耗痕やアバタ状の微細な敲打痕が、中央部から周縁の傾斜部にかけてみられる[6]。とくに磨耗痕が付着するのに適さない傾斜部にまでそれが一様にみられるという状況や磨耗痕・敲打痕の状態から、生がたい植物質のものをその上でたたきつぶしたものと推測される[7]。

つぎに報告書に掲載されている5点について大きさを検討すると、これらは2類に大きくわけられ、そのうちの一群は平面形態がほぼ円形で、直径13〜16cm、厚さ3.0〜4.5cm である。もう一群は平面形態が楕円形で、長径21〜22cm、短径16〜18cm、厚さ4cm前後である。この5点は第4類のなかでも典型的な資料であることから、第4類はおおむね上記の大きさ

になると考えられる。

　根茎類をつぶすときにつかう台石と御経塚遺跡出土の石皿をくらべてみると、大きさという面では一致する点をみいだせないが、これは遺跡の立地条件ともかかわってきて、御経塚遺跡のように扇状地の扇端部に立地する遺跡では大きな石材を付近の礫原から調達できず、扁平で比較的大きな転石を選択し、利用しているものと考えられる。また両者の使用痕の状態はひじょうに類似しており、こうした状況から、石皿のなかでも中央部が平坦かやや高く、周縁にむけてゆるく傾斜していて、台石とでもよぶべき形態を呈しているものは、クズやワラビの根茎をつぶすときにもつかわれた可能性が高いと考えられる。

（4）杵・カケヤ・槌：ヨコヅチ

　クズ根の場合、現在では粉砕する機械が導入されているが、それ以前はひらたい石の上にクズ根をのせて杵・カケヤ・槌でたたいてつぶしている。道具は「キネ、カケヤ、コヅチ、キヌタ、クズウチバイ」などとさまざまな名称でよばれているが、基本的な形態は、円筒状の木製槌部に木柄が直交するように装着されるものである。またつぶす程度に応じてアラワリ・アラツブシ・コタタキもしくは荒うち・中うち・小うちの3段階にわけられ、それぞれの段階でつかわれる道具の大きさもちがっている。

　アラワリ・荒うちでは、ゲンノウや荒打杵がつかわれている。荒打杵の槌部は長さ54.4cm、打面は直径14.8cmのほぼ円形で、表面は全体的に磨耗しており、側面からみるとゆるい凸状を呈している（事例クズ8）。木柄は長さ94.2cm、樹種は不明である。

　アラツブシ・中うちにおいてアラツブシにつかうカケヤは、ヨコギネとおなじ形態である（事例クズ2）。槌部の長さ39.4cm、たたき面は長径13.0cm×短径11.6cmである。全体の重さは4.2kgをはかる。木柄は長さ89.4cm、樹種はイツキである。

　コタタキ・小うちでは、石川県羽咋郡押水町宝達の山本光幸さんがコタタキにつかっていたカケヤは、槌部のたたき面は剥離してボケボケになっており、現存長で20.9cmである（事例クズ2）。現存の重さは約1kgである。木柄は長さ49.6cm、樹種は不明である。福井県立博物館所蔵の小打杵の槌部打面は「ハ」の字状にゆるく傾斜し、柄に対して角度をもっている（事例クズ8）。打面の中央部は使用痕がのこっており、磨耗して光沢をおび、ツルツルしている。その外側は剥離してボケボケになっており、現存長で12.7cmである。木柄の長さは23.1cm、樹種は不明である。押水町山崎の田村重治さん宅でつかわれているコヅチは、円筒形の槌部に柄がつく（事例クズ1）。槌部は長さ15.5〜16.0cm、木柄は長さ40.8cmである。たたかれたことにより、両面とも木柄に対して、ななめの平坦面が形成されている。平坦面の大きさは2面とも7.4cm×7.0cmである。

　山本光幸さんと金田実さんによれば、宝達ではカケヤやキヌタにイツキが多用されている

という（事例クズ2・3）。イツキはかたい木で、おれにくく、くさりにくいという特徴がある。手にもっても重くなく、たたいても手にひびかないので、長時間つぶしつづけてもつかれないということがある。

　福井県遠敷郡上中町熊川の鯖街道文化資料館の老人会の方々におうかがいした話では、コヅチにはカシの木をつかうという（事例クズ6）。

　岩手県遠野市立博物館の根たたき槌は、木の幹から枝がわかれる部分を利用して製作されており、幹が槌、枝が柄になっている（事例ワラビ8）。全長68.2cmをはかる。槌部は両面に平坦面があり、両平坦面は15.8×15.3cm、17.0×15.9cmのほぼ円形を呈する。槌部の厚さは12.5～14.4cmである。

　熊本県球磨郡五木村では、バット状のヨコヅチがつかわれていた（佐々木1986）。

　『製葛録』のなかで、敲砕具として木槌と加工された棒材がえがかれている（粕渕他1994）。

　考古資料では、たたく道具としては敲石とヨコヅチが想定されるが、敲石でクズやワラビの根をたたきつぶせないわけではないが、あまり作業能率はよくないと考えられることから除外される。確認できたかぎりでは、縄文時代のヨコヅチは3遺跡から出土しているにすぎない。岩手県盛岡市萪内遺跡（山田・工藤他1982）から2点、福井県三方郡三方町鳥浜貝塚（森川・網谷他1984、網谷1996）から1点（図29-2）、新潟県北蒲原郡加治川村青田遺跡から1点出土している（岡村2001:73）。萪内遺跡の2点は「砧状木製品」として報告されており、そのうちの1点は長さ34.0cm、幅7.1cm、厚さ4.5cmで、もう1点は長さ29.7cm、幅5.7cm、厚さ3.2cmである。所属時期は後期～晩期前葉である。鳥浜貝塚から出土したヨコヅチは野球のバットのような形状で、握り部の端部には頭部状のすべりどめがつくりだされている（網谷1996）。全長は47.0cm、槌部は長さ30cm、直径6.0cmである。所属時期は前期初頭の羽島下層Ⅱ式および北白川下層Ⅰa式で、樹種はヤブツバキである（能城・鈴木・網谷1996）。青田遺跡の資料は長さ26cm、径7cmをはかり、材質はマツ属で、晩期終末に属する。

　これらのヨコヅチの主用途は野生植物の繊維をやわらかくすることにあったのであろうが、用途の一つとして根茎類をたたいてつぶすこともふくまれていたことは十分に推測される。

（5）水：自然湧水点・清水

　水自体は道具ではないが、クズ粉やワラビ粉の製造においてはひじょうに重要な要素の一つで、大きな役割をはたしており、作業をすすめるうえで手ぢかなところで大量の水をつかえることが必要になってくる。

　石川県羽咋郡押水町山崎の田村重治さん宅では、地下からポンプでくみあげた自家水道の水（井戸水）をつかっており、1日に相当の量の水をつかうという（事例クズ1）。

　押水町宝達の金田実さん宅では、地下水の水道水で水をかえるということである（事例ク

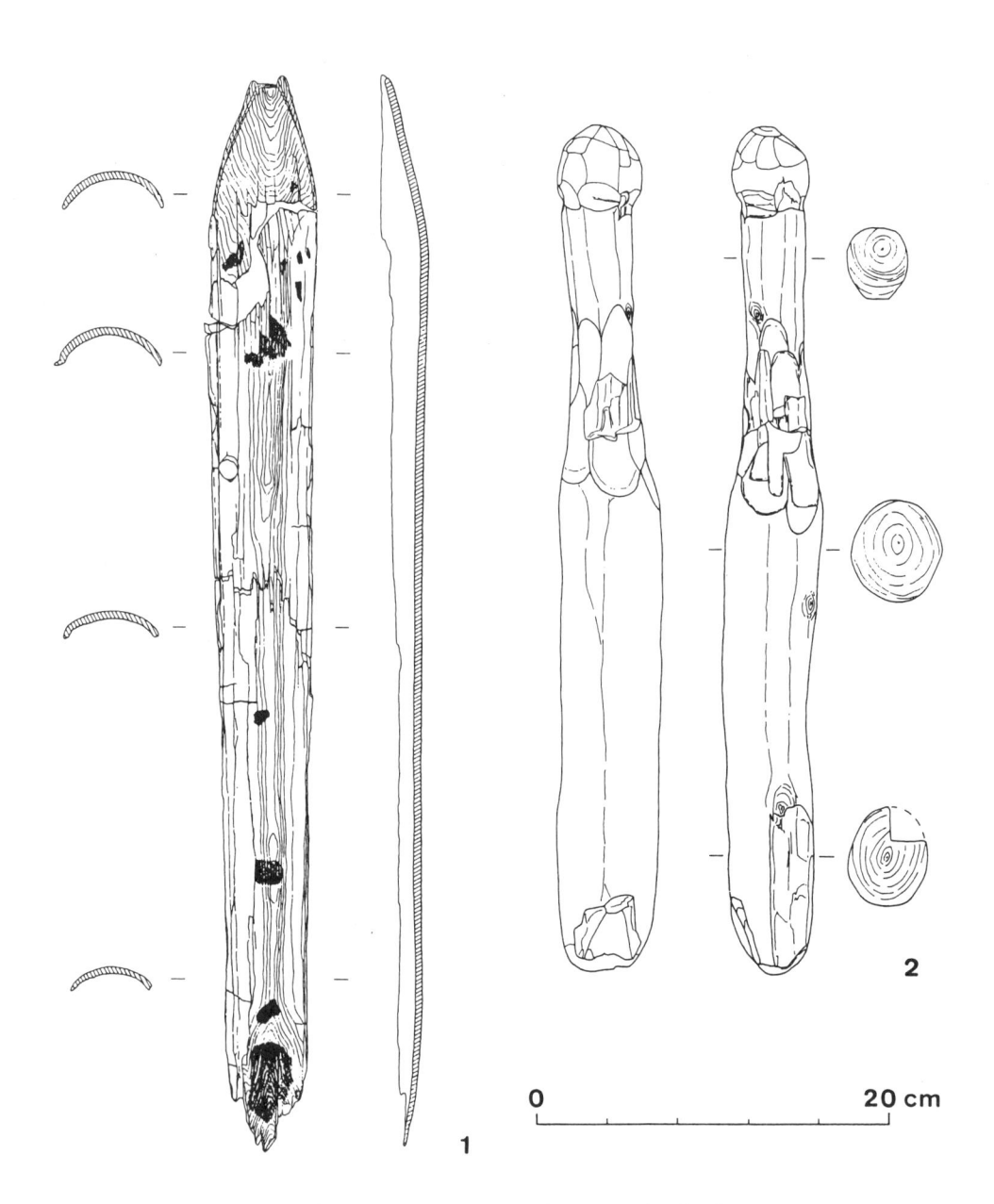

第2部　縄文時代の植物採集活動の民俗考古学的研究

図29　福井県鳥浜貝塚の丸木舟・ヨコヅチ実測図
（網谷1996からの引用。1は縮尺1：40、2は縮尺1：4）

ズ3）。

　宝達では、むかしは集落のなかを大川が2本ながれていて、個人個人大川までおりる段とあらい場があった（事例クズ2）。そして大川の水でさらすため、川にゴミをすてることはできなかったという。

　石川県七尾市小川内の川上栄幸さんのところでは、水道の水はカルキがはいっていてだめで、1日に4・5tつかうから採算にあわないので、水は谷川の水をひいてつかっているという（事例クズ4）。

　福井県遠敷郡上中町熊川の尾中建三さんのところでは、水は谷川の水と町水道をつかっている（事例クズ5）。谷川の水は工場の裏にある500リットルくらいの槽にあげて泥を沈澱させ、こしてきたものをつかうようにしているという。つかう水の量が多いので、1日でなくなるという。

　奈良県宇陀郡大宇陀町の黒川家では、300年前から井戸からくみあげた生水をつかっているという（事例クズ9）。

　岐阜県大野郡高根村日和田では、ワラビ根を粉砕するときに水力で杵をうごかしたり、掘ってきた根をあらったり、水さらしをするするために、大量の水を必要とする（事例ワラビ3）。

　一方遺跡の立地条件についてみてみると、多摩川流域の武蔵野台地上に立地する中期の集落遺跡では湧泉が近接しており、遺跡の立地が崖線下の自然涌水点と密接にむすびついていることが指摘されている（江坂1944）。また手取川扇状地の標高10m前後に立地する後期中葉〜晩期の遺跡群は、地下水の自噴地帯に位置していることが指摘されている（高堀1964）。すなわち段丘上に立地する遺跡では崖線下にわきでる涌水を、扇状地扇端部に立地する遺跡では自噴する地下水を水さらしに活用していたと考えられる。このような四季を通じて豊富にわきでる自然湧水は、水さらしのさいにつかわれる大量の水を安定供給していたと考えられる。

（6）桶：深鉢形土器

　現在つかわれている桶は結桶とポリエチレン製桶である。このうちポリエチレン製桶は近年生産されはじめたもので、結桶にとってかわってきている。そうした背景には化学工業の発達とともに桶職人の減少があると考えられる。考古資料から判断するかぎりでは、結桶の出現は12世紀代にもとめられ（三浦1988）、その普及は近世以降であることから、縄文時代ではほかの遺物をあてはめざるをえない。桶と形態的に類似するのは円筒形やバケツ形を呈した大型・中型の深鉢である。深鉢は煮沸具としての機能が一般にみとめられており、うわ水をすてて底に沈澱しているデンプンにあらたに水をそそぎ、かきまぜる容器としての機能を想定した研究は皆無である。このような機能を想定しても有効性をもちうるのかどうか、

第2部　縄文時代の植物採集活動の民俗考古学的研究

根拠を明示できず、個別研究をすすめてからでないと検討できないので、今後の課題としておきたい。

（7）フネ：丸木舟

　丸木舟状の水槽である。1本の木を縦方向に半裁して平坦面をつくりだし、その内側をくりぬいて製作されており、底は木材の丸味をそのままのこしている。両端には縄かけ突起をつくりだしているものもある。利用される樹種には、ナラ、クリ、トチ、ブナがある。大きな木製容器といういい方もできる。

　調査した資料数が少ないうえ、個々の大きさにばらつきがあって一般化することはむずかしいが、縄文時代の丸木舟と比較するために、大きさをもとめてみることにする。

　岐阜県高山市の飛騨民俗村に収蔵・展示されているフネのうち4点を計測しており、そのうちの3点は全長417.0～458.0cm、幅54.5～71.2cm、高さ53.0～58.0cmで、槽の法量は長さ357.0～426.5cm、幅48.0～57.6cm、深さ35.0～46.0cmである（事例ワラビ4）。もう1点は全長329.5cm、幅58.5cm、高さ41.0cmで、槽の大きさは長さ273.0cm、幅51.5cm、深さは32.0cmである。

　岐阜県大野郡朝日村秋神では、長さ3.5～4.0m、深さ40～50cmのフネがつかわれていた（事例ワラビ1）。

　長野県奈川村歴史民俗資料館のワラビコブネは小型で、長さ167.5cm、幅54.0cm、高さ32.5cm、内側の深さ24.5cmをはかる（事例ワラビ6）。また木口もくりぬかれて側板があてられている。

　丸木舟の分布についてみていくと、時間的分布では上限は確実なところ前期まではさかのぼり、晩期までずっと存続している（麻生1991、横田1992、福井県立若狭歴史民俗資料館1985）。空間的分布については、琵琶湖沿岸、福井県三方郡三方町、古東京湾、九十九里平野を中心とし、岐阜・鳥取・長崎の3県でも出土している。いずれも内湾部の湖沼沢地で検出されている。

　福井県立若狭歴史民俗資料館によって1985年に縄文時代の丸木舟の出土例が集成されており（福井県立若狭歴史民俗資料館1985）、この時点では20遺跡29例が確認されている。集成された資料をもとに丸木舟の大きさについてみると、丸木舟の全長はおおむね3.0～6.5mの範囲のなかにおさまる。

　具体的な例として、ここでは福井県三方郡三方町の鳥浜貝塚と同町ユリ遺跡から出土した丸木舟について、その大きさをみていくことにする。鳥浜貝塚第1号丸木舟（図29-1）は前期北白川下層Ⅱa式期に属し、は現存長608cm、最大幅68cm、深さ21cmである（畠中1983）。後期の同第2号丸木舟は現存長347cm、幅48cmである。またユリ遺跡1号丸木舟は

後期中津式期に属し、全長522cm、幅51〜56cm、深さ9〜10cmである（三方町立郷土資料館1990）。

　フネと丸木舟の大きさを比較してみると、長さと幅はそれほど差がみられないが、深さにかなりちがいがある。これは、運搬具・漁撈具としての丸木舟と貯水器としてのフネとの機能差に起因するものと考えられる。

　以上にのべてきたフネと丸木舟は形態や製作技術に共通する点がみられることから、漁撈具・運搬具としての機能があきらかな丸木舟に対して、貯水容器の機能を想定した視点で丸木舟をしらべることによって、これからも出土することがほとんどないと予測されるフネを間接的にあきらかにしなければならないであろう。

　つづいてB類についてであるが、B類はあれば効率的に作業がすすめられるもの、あれば便利なものである。いいかえると、なければないで何とかなるもの、なければないですむもの、といういい方もできる。B類では民具資料と考古資料の両者とも存在するものがある一方、民具資料にしかみられないものもあり、時代がくだるにつれて素材や形態が変化していったり、作業能率をあげるためつけくわえられていった道具ということができる。

第5節　考　　察

　第2章でのべたように研究の目的は、考古資料と民具資料の比較をとおして、縄文時代における根茎類食料化に関する段階的仮説を提示することであり、そのために民俗考古学的な研究方法をとっている。そして植物がおなじならば、時間と空間をこえてその食料化の工程もおなじであるということが確認されたことから、クズやワラビの根茎からデンプンをとりだして食料化するにあたっては、縄文時代においても基本的には五つの工程をへていたものと考えられる。すなわち、（1）根茎の採取工程、（2）根茎の敲砕工程、（3）デンプンの抽出工程、（4）デンプンの精製工程、（5）デンプンの乾燥工程である。さらにこれらの5工程は作業内容・作業場所を基準に、根茎の採取段階（1）とデンプンの製造段階（2〜5）の2段階に整理することも可能である。また、この場合のクズ・ワラビの食料化ということは、水さらしによってクズの根からアクと繊維をとりのぞき、ワラビの根からは繊維をとりのぞき、デンプンだけをとりだしているということである。

　クズもワラビも根茎の採取時期とデンプンの加工時期はほぼ一致しており、クズは11月から4月ごろまでで、ワラビは春の雪どけ後しばらくと秋から雪がつもるころまでの2回である。つまり根茎類を食料化するにあたって最適な時期は、根茎にデンプンをたくわえおわっ

た晩秋以降で、水さらしのときにデンプンが発酵しないような水温や気温が低い春先までとなる。これらの食料化にあたっては、縄文時代でも作業内容によって家族や共同体のなかで老若男女それぞれの体力に応じた役割分担がなされていたと推定される。

根茎類の食料化にあたっては、どうしても必要なＡランクで民具資料と考古資料の両者が存在することは、それらがなければ生産できないのだから当然のことである。このことからクズやワラビの根茎からデンプンをとって食料化を開始した時期は、それらを食料化するのにどうしても必要な考古資料がすべてでそろった時点までしかさかのぼらないといえ、その時点は確実なところ前期である。

日本列島における照葉樹林の成立と拡大については、松下まり子氏や松岡數充氏、三好教夫氏があきらかにしている（松下1992、松岡・三好1998）。ここで問題としている関東地方においては、松下まり子氏によって、東京湾沿岸や外房沿岸では照葉樹林の成立時期は縄文海進最盛期（縄文早期末から前期初頭）よりもあとで、その勢力は小さいことがあきらかにされ、「沿岸部を含む関東平野では落葉広葉樹が優勢で、照葉樹林の発達は顕著でな」いことが指摘されている（松下1992：381）。また、犬吠崎銚子では5500年前になってようやくシイ・カシの照葉樹林が成立するが、ナラ類の落葉広葉樹を随伴しているという。そして関東平野中部から北部では落葉広葉樹がいちじるしく発達し、照葉樹林はほとんどみとめられないとされている。照葉樹林帯の植物とされているクズやワラビも（中尾1966）、民俗調査の節でみたように落葉広葉樹林帯が優越する地域でも採取・加工されていることから、これらの植物は人間の活動に随伴して落葉広葉樹のなかに拡大していったと推測される[8]。そのような生態的要因と、繊維の採取や堅果類の食料化など野生植物の利用技術が高度に発達してきていたという技術的要因がからみあって、縄文前期に南関東でクズやワラビの根茎の食料化が開始され、関東地方を中心に時期をおって中部地方から九州地方にひろまっていったものと考えられる。

註
1）中尾佐助氏は、水さらし技術における桶と水の必要性を強調している（中尾1966）。
2）Ａランクの（1）〜（7）の順番は重要度ではなく、作業でつかわれる順番である。コロンの左側には民具資料を、その右側には考古資料をしるしている。
3）福井県立博物館の坂本育男氏のご教示による。
4）福井県立博物館の坂本育男氏のご教示による。
5）福井県立博物館の坂本育男氏のご教示による。
6）石皿の磨耗痕の範囲は破線でかこってしめしている。平面図の横長のＨ字状の線は周縁部の敲打痕の範囲を、内むきの矢印は磨耗痕の範囲をしめしている。断面図の横長のＨ字状の線は両面の敲打痕の範囲を、内むきの矢印は磨耗痕の範囲をしめしている。
7）たたかれる対象物によっては、石器の表面に敲打痕とともに磨耗痕も付着することがある（渡辺1980）。
8）現在および近過去にデンプンを生産していた地域の分布状況や筆者の民俗調査の結果から、クズは照葉樹林帯〜落葉広葉樹林帯を中心に分布し、寒冷地にはあまり分布しない。それに対して、ワラビは適応範囲もひろく、冷温帯落葉広葉樹帯にまで分布している。

第9章
根茎類食料化の地域性と季節性

第1節　民俗モデルの構築

　第3章第1節でものべたように、野生根茎類の植物遺体の出土例が皆無にひとしく、確証がえられていない状況のもとでは実証的な研究は困難であり、この点を打開するためには考古学的な目的意識をもった民俗調査が必要で、第4章から第7章のようにこれまで実践してきている。そして民俗学における先行研究や筆者の事例研究の成果により、構築されたモデルを比較の対象にしていくものである。

1．採取対象根茎類の地域性

　最初に、根茎類それぞれについて食料化された伝承や現在でも食料化されている地域の分布範囲をあきらかにしておく。
　クズ粉生産は岩手県にも一部存在するものの、太平洋側では東京都葛飾区、内陸部では岐阜県飛騨地方、日本海側では新潟県村上市であり[1]、大局的には照葉樹林帯の分布とよく一致している（図1）。
　ワラビ粉生産は沖縄県をのぞいてほぼ全国的に分布するが、北海道と東北地方南部から中部地方にかけては稀薄である（図14）。ワラビ根の採取は中部地方から東北地方にかけての落葉広葉樹林帯でもみられるが、現在や近過去の牧草地で採取されている例から判断して、これらの地域の採取はウシやウマの放牧と関係が深く、古墳時代以後の牧（松井1991）の発達とともに漸次分布域を拡大していったものと推定される。それで本来照葉樹林帯の植物とされるワラビは、これらの地域においては縄文時代には採取されなかったものと考えられる。
　カタクリは明治年間では東北地方に産出量が多かったという（市川・斎藤1985）。
　オオウバユリはアイヌの人びとにとって重要な食料であったという（荻中1985）。オオウバユリはウバユリににるが、寒冷地に適しているという（牧野1982）。
　ヤマノイモについては、調査事例が少なくて一般化できないが、現状での生態的分布範囲

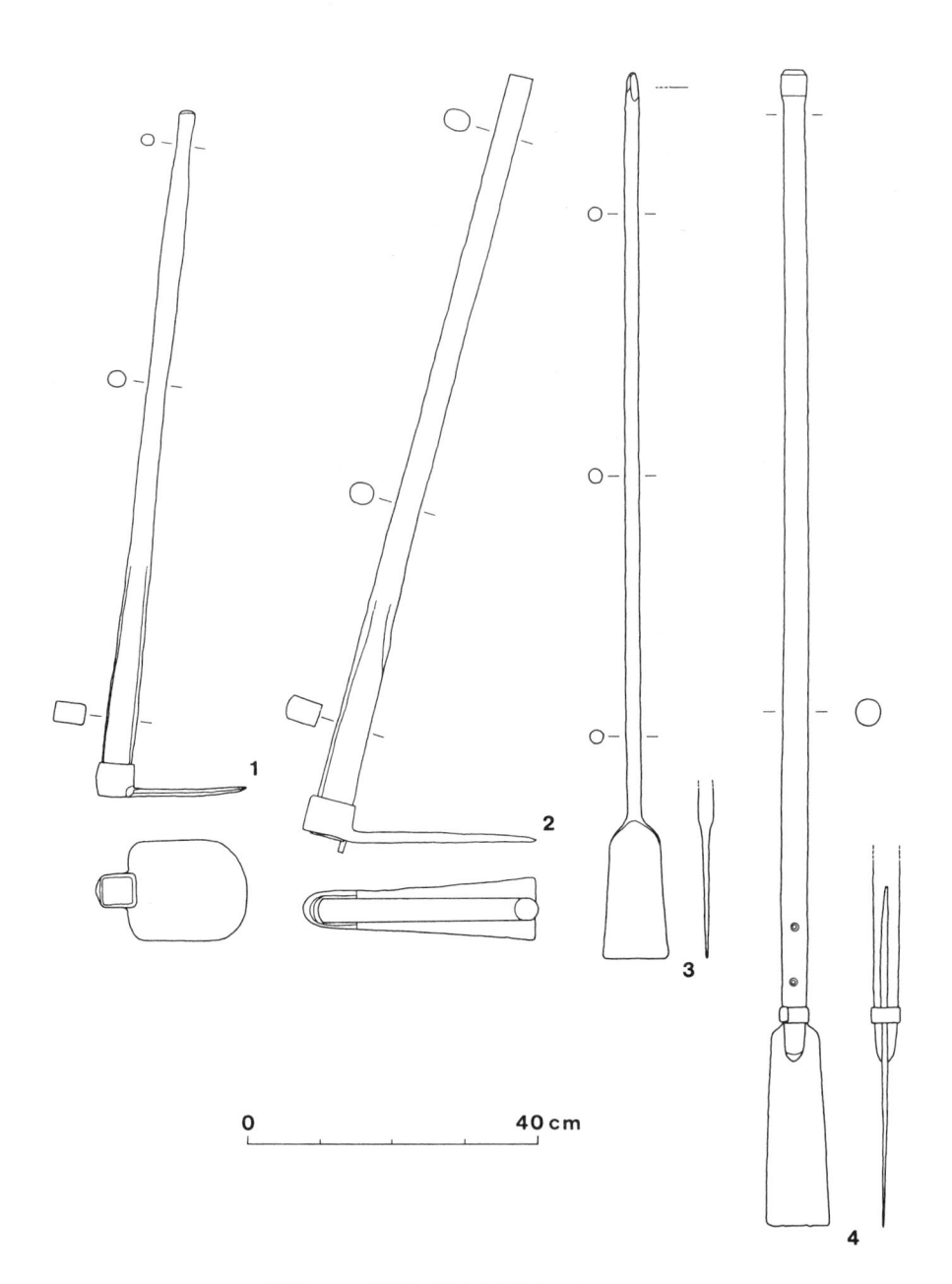

第 2 部　縄文時代の植物採集活動の民俗考古学的研究

図30　クズ採取用具実測図（縮尺 1：10）

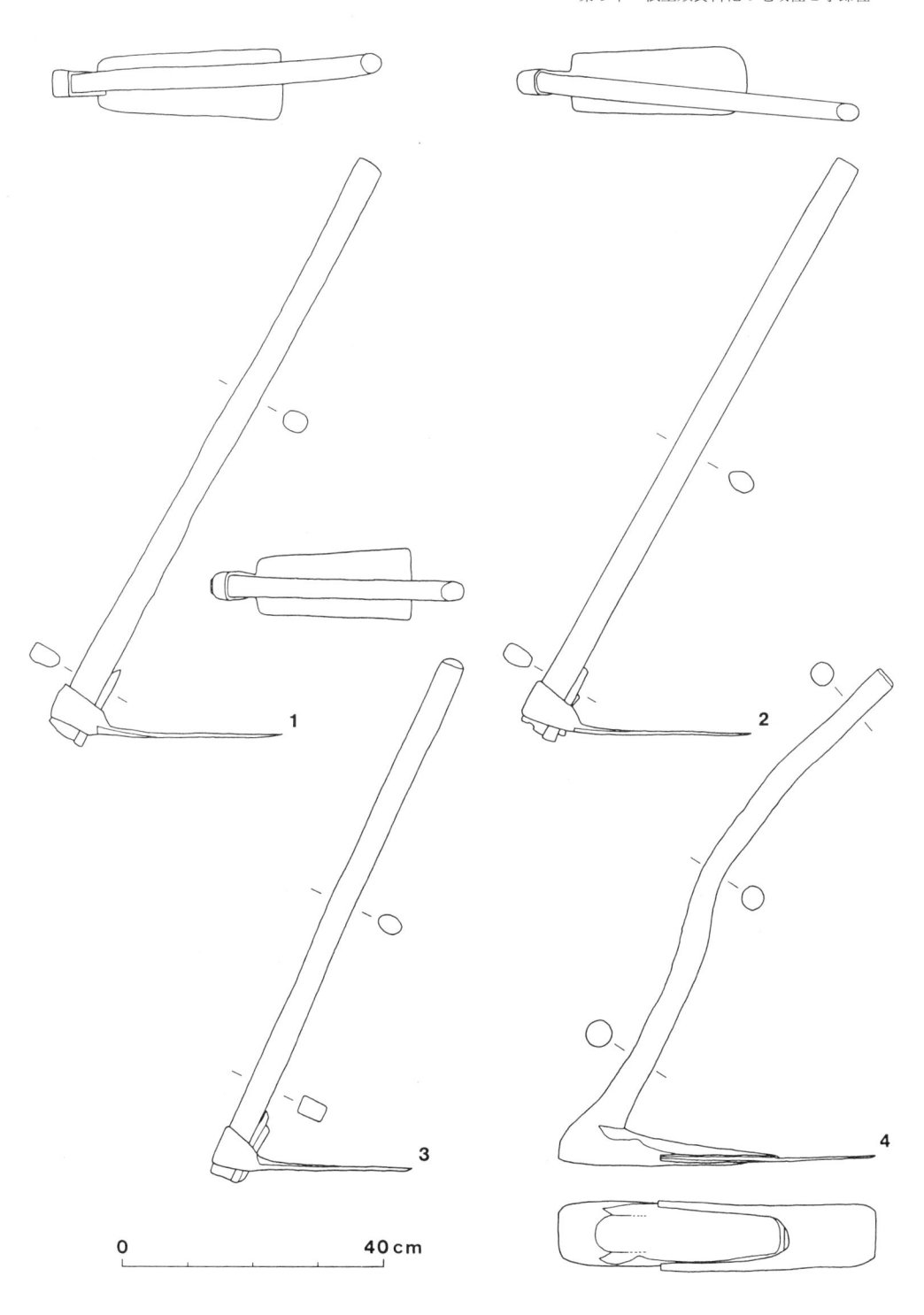

第9章　根茎類食料化の地域性と季節性

図31　ワラビ採取用具実測図1（縮尺1：10）

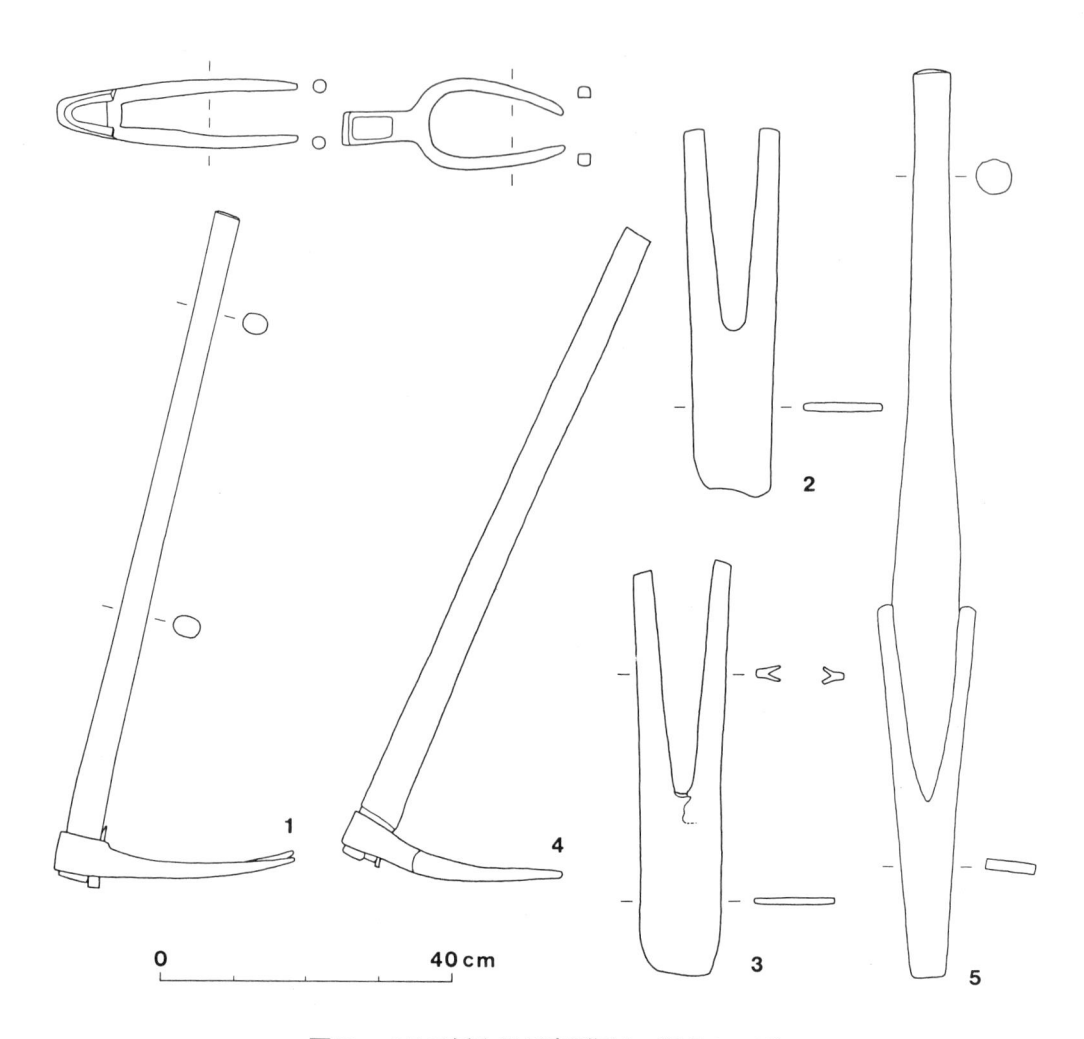

第2部 縄文時代の植物採集活動の民俗考古学的研究

図32 ワラビ採取用具実測図2（縮尺1：10）

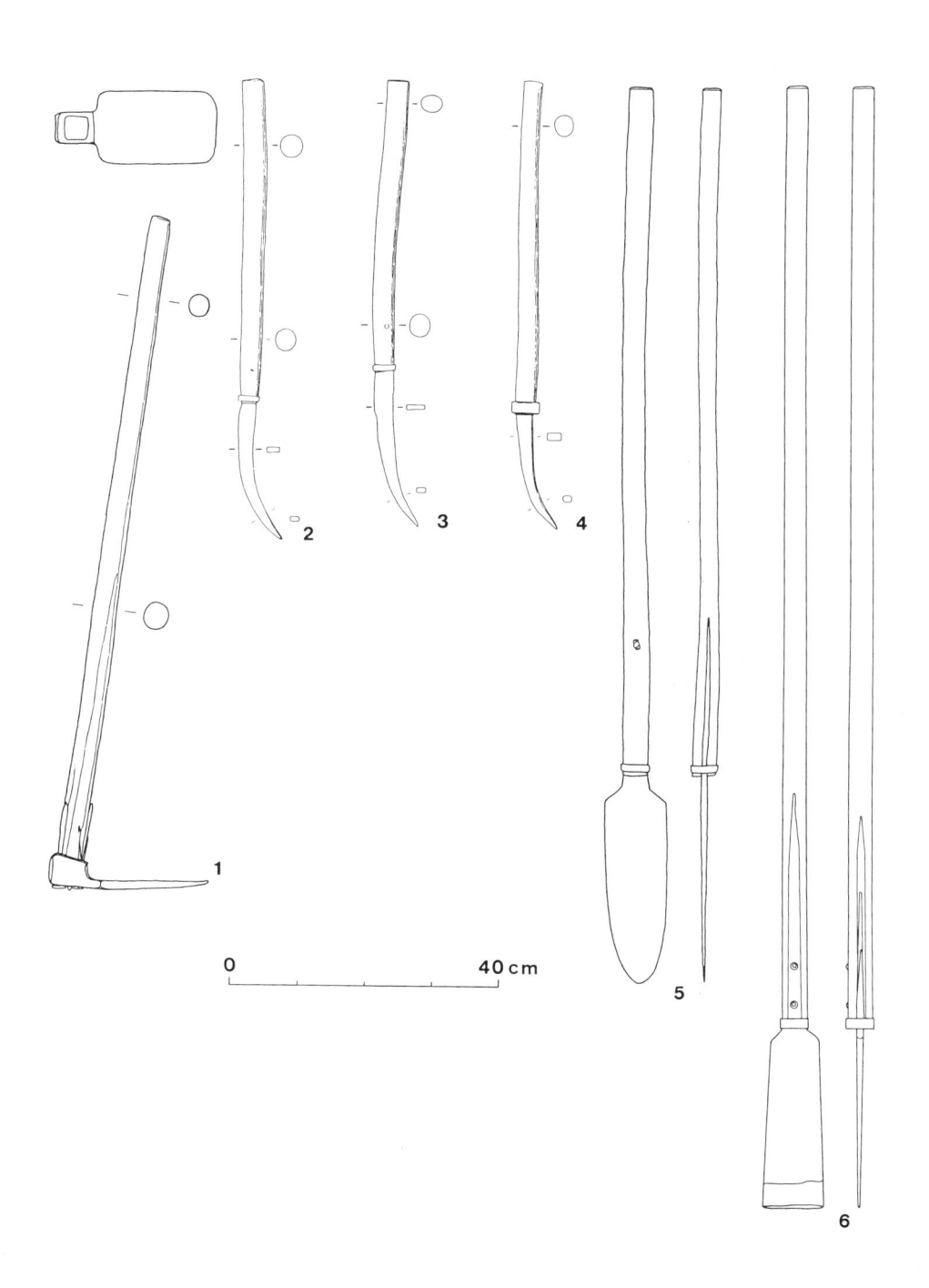

第9章　根茎類食料化の地域性と季節性

図33　ヤマノイモ採取用具実測図（縮尺1：10）

は本州・四国・九州である（北村・村田1964、牧野1982・1989）。

　これまでのべてきたことをもとにすると、以下にしるす地下茎がそれぞれの地域で主要な採取対象植物になっていたものと推測される。北海道ではオオウバユリ・カタクリ、東北地方ではオオウバユリ・ウバユリ・カタクリ・ヤマノイモ、関東地方から中部地方にかけてはクズ・ワラビ・カタクリ・ヤマノイモである。近畿地方から九州地方にかけてはクズ・ワラビ・ヤマノイモである。

2．採取対象根茎類と採取用具の関係

　クズの採取用具には、鍬（図30－1・2）や鋤・掘り棒（図30－3・4）がある。

　ワラビの採取用具も、鍬（図31、図32－1・4）や鋤（図32－2・3・5）である。

　ヤマノイモの採取用具には、鍬（図33－1）、掘り棒（図33－2～4）、鋤・掘り棒（図33－5・6）がある。

　アイヌのあいだでは、オオウバユリの根を「トゥレプタニと呼ぶ長さ60～80センチほどの先端を削った棒を使って掘った」（荻中1985:59）ことが指摘されており、図25（図34－1～3）のトゥレプタウライニも長さ90cmあまりの木製品である。またオオウバユリを湿地で採取しているようすがえがかれた絵画資料（市立函館図書館1968）が存在することや、オオウバユリと同じ種類のウバユリが「谷あいのやや湿ったところに群生するため、比較的採集しやすい」（松山1982:155）ことから判断して、オオウバユリやウバユリは木製掘り棒で採取されていたと推測される。そして泥が付着して重くなる湿地において、木製掘り棒は効果的に機能したものと考えられる。

　さらにアイヌ民族のあいだで、鹿角製土掘具が手鍬として使用されていたことがしられている（萱野1987、畠山1968）。手鍬はシッタップとよばれ、木製のもの（図26・35－1・2・4）と鹿角製のもの（図26・35－3）があり、旭川市周辺ではギョウジャニンニクを採取していたことが報告されている（荻中1985）。このほかに大型の木製鍬が存在していたこともしられている（木村編1996）。

第2節　縄文時代の遺物の検討

　採取対象植物となる縄文時代の考古資料には植物遺体があり、採取用具の相当する遺物には木製掘り棒・鹿角製掘具・打製石斧がある。植物遺体についてはその種類と時空的分布を、木製掘り棒・鹿角製掘具・打製石斧の3種類の採取用具についてはそれぞれの時空的分布を

第9章　根茎類食料化の地域性と季節性

明確にし、時代は異なるが、鉤形木鍬も資料にくわえて検討する。そして民俗事例や民具資料との対比から、採取対象根茎類を類推する。

1．採取対象植物としての考古資料

（1）植物遺体

　第3章第1節でも詳述したように、長沢宏昌氏によって集成がおこなわれている（長沢1998）。それによると、植物遺体としては球根類が出土しているにとどまり、炭化した球根・土器内面に付着したオコゲ・塊状になったものの3種類にわけられている。そして時期的には早期末から晩期にわたり、前期から中期に集中しており、概して前期に多い傾向がみられる。空間的には列島の中央部での出土例が多いことがうかがわれ、長沢宏昌氏が在住する山梨県を中心にその周辺地域に密集しており、西は岡山県にまでひろがっている。

　また、その種類については、松谷暁子氏によって走査電子顕微鏡で同定作業がおこなわれているが、炭化した状態のため同定がなかなか困難で、断定するにはいたっておらず、現段階ではユリ科ネギ属までしかいえないとしておくのが妥当とされている（松谷1994）。

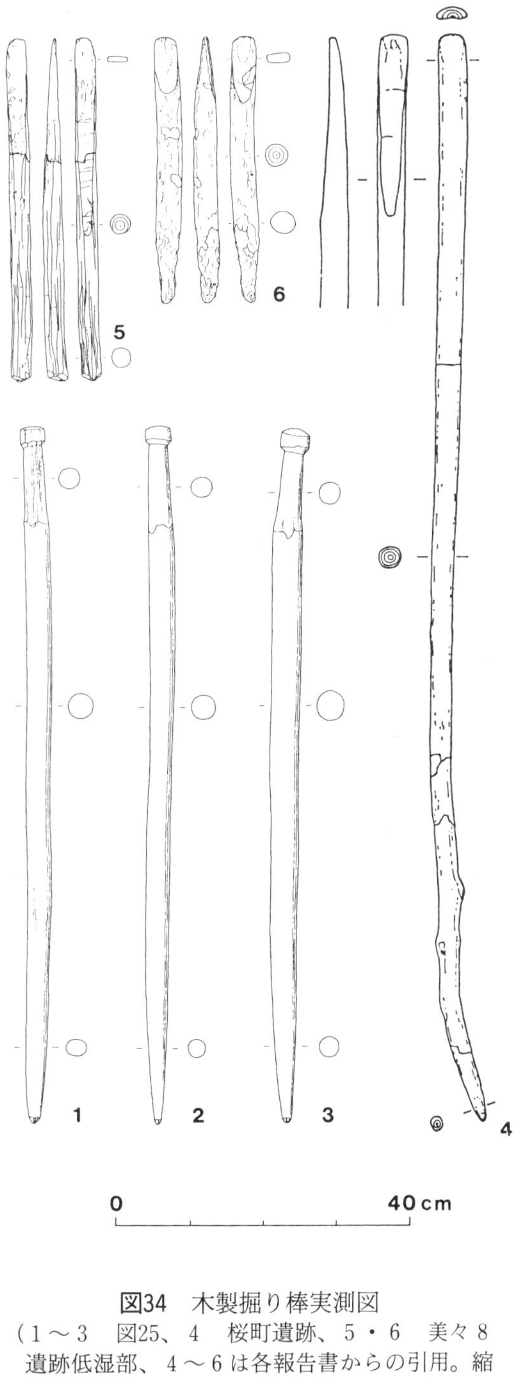

2．採取用具としての考古資料

（1）木製掘り棒

　縄文時代の木製掘り棒は、クズ・ワラビ食料化のところで詳述したように5遺跡から出土

図34　木製掘り棒実測図
（1〜3　図25、4　桜町遺跡、5・6　美々8遺跡低湿部、4〜6は各報告書からの引用。縮尺1：10）

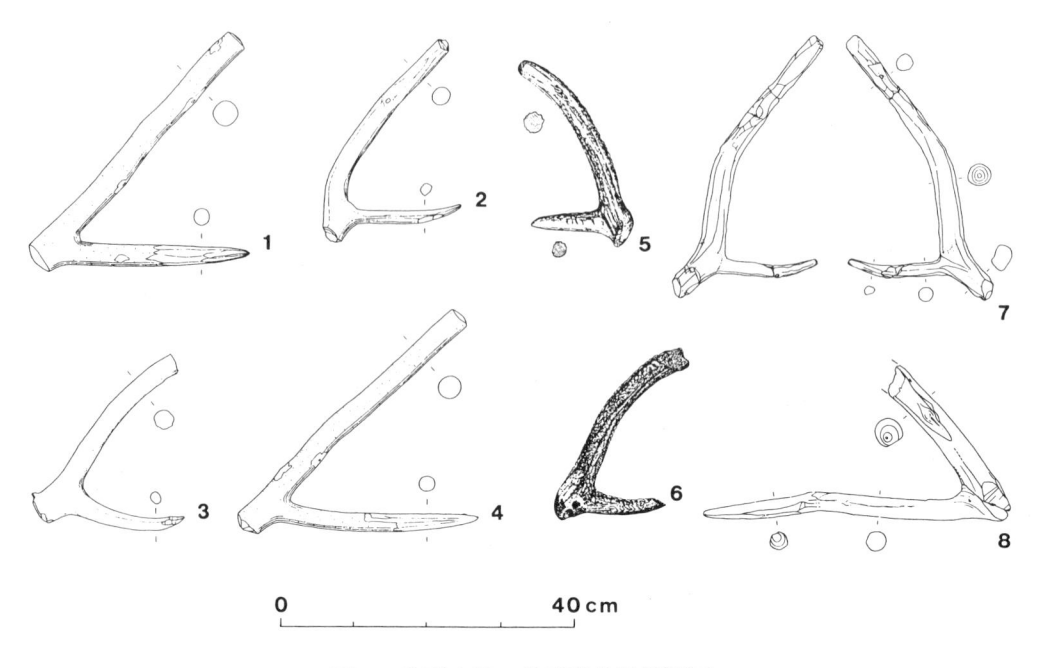

第2部　縄文時代の植物採集活動の民俗考古学的研究

図35　鉤形木鍬・鉤形鹿角鍬実測図
（1～4　図26、5・6　蜆塚遺跡、7・8　美々8遺跡低湿部、5～8は各報告書からの引用。縮尺1：10）

したことがしられているのみである。青森県青森市三内丸山遺跡（岡田1995a）から前期の掘り棒が、富山県小矢部市桜町遺跡（山森1990）からは中期後葉の掘り棒（図34－4）が出土している。近年の調査では、北海道石狩市石狩紅葉山四九号遺跡では中期末の尖り棒が、神奈川県小田原市羽根尾貝塚では前期中葉の掘り棒が出土している（岡村2002）。また、千葉県茂原市下太田貝塚から中期後葉の鋤状の掘り棒が検出されている（朝日新聞社2000）。さらには、鳥浜貝塚から出土している「削り出し棒、尖棒」と報告されている木製品（山田・森川1979）のなかには、掘り棒になる可能性のあるものも存在する。また時期はくだるが、北海道千歳市美々8遺跡低湿部（田口・鈴木他1996）からアイヌ文化期の土掘り棒が3点出土している（図34－5・6）。

　桜町遺跡の掘り棒は旧河川跡から出土し、この掘り棒は長さ1.5mの細長い棒材で、その一端はとがり、もう一端はヘラ状になっている。図34にしめすように、形態・大きさともに尖端部はトゥレプタウライニに類似し、ヘラ状端部は美々8遺跡低湿部の土掘棒に酷似する。三内丸山遺跡の掘り棒も一端はとがり、反対側はヘラ状になっている（岡田1995b）。

　トゥレプタウライニの採取対象根茎類を根拠に判断すると、これらはオオウバユリやウバユリの採取につかわれたものと推測される。

（2）鹿角製掘具

　金子浩昌・忍沢成視の両氏によって鹿角貝製品の全国的な集成がおこなわれ、鹿角製の掘具も集成されている（金子・忍沢1986ab）。このなかで鹿角製の掘具は「Y」字状を呈する掘具Ⅰと「レ」の字状の鉤形を呈する掘具Ⅱに分類されている。前者はアイヌ民族のシッタップとは形態的に異なり、「鹿角製斧状製品」と呼称され、アワビなどの採取具である可能性が高いことから（猪狩1991、猪狩・大竹他1988）、ここではシッタップと形態が同一の掘具Ⅱのみをとりあげるものである。

　金子浩昌氏と忍沢成視氏の集成結果によれば、17・18遺跡75〜77点[2]出土しており、関東・東海・西日本に分布し、時期的には早期から晩期まで存在するようであるが、「後期中葉から末葉のかぎられた時期に、蜆塚・西貝塚などの周辺地域に盛行した」とされている（金子・忍沢1986a：194）。図35－5（麻生1960）と図35－6（長田1958）は静岡県浜松市蜆塚遺跡から出土したものである。

　シッタップの採取植物から考えて、ギョウジャニンニクのような球根が地中の浅いところにある小型球根類の採取につかわれたと推測される。

（3）打製石斧

　打製石斧については前章ですでにまとめており、重複することになるので、ここでは割愛する。ただし、地域性に関しての重要な仮説があるので、それを記載しておくものである。打製石斧は関東地方を起点として東から西へと大きくながれており、北への拡張は緩慢であり、東北地方への波及は弱く、出土遺跡が少ないうえに出土量もかなり少ない。このような事実に対して、渡辺誠氏は「トチなどの濃密な分布域から遠ざかる地域で、この不足を補うように地下茎・球根類に比重がかかり、その掘り棒の刃先として打製石斧の必要度が高まったとみることもでき」ると解釈している（渡辺1981b：46）。

（4）鉤形木鍬

　最初に、このような木の股を利用した「レ」の字状を呈する木製の鍬を、北海道千歳市美々8遺跡低湿部の出土例（田口・鈴木他1996）にならって「鉤形木鍬」しておきたい（図35－7・8）。これにしたがえば、鹿角製斧状製品や鹿角製の掘具Ⅱも「鉤形鹿角鍬」と仮称した方がよいのかもしれない。

　これまで縄文時代の遺跡から実際に遺物は出土していないが、縄文時代においてそれが存在したことを想定しておきたい。しかも小型の手鍬と大型の鍬の両者が存在したものと想定しておきたい。その第一の理由は、考古資料としての鹿角製土掘り具の存在である。アイヌ民族においては鹿角製と木製の両者が存在し、それらは考古資料の鹿角土掘り具と同一の形

態で、木製品は材質が異なるだけである。第二の理由は、石斧柄と製作技術が同一である点による。アイヌの「レ」の字状木製品は幹から枝わかれする部分を利用し、簡単に製作されている。一方、福井県三方町鳥浜貝塚や富山県小矢部市桜町遺跡から木の股を利用した磨製石斧の木柄が出土しており（山田・森川1979）、両者をくらべたら、製作技術がおなじであることがわかる。縄文時代にも存在していたが、木製品のため腐朽してなかなか検出されないと理解しておきたい。

採取対象植物としては、小型の鉤形木鍬ではギョウジャニンニクが類推される。大型の鉤形木鍬については、さらに飛躍することになるが、地面から20～30cmのやや深い土の中にあるカタクリを想定しておきたい。

第3節　考　察

民具学・民俗学の研究から構築されたモデルと縄文時代の考古資料をもとに、採取対象植物と採取用具および両者の関係を比較・検討したところ、以下のような野生根茎類食料化の地域性を提示することができる。

北海道から東北地方にかけては木製掘り棒でオオウバユリ・ウバユリ、大型の鉤形木鍬でカタクリ、そして小型の鉤形木鍬や鉤形鹿角鍬でギョジャニンニクを採取したものと推測される。関東地方から中部地方にかけては打製石斧でクズ・ワラビ・カタクリ・ヤマノイモ、木製掘り棒でウバユリ、小型の鉤形木鍬や鉤形鹿角鍬でギョジャニンニクやキツネノカミソリを採取していたと考えられる。近畿地方から九州地方にかけては打製石斧でクズ・ワラビ・ヤマノイモを採取していたと考えられる。北海道や東北地方に縄文時代前期から晩期にかけて、遺跡数が多いうえにその規模も大きく、その経済基盤をささえる植物食においては、堅果類だけでなく、根茎類も大きな比重をしめていたものと考えられる。それにもかかわらず、打製石斧の量が少ない理由は、このような採取用具と採取対象根茎類の地域性にもとづくものと推測される。

野生根茎類食料化に関連する考古資料の検討のところで記述してきたように、炭化球根類の検出が早期末～前期初頭まで遡及すること、三内丸山遺跡の掘り棒が前期に属すること、土掘り具としての打製石斧が前期関山式期に出現し、時期をおいながら漸次分布範囲を拡大していることがある。これらのことから考えて、上記に提示した根茎類食料化の地域性は、少なくとも縄文前期までさかのぼるものと考えられる。

『縄文時代の植物食』で渡辺誠氏は植物採集活動の類型と段階を設定しており、第III期として「アク抜き技術等を開発をみた半栽培段階（縄文前期後半以降）」がもうけられている

第9章　根茎類食料化の地域性と季節性

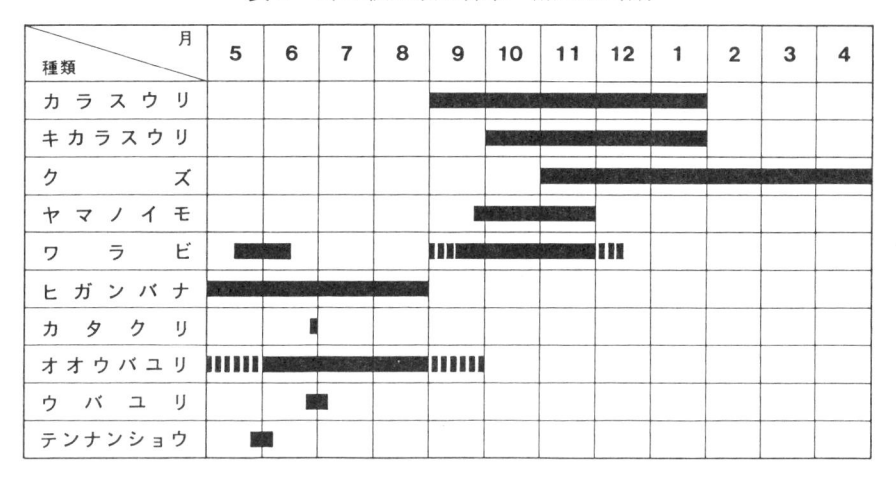

表2　野生根茎類の採取・加工の時期

種類＼月	5	6	7	8	9	10	11	12	1	2	3	4
カラスウリ					■	■	■	■	■			
キカラスウリ						■	■	■	■			
クズ							■	■	■	■	■	■
ヤマノイモ					■	■						
ワラビ	■				‖	‖	‖	‖				
ヒガンバナ	■	■	■	■	■							
カタクリ		■										
オオウバユリ	‖	‖	‖	‖	‖							
ウバユリ		■										
テンナンショウ		■										

（渡辺1975：174）。本書であきらかにした根茎類食料化もその枠ぐみを改変できるものでなく、追認するにとどまっている。

　つぎに、根茎類食料化の季節性についてであるが、縄文時代における野生根茎類食料化の季節性をあらわす資料は、いまのところ存在していない。それで現状では民俗調査からえられた成果をもとに採取・加工の時期を整理し、それをもって季節性をあらわすものとするしかないと考えられる。

　この問題については、すでに橋口尚武氏により言及され、季節性をあらわす表が提示されてきている（橋口1983・1997）。筆者の場合も、橋口尚武氏の研究に先学の民俗調査や自分自身の事例研究をくわえ、筆者なりの採取・加工の時期をあらわす表を作製するものである（表2）。第2章第2節2で記述したように、自然環境が現在とほぼおなじになったと考えられる縄文時代前期中葉〜後葉まで、この表を援用しうるものと考えられる。ただ南北に長い日本列島であるから、地域によって採取・加工の時期に若干の差違がみられることも考慮しなければならない。

註
1) 新潟県村上市出身の小田雄三氏（1947年6月うまれ）のご教示による。子どものころ、クズの根を掘ってきてクズ粉をとったことがあるという。1994（平成6）年9月8日におうかがいした話である。
2) 器種別内組成集計表・遺跡別組成表・各器種の出土数とその百分率において、各表ごとで総数が異なり、本文では石山貝塚で出土しているとかかれているものの、遺跡別組成表では出土数が記入されていない。そのため、本文のような表記にしている。

第10章
敲打製石製品出現の技術的背景

第1節　研究の目的と方法

　日本列島を中心に展開した縄文文化において、その時代の後半期にあたる中期から晩期にかけては石棒・独鈷石・御物石器など祭祀や儀礼に関連する石製品が出現しており、これは後半期を特徴づける要素の一つとなっている。また、小林達雄氏は縄文時代の多種多様な道具のうち、いわゆる呪術や儀礼など精神生活にかかわる道具を「第二の道具」とよんでおり（小林1977・1988）、これらの石製品も「第二の道具」の範囲に包括されるものである。小林達雄氏は「縄文人の世界観が作り上げた第二の道具こそ、縄文文化の個性と独自性をもっともよく表している」（小林1988:2）、「第二の道具は、縄文社会独自の世界観に根差したもので、縄文文化の個性をもっともよく表現している」（小林1988:25）と指摘している。

　そこで本章の目的は二つあり、第一の目的はこのような精神文化にかかわる石製品が出現する技術的背景を究明することで、第二の目的は縄文文化の特質を解明するための一助とすることである。とくに野生植物を食料化するときの技術と石製品を製作するときの技術に着目し、両者に共通する技術である敲打技術を中心に論じていきたいと考えている。そしてここでは敲打技術を中心にすえることから、小林達雄氏が提唱する「第二の道具」という用語をつかわずに、上記のような石製品の総称として「敲打製石製品」という用語を使用するものである。

　「まえがき」の冒頭でものべたように、地球の自然環境は多様であり、こうした自然環境に適応した人間の生活も多彩である。筆者の場合は、多様な自然環境に適応し、調和し、人間がどのように生きてきたのか、どのように生活してきたのか、ということに関心がある。それで、最初に人間が生きてきた自然環境を重視しなければならないということがある。そして第一義的な課題は生業や経済基盤の解明ということであり、それらの発展過程の解明ということである。さらには社会組織や精神文化も、そうした生業や経済基盤との関連において考察することになる。本章では敲打技術という観点から、縄文時代の精神文化にかかわる石製品を野生植物質食料との関連において考察していこうとするものである。換言すれば、

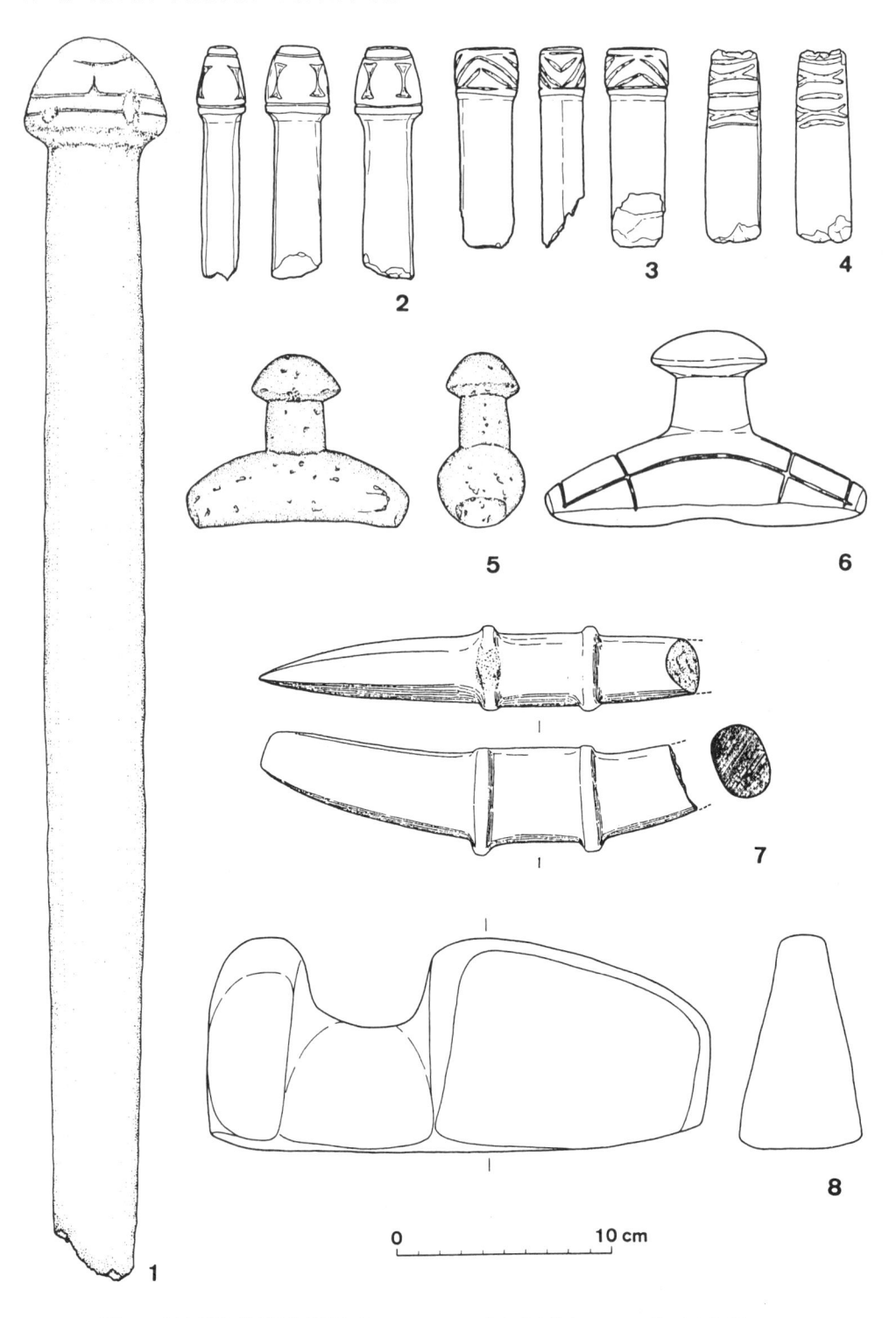

第２部　縄文時代の植物採集活動の民俗考古学的研究

図36　敲打製石製品実測図（1～6・8　御経塚遺跡、7　石切小原遺跡。
1・5は湯尻他1976、2～4・6・8は辻森1983、7は高堀・吉岡1968からの引用。縮尺1：3）

第10章　敲打製石製品出現の技術的背景

食生活との関連のうえで精神生活について論究しようとするものである。

第2節　敲打製石製品の製作技術

　縄文時代の石器・石製品を製作技術からみると、打製と磨製に大別される。さらに打製は「打割（わる）」と「敲打[1]（たたく・つぶす）」にわけられ、磨製は「研磨（する・とぐ）」と「擦切（する・すりきる）」にわけられる。単純に一つの技術で製作されている石器・石製品もあれば、いくつかの技術が複合して製作されているものもある。本章で対象とする石製品は敲打という一つの技術だけで製作されているものではなく、打割や研磨・擦切といった技術もつかわれており、四つの技術によって製作されている。この意味においては、敲打製石製品という表現は適切ではないかもしれないが、敲打技術に重点をおいているために、この用語を使用している。

　具体的には、石棒・石剣・石刀・独鈷石・石冠・御物石器・青竜刀形石器といった石製品をとりあげるものである。また石棒に関しては、中期に典型的な大型石棒と後晩期に特有な小型石棒にわけてとりあつかい、さらに小型石棒は石剣や石刀と関連がふかいことから、これらを一括してとりあつかうものである。

　まず先行する研究から、それぞれの石製品の時間的分布と空間的分布をあきらかにしていく。つぎに製作技術の側面から検討をくわえていくことにする。

（1）石棒（図36-1）

　石棒出現の初現は前期後半にもとめられ、手ににぎれる程度の小型品である（小林1996）。一般に中期石棒とか、粗製の大型石棒とかよばれている石棒は中期前葉に出現する（小島1976）。中期中葉から石棒をめぐる祭祀が活発化し（山本1977ab）、彫刻石棒のように地域的な特色もみられるようになってくる（小島1976）。後期初頭には大型石棒はまだ大勢をしめるものの、後期前葉になると大型石棒は減少しはじめ、小型石棒が増加しはじめる傾向にある（宮川村教育委員会1995）。

　分布する地域についてみていくと、北海道南部から中部地方にかけてみられ、とくに中部高地から関東地方にかけて集中している（宮川村教育委員会1995）。それを巨視的にみると、中期から後期初頭にかけて東日本を中心に分布するという傾向がみとめられる。

　近年、良好な石棒の製作址があいついで発見されている。そのうち群馬県碓氷郡松井田町恩賀遺跡と岐阜県吉城郡宮川村塩屋金清神社遺跡についてみていくことにする。

　恩賀遺跡は、縄文時代中期加曽利EIII式期の石棒製作址・石棒工房跡と推定されている

(水田・桐谷1990、福山1995)。遺跡周辺の急斜面には玢岩の露頭がみうけられ、この玢岩を石棒の素材としている。この玢岩は比較的硬度がひくく、柱状・板状の節理を有することから、石棒製作に適していたものと考えられている。完形品と未製品をあわせて総数123点出土しており、その過半数をしめる未製品については「原石に数箇所の打撃痕を残す程度の物から、自然面を残さず敲打され、断面が円形をなす物まで存在し」ていると報告されている（水田・桐谷1990：451）。また製作につかわれた敲打用石器も出土している。

塩屋金清神社遺跡は、縄文時代後期前葉から晩期前葉にかけての石棒製作址である（林1992）。遺跡の東側には溶結凝灰岩の路頭が存在し、この溶結凝灰岩は柱状節理をなすという特徴があり、石棒の素材として利用されている。出土した欠損品や破片から、剝離・敲打・研磨の三つの段階を順にふんで製作されたことが想定されている。すなわち「柱状節理の稜線を打ち剝す剝離加工、円柱状に整形するための敲打加工、仕上げのための研磨加工」の３段階である（林1992：85）。そして川原石を利用した敲打器が多数出土しており、刃部がすりへってまるくつぶれた個体がみられることから、剝離・敲打加工に使用されたと考えられている。またこの遺跡が所在する宮川村内の遺跡から、おなじ溶結凝灰岩で製作された彫刻石棒や御物石器・石冠・異形石棒が出土している。このことから、この溶結凝灰岩を利用した敲打製石製品は中期中葉に開始され、晩期まで継続していたと考えられている。

（２）石棒・石剣・石刀（図36－2～4）

ここでとりあげる小型石棒・石刀・石剣は、後藤信祐氏が「刀剣形石製品」と総称している石製品である（後藤1986・1987）。後藤信祐氏はこれら石製品について型式設定をおこない、それぞれの所属時期や分布圏を明確にし、地域差や時間差が存在することをあきらかにしている。本稿では型式ごとのこまかな差違は必要としていないので、後藤氏の研究をもとに時間的・空間的分布を巨視的にみていくことにする。

まず空間的分布については、小型石棒は北海道南部から近畿地方にかけて分布し、中国地方や九州地方にもごくわずか分布する。石刀は北海道南部から近畿地方にかけて分布し、九州地方にも散見される。石剣は北海道南部から近畿地方にかけて分布し、九州地方にもわずかにみられ、関東地方に濃密に分布する傾向にある。以上のことから、小型石棒・石刀・石剣はおもに北海道南部から近畿地方にかけて分布し、東日本を中心に分布しているといえる。

つぎに時間的分布については、地域によって出現時期・消失時期は異なるものの、後期前葉から晩期後葉にかけて存在していたことがしられている。

製作技術については不明な点が多いが、敲打痕や研磨痕がのこされていることから、二つの技術がつかわれたことは確実である。また把部に沈線文・連結三叉文・X字文などの文様が施文されていることや（後藤1986）、柄頭に三叉文の沈刻・連続渦巻文などの彫刻・浮彫

様の文様がみられることから（野村1983）、施文は擦切の技術によっておこなわれたことがうかがわれる。

(3) 独鈷石（図36-7）

　時空的ひろがりについて、渡辺誠氏は「独鈷状石器が多分後期末に東北地方に出現し、晩期初頭には関東地方にも南下し、その余波がさらに西方にも及ぶこと、北海道にも少数ながら晩期中葉に伝播すること」をあきらかにした（渡辺1971:88）。さらに「数量的には東北・関東・中部地方に多く、全国的に約六百例ほど存在する」（渡辺1971:88）ことを明示したうえで、都道府県別の出土分布図を作製している（渡辺1978a）。この分布図によれば、出土例は青森県・福島県・長野県に多く、総じて東日本に多いという傾向がみとめられる。

(4) 石冠（図36-5・6）

　中島栄一は自身の資料集成をもとに、時間的には中期に出現し、晩期に盛行することをあきらかにした（中島1983）。さらに空間的には北は青森県から、南は愛知県まで東日本に分布し、とくに飛騨地方を中心に中部山岳地帯に集中していることを明確にした。

(5) 御物石器（図36-8）

　天羽利夫氏は、55遺跡から出土した68点に出土地不明の4点をくわえた72点をもとに、考察をくわえている（天羽1966）。それによると、北陸・東海を中心に分布し、とくに岐阜県飛騨地方に集中し、飛騨地方からはなれるにつれて分布の密度はうすまっている。編年的には晩期前半の八日市新保式～中屋式とされているが、その後の北陸における縄文土器編年研究の進展と出土例の増加から、後期後葉の八日市新保式から弥生時代初頭にかけて存続していることが判明している。

　また「御物石器の製作技法は、磨製によるものと敲打製によるものとの二つがみられる。磨製品はほとんど黒色粘板岩を使用し、敲打製品は安山岩、砂岩などを使用している」とされている（天羽1966:49）。しかし御物石器を実見するかぎりでは、敲打で全体の形態がととのえられてから研磨されており、丁寧にみがきこまれ敲打痕をほとんどのこさないものもあれば、みがきの程度がよわくて敲打痕をのこすものもある。また研磨によって一段とはえる石材とあまりかわりばえのしない石材がある。前者には黒色粘板岩・黒色頁岩を利用したものが多く、後者には凝灰岩・安山岩が多いという傾向にある。すなわち磨製と敲打製に単純に2分割されるのではなく、敲打のあとに研磨をほどこすが、その研磨の程度と石材に差があるということである。

(6) 青竜刀形石器

時間的分布については、製作時期は中期から後期で、とくに中期後半から後期前半にもっとも多くつくられ、使用時期は晩期までくだる可能性があるとされている（冨樫1983）。

空間的分布は、北海道「渡島半島南半部から、奥羽地方北部の地域にかけての発見品で、円筒土器の文化圏と大略一致した地域」にひろがることがあきらかにされており（江坂1965:81）、北限は北海道寿都郡寿都町、南限は山形県大石田町である（冨樫1983）。

製作技術については、冨樫泰時氏が北海道弥志郡南茅部町臼尻台から採集された青竜刀形石器の未製品から、その製作過程を復元しており、以下にそれを一部省略して引用する（図37、冨樫1983:199）。

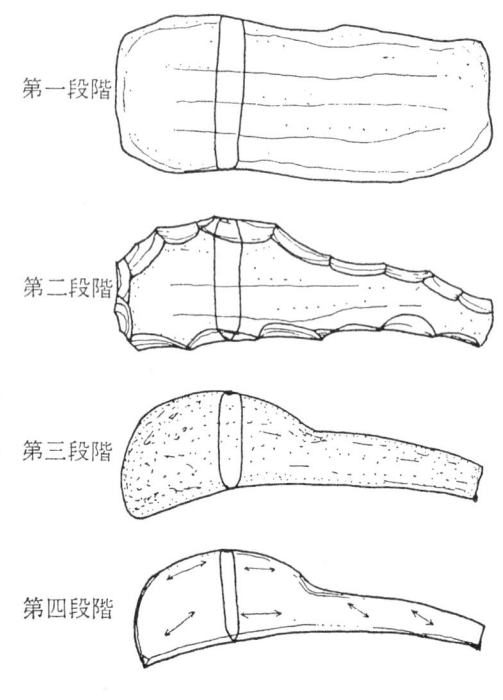

図37 青竜刀形石器製作過程模式図
（冨樫1983からの引用）

第一段階──素材となる扁平で大形の石材を選択する（安山岩が多い）。

第二段階──素材を荒く打ち欠いて青竜刀形石器の素形をつくる。瘤を付ける場合はこの時にすでに存在する。

第三段階──第二段階で出来た陵や凹凸などを叩いて潰し、全体の形を整える。

第四段階──最後にていねいに研磨して仕上げをおこなう。

(7) まとめ

敲打製石製品について、先行研究をもとに時間的分布・空間的分布および製作技術の概略を個別にのべてきた。それをまとめると、器種ごとに出現する時期や存続する期間は異なるものの、時間的には中期前葉に出現しはじめ、晩期後葉まで存在している。空間的には北海道南部から中部地方に濃密に分布し、その主体は東日本にあったといえる。

製作技術に関しては、それがある程度あきらかになっているのは、製作址が検出された大型石棒と未製品が採集されている青竜刀形石器だけである。製作址や未製品が検出されていないほかの石製品については、石製品にのこされている製作技術の痕跡を観察しても、大半の場合は製作の結果すなわち最終段階およびその直前の段階の製作技術をしりうるのみで、その製作の過程は形態・大きさ・石質などから類推されるだけである。製作過程の実態はあ

まりよくわかっていないという現状のなかで、小林達雄氏は「第二の道具」の石製品の製作について、「自然石を敲打して、形を作り、磨き上げたもの」としており（小林1988：14）、敲打製石製品の製作過程は基本的にはこの小林達雄氏のことばに集約されると考えられる。

第3節　野生植物の食料化技術

　縄文時代の主生業は植物採集活動・狩猟・漁撈の3者からなりたち、狩猟・漁撈は動物食、植物採集活動は植物食を供給しており、縄文時代の主要食料は堅果類・根茎類から採取したデンプンであったと考えられている。縄文時代の野生植物質食料の研究においては、植物遺体がのこりにくいために、考古資料だけでは限界がある。こうした状況を打開するためには考古学的な問題意識をもった民具学的・民俗学的研究が必要で、こうした事例研究がすすんでいる根茎類と堅果類をとりあげるものである。

（1）根茎類の食料化
　根茎類のなかでも生産性と保存性が高いクズとワラビをとりあげるものである。
　最初に、クズの根からデンプンをとりだして食料化する工程について検討をくわえていくことにする。具体的には、石川県羽咋郡押水町宝達・山崎における事例をとりあげるものである。この地域では、クズ根の採取・クズ根の敲砕・クズ粉の抽出・クズ粉の精製・クズ粉の乾燥の5工程が確認されており、各工程の作業手順を記述することにする。

第1工程…クズ根の採取工程（ツルをさがす、根を掘る、掘った根をはこぶ）

第2工程…クズ根の敲砕工程（根をあらう、太い根をきってわる、根をあらわりする、根をあらつぶしする、根をこたたきする）

第3工程…クズ粉の抽出工程（たたきつぶした根をはこぶ、たたいた根をあらう、あらった根をしぼる、しぼった根をまたあらう、あらった根をまたしぼる、アライミズを濾過する、根の繊維やカスをすてる、デンプンを沈澱させる、アクミズをすてる、濾過する、デンプンを沈澱させる、アクミズをすてる、デンプンをおこしてうつす、水をいれる、デンプンをとかす、デンプンを沈澱させる）

第4工程…クズ粉の精製工程（うわ水をすてる、デンプンをおこす、水をいれる、デンプンをとかす、デンプンを沈澱させる、うわ水をすてる、デンプンをおこす、水をいれる、デンプンをとかす、アゲオケにうつす、デンプンを沈澱させる）

第5工程…クズ粉の乾燥工程（うわ水をすてる、デンプンをきってあげる、自然乾燥させる）

　なお第2工程では、ゲンノウであらわりし、カケヤであらつぶしとこたたきをしている。

第2部　縄文時代の植物採集活動の民俗考古学的研究

　他地域のクズ粉生産に関しても、基本的には上記の5工程をとっていることがあきらかになっている。

　つぎに、ワラビの根からデンプンをとりだして食料化する工程について検討をくわえていくことにする。具体的には、岐阜県大野郡朝日村秋神における事例をとりあげる。この地域では、ワラビ根の採取・ワラビ根の敲砕・ワラビ粉の抽出1・ワラビ根のカスの敲砕・ワラビ粉の抽出2・ワラビ粉の精製・ワラビ粉の乾燥の7工程が確認されており、各工程の作業手順を記述することにする。

第1工程…ワラビ根の採取工程（根を掘る、掘った根をはこぶ）

第2工程…ワラビ根の敲砕工程（根をあらう、あらった根をはこぶ、あらった根をくだく）

第3工程…ワラビ粉の抽出工程1（くだいた根を箱にいれる、デンプンをもみだす、ながして濾過する）

第4工程…ワラビカスの敲砕工程（カスをくだく）

第5工程…ワラビ粉の抽出工程2（デンプンをもみだす、ながして濾過する、デンプンを沈澱させる）

第6工程…ワラビ粉の精製工程（うわ水をすてる、おこしてうつす、水をいれてこす）

第7工程…ワラビ粉の乾燥工程（自然乾燥する）

　なお第2・4工程では、水車を利用した杵で根やカスをくだいている。

　第5章でのべたように、他地域のワラビ粉生産に関しても、基本的には上記の7工程をとっていることがあきらかになっている。さらにワラビ粉生産の7工程のうち、根の敲砕工程とカスの敲砕工程を一つに統合することができ、ワラビ粉の抽出工程1と抽出工程2も一つにまとめ、5工程に統合することができる。

　それでクズ粉とワラビ粉の生産工程は基本的におなじであり、作業手順もきわめて類似しているといえる。さらに第8章で記載したように、それらの食料化の工程は時空をこえて基本的にはおなじであることも確認されており、縄文時代まで遡及させることが可能である。

（2）堅果類の食料化

　トチやドングリの堅果類については、筆者自身の研究がないので、ほかの研究者の成果を活用することにする。ここでは渡辺誠氏の研究を中心に、松山利夫氏・近藤日出男氏・辻稜三氏・橘礼吉氏らの先行研究を援用するものである。

　トチのコザワシの加工工程に関しては、2系列に大別されている（渡辺1989）。第1系列は、採集・煮沸・つき砕き・水さらし・水切り・調理・食べる、である。第2系列は、採集・虫殺し・乾燥・保存・ふやかし・皮むき・煮沸・つき砕き・水さらし・水切り調理・食べる、である。

トチモチの加工工程も2系列にわけられているが、その主体の工程は、採集・虫殺し・乾燥・保存・ふやかし・皮むき・水さらし・灰あわせ・確認・むす・つく、である（渡辺1975）。

また渡辺誠氏は、岐阜県大野郡白川村でコザワシ・トチモチの加工工程でつかわれる道具について調査をおこなっており、トチムキ石でたたいて皮をむいていること、その後木槌でつぶすことなどをあきらかにしている（渡辺1980）。

つぎにカシ類の加工工程に関しては、4系列に大別されている（渡辺1975）。そのうちの第1系列は、採集・乾燥・荒割り・乾燥・製粉・保存・水さらし・乾燥・調理・食べる、である。第2系列は、採集・乾燥・荒割り・乾燥・製粉・水さらし・乾燥・保存・調理・食べる、である。第3系列は、採集・水浸し・乾燥・荒割り・製粉・乾燥・保存・水さらし・調理・食べる、である。そして槌・木槌・横槌でたたいて荒割りをしている。

さらにミズナラ類の加工工程に関しては、3系列に大別されている（渡辺1975）。第1系列の主体は、採集・乾燥・荒割り・保存・加熱・製粉・水さらし・しぼる・調理・食べる、である。第3系列は、採集・煮沸・乾燥・保存・荒割り・水さらし・灰汁・加熱・水洗い・乾燥・保存・調理・食べる、である。皮むきと荒割りをかねている。

トチのコザワシの加工工程をめぐっては研究者によって見解の相違（渡辺1989）がみられるものの、堅果類の加工技術という点においては、松山利夫氏（1972・1977・1982）・近藤日出男氏（1984）・辻稜三氏（1987）・橘礼吉氏（1989）の研究成果をみても、基本的には渡辺誠氏がまとめているものとかわりはない。

第4節　考　察

根茎類からデンプンをとりだすにあたって、クズでは根をペタペタになるまでよくたたき、ワラビでは一度くだいた根をもう一度くだきなおし、徹底的につぶしてしまう。根茎類食料化において、クズを「あらわりする、あらつぶしする、こたたきする」といった敲打やワラビを「くだく」といった敲打が、敲打製石製品の製作に使用される敲打と技術的に共通している。

一方、カシ類・ミズナラ類といったドングリの加工工程やトチのコザワシの加工工程において、ドングリの「荒割り」やトチノミの「（たたいて）皮をむく」・「つき砕き」[2]といった敲打が、敲打製石製品の製作に使用される敲打と技術的に共通している。

つまり、縄文時代においては自然環境に適応する形で食料を獲得してきており、自然環境への適応をふかめるにつれ、生活を安定させるために食料獲得の技術も進歩していったと考

えられる。そして堅果類・根茎類といった野生植物を食料化するための技術が時間とともに蓄積されていき、そのなかの敲打という技術が石製品の製作にも応用され、中期前葉から敲打製石製品が出現し、後期から晩期にかけて増加していったものと考えられる。また、後晩期に敲打製石製品の種類や数量が豊富なのは、植物採集活動の発達にともなって自然認識が一段とふかまり、自然に対する畏敬心がつよまることによって、それらが一段と発達していったからであると考えられる（渡辺1983b）。さらには、縄文時代中期～晩期を特色づける敲打製石製品の製作にあたっては、堅果類や根茎類といった野生植物を食料化するための敲打技術が多用されている事実から、縄文後晩期も基本的には採集経済社会であり、その枠ぐみからでるものではないと考えられる。

註
1）草創期の丸ノミ状石斧の製作に敲打が使用されていることから、石器製作における敲打技術は草創期から出現しているといえる（上東・福永1994）。
2）「つき砕き」は下記文献では「つぶす」（渡辺1981a）となっているが、意味はおなじであると解釈される。

第11章
今後の課題と展望

第1節　今後の課題

　根茎類食料化について、今後にのこされた問題点をいくつか指摘しておきたい。
　第一には、植物採集活動に関する考古資料の個別研究を推進することである。
　第8章第4節でもしるしたように民具資料と考古資料を比較研究しようとしたところ、打製石斧のように個別研究がある程度すすんでいる遺物もあるが、従来の個別研究では充足できない遺物があることも明確になってきた。たとえば、深鉢はすでに煮沸具として一般にみとめられているが、円筒形やバケツ形を呈した大型・中型の深鉢には確定している機能とはべつに、デンプンを沈澱させるための機能を考えていく必要があるのかもしれない。また丸木舟についても運搬具・漁撈具としてばかりでなく、容器として機能を考えていく視点も必要であろう。逆にいうならば、第3章から第7章でのべてきたような基礎研究が進展してはじめて、石皿・磨石・敲石・深鉢などの機能・用途に関する個別研究のすすめるべき方向性と視点が明白になったといえる。さらにいえば、前述の基礎研究に立脚した個別研究でなければ、従前の枠ぐみから脱することはできないといえる。
　第二には、考古資料の機能・用途を類推するための民俗例を増加させることである。
　1960年代から1970年代にかけての高度経済成長期からおおよそ30年も経過し、生活様式もおおきく変化し、良好な民俗例はほとんど残存せず、風前の灯かもしれないが、これまで以上に類例の掘りおこしをおこなうことが必要とされている。
　第三には、根茎類の植物遺体の検出例を増加させることである。
　現在これだけ大規模な発掘調査が全国的に展開されていながら、クズやワラビなどの根茎類の植物遺体が検出されていないということは、これまでの発掘調査や水洗選別の方法では根茎類の植物遺体を検出することはほとんど不可能ということである。ただクズの種子は検出される可能性はあるものの、かりに検出されたにせよ、それはあくまでクズが存在したことをしめすだけで、それが食料化されたことをしめすものではない。根茎類の植物遺体を検出できる可能性は少ないものの、出土例を増加させる努力だけはおこたらないようにしなけ

ればならないであろう。

　第四には、自然科学的な分析方法によって、根茎類のデンプンを検出することである。

　現在の段階で検出するための具体的な方法を提示できるわけでないが、将来的に、石皿の目につまった粉やクッキー状炭化物などの成分分析がおこなわれ、クズやワラビのデンプンが確認されることを期待するものである。

　第五には、縄文時代の植物採集活動の類型と段階をあらたに設定しなおすことである。

　今後、上記にのべたような課題を究明し、いま以上に植物採集活動の研究を深化させ、その一方で栽培植物や農耕の実態を究明することにより、1975年に『縄文時代の植物食』で渡辺誠氏が設定した植物採集活動の類型と段階を、あらたにかきなおすことができるようになると考えている。

第2節　その後の進展と展望

　2002年11月に本書の初版を刊行して以降、縄文時代の植物食に関する研究動向については別にまとめており（山本2007）、ここでは根茎類食料化に関する研究の進捗状況や自然科学的な分析による成果についてしるし、今後の展望をのべておきたい。

　遺跡から出土した炭化球根類については、長沢宏昌氏の研究のあとをうけて中沢道彦氏が研究を進展させている（中沢2006）。長沢氏の集成をもとに、あらたに出土した例や以前に出土していながら遺漏のあった類例を日高広戸氏とともに集成している。そして北は群馬県から南は鹿児島県におよぶ30遺跡の出土例をもとに、土器をもちいてユリ科ネギ属を加熱する利用法が前期後半に活発化したとし、この背景には堅果類をはじめとする植物質食料を粉化する調理法の発達があるとしている。また、九州の早期前半の炉穴から出土する炭化球根類に着目し、「葉茎から束にして煙道に垂らし、球根を煙で加熱し、『エグミ』を除去して」食する調理法を推測している。

　球根類の煮炊き実験に関しては、すでに長沢宏昌氏が土器に付着した炭化球根類を解釈するために、ノビルの煮炊き実験をおこなっている（長沢1998）。復元した土器をもちいて三通りの様態で煮炊きをおこない、第一はノビルと水をそのまま煮炊きする、第二は片栗粉のデンプンをくわえる、第三は油をまぜる、という条件下で実験をしている。その結果から、土器に密集して付着する「オコゲ」や「塊状」の炭化球根類はなんらかのデンプンがまぜこまれて煮炊きされたものである可能性を推測している。近年、西田泰民氏らが残留デンプン分析との関連から動植物質食料の煮炊き実験をおこなっている（西田2006）。ノビルでは土器表面にタール状の付着物が生じ、底に球根が焦げつく状態になったと観察結果をしるして

いる。

　自然科学的分析で大きく進展したのは、石皿・敲石・磨石に残留したデンプンの分析と縄文土器に付着した炭化物の炭素・窒素安定同位体分析であろう。

　遺物の残留デンプン分析については、佐原眞氏が欧米の先行研究に注目し、付着したデンプンがおちるので出土した遺物をあらってはいけないという趣旨のことをのべており（佐原2000）、松井章氏も着目している（松井2005）。この研究に早くから着眼し、現在の時点で実際に成果をあげているのは、西田泰民氏やピーター・マシウス氏、渋谷綾子氏らの研究グループである（マシウス・西田2006、渋谷ほか2006）。この分析方法は遺物に残留しているデンプンと現生標本を比較して同定し、デンプンを含有していた植物を推定するというものである。これまでの植物遺体の研究や野生植物食料化の民俗考古学的研究では論究できなかった部分を補完し、デンプンが抽出された植物を特定できるようになることが期待されている。しかしながら、デンプンの年代を付着していた遺物の年代と同じであると考えるものの、堆積土に由来するデンプンが遺物に付着したことも想定でき、デンプンそのものの年代を厳密に決定できないという問題点やデンプンが熱をうけて変形した場合には同定が困難になるという問題点ものこされている。もっとも、残留デンプン分析は研究の緒についたばかりで、こうした課題は今後改善されていくことであろう。

　土器付着炭化物の炭素同位体比、窒素同位体比、炭素・窒素比の測定については、近年、坂本稔氏や吉田邦夫氏が研究をすすめており、注目をあつめている。坂本稔氏は食べ物のオコゲである土器の内面に付着した炭化物の炭素・窒素比、炭素同位対比、窒素同位体比から、その炭化物が由来する食材に植物と陸上動物を確認し、さらに海洋動物の影響も確認している（坂本ほか2004）。吉田邦夫氏は煮炊き実験によってえられた復元土器内面の炭化物について炭素・窒素含有率、安定同位体比を測定し、動植物が炭化するときにしめす安定同位体比の変動結果を報告している（吉田2006）。もっとも、同位体分析による食性復元だけで解決がはかられるわけではないが、ドングリ類、トチ、コメなどのC3植物とアワ、ヒエなどのC4植物の区別がつくだけでもその意味は大きい。この分析方法も植物採集活動に関する課題のいくつかを解決するための情報をあたえてくれるであろう。

　ところで、デール・クロース氏（米国ワシントン州ピュージェットサウンド・コミュニティー・カレッジ）のご教示によれば、北米北西海岸の先史時代においてはドングリ類やサケとともにワパト（wapato）が重要な食料であったという。ワパトは北米で産出するオモダカ科オモダカ属の植物で、クワイににた球茎が食用とされる。近年、カナダのブリティシュ・コロンビア州でワパトの加工場跡が発見され、米国オレゴン州サンケン・ビレッジ遺跡でも植物遺体が検出されているという。縄文時代の根茎類食料化の観点からも今後の研究の進展が注目される。

さらに、従来の植物採集活動の研究では堅果類や根茎類からデンプンを抽出するところまではすすんできているが、とりだされたデンプンがどのように調理されたのか、その調理方法についてはまったくといってよいほど考究されてきていない。わずかに小林正史氏がヨセミテ・インディアンのデンプンの調理方法を紹介している程度であり、今後は民族事例を活用しながらデンプンの食べ方や調理方法を解明していかなければならないであろう。

最後に、縄文時代の植物採集活動の研究は考古学だけでなく、植物学、民俗学、年代測定学などの学問分野も緊密かつ複雑に関連しており、文理融合研究や学際的共同研究がかかせなくなってきている。また、縄文時代と類似する生業形態の先史時代遺跡における国際的な共同研究も重要になってきている（菅野・松井ほか2008）。それだけに人文科学の研究能力ばかりでなく、自然科学の研究方法や成果を理解してみずから実践する能力や国際感覚ももとめられるといえよう。

　　　　　　　　あ と が き

　自然環境に適応し、人間がどのようにいき、どのように生活してきたのかということに子どものころから関心があり、小学校4・5年生のころからNHKで放送されていた『新日本紀行』をかかさずみていた記憶がある。高校生のときには、自然環境に適応して人間がいきてきたありさまをもっともよく反映しているのは民家だから、大学では文学部の地理学へすすんで、生活様式を中心に民家を勉強しようと考えていた。筆者が学生だった1970年代後半、文学部では地理学の講座は史学科におかれ、たいがいの大学では地理学と考古学の研究室がとなり同士になっていた。大学に入学するときに、となりあった地理学研究室と考古学研究室の入口をちょっとまちがえてしまい、それ以来あっという間に26年あまりもの年月がすぎてしまった感が強い。

　本書は1990年代後半の5年間に発表した論考が基礎になっており、いずれも加筆・修正をくわえている。論考の初出はつぎのとおりである。

第1部　生態考古学の方法と研究史
　　　　「縄文時代文化研究の100年　方法論　生態考古学」
　　　　　　『縄文時代』第10号、31-37頁、1999年。
第2部　縄文時代の植物採集活動の民俗考古学的研究
　序論　植物採集活動の研究の方法と目的
　　　　「縄文時代文化研究の100年　生業研究　総論　3　植物採集活動」
　　　　　　『縄文時代』第10号、266-271頁、1999年。
　本論　根茎類食料化に関する民俗調査と事例研究
　　　　「縄文時代におけるクズ食糧化の基礎的研究」
　　　　　　『石川考古学研究会々誌』第38号、1-28頁、1995年。
　　　　「縄文時代における野生根茎類食糧化の基礎的研究」
　　　　　　『名古屋大学文学部研究論集』122（史学41）、83-130頁、1995年。
　　　　「野生根茎類食糧化に関する事例研究」
　　　　　　『名古屋大学文学部研究論集』125（史学42）、43-99頁、1996年。
　　　　「野生地下茎食糧化に関する事例研究」
　　　　　　『名古屋大学文学部研究論集』128（史学43）、19-42頁、1997年。
　結論　根茎類食料化の民俗考古学的研究
　　第1章「縄文時代における野生根茎類食糧化の民俗考古学的研究」

　　　　　『石川考古学研究会々誌』第39号、1-20頁、1996年。
　第2章「縄文時代における野生地下茎食糧化の地域性と季節性」
　　　　　『名古屋大学文学部研究論集』131（史学44）、31-46頁、1998年。
　第3章「縄文時代における敲打製石製品出現の技術的背景」
　　　　　『楢崎彰一先生古希記念論文集』、535-542頁、1998年。
　もとより、本書は筆者一人の力でできたものではけっしてなく、諸先生方のご指導や学兄諸氏の協力によるところがきわめて大きい。最後にお世話になった方々への謝辞をのべておきたい。

　まず、広島大学文学部在学中に、考古学の基礎をご指導いただいた潮見浩先生、川越哲志先生、河瀬正利先生、古瀬清秀先生に衷心より感謝する次第です。また、名古屋大学大学院文学研究科在学中よりご指導いただき、本書のような研究の基礎をご指導いただいた渡辺誠先生に深謝の意を表する次第です。

　つぎに、このような研究をすすめるにあたりましては、辻敬一郎先生、三鬼清一郎先生、森正夫先生をはじめとして、高橋公明先生からは時宜をえたご助言をいただくとともに、精神的支援をたまわりました。また、長沢宏昌学兄や前川要学兄、伊藤伸幸学兄、村上恭通学兄からは、日頃から適切なご助言をたまわっております。真心より謝意を表する次第です。

　さらには、石川県金沢市に在住していたときには、石川考古学研究会の故高堀勝喜先生、故浜岡賢太郎先生、故櫻井甚一先生からは研究環境をととえていただいたり、叱咤激励していただいたりと公私ともどもお世話になりました。本書をご霊前にささげる次第です。

　末筆ながら、資料の調査やその提供にあたりましては、下記の方々や諸機関にはいろいろと便宜をはかっていただき、たいへんお世話になりました。お名前を明記して心より感謝する次第です（敬称略）。

青柳信克、浅利峯治、新井幸恵、入江幾三、上杉政吉、大家弥一郎、尾中建三、掛谷信一、金田清治、金田　実、川上栄幸、久保竹雄、黒川重太郎、小橋弥一、小橋みち、小林　繁、小林康男、小山　司、斉藤儀一、斎藤實郎、坂本育男、高木九助、田村重治、田村梅乃、田中　彰、津川兵衛、堂込秀人、永江秀雄、平田天秋、前川さおり、松木敏典、丸山恒夫、三明慶輝、水野梨恵子、南　久和、宮崎敬士、宮本　剛、山本光幸、吉留一幸。
旭川市博物館、塩尻市立平出遺跡考古博物館、高根村役場農林課、田野畑村民俗資料館、遠野市立博物館、西木村教育委員会、福井県立博物館、福井県立若狭歴史民俗資料館、若狭鯖街道文化資料館、輪島市立民俗資料館。

　本書の出版に際しましては、溪水社の木村逸司氏にはさまざまな面でお世話になりました。同氏に対して深謝の意を表します。

引 用 文 献

【あ】

秋道智彌・市川光雄・大塚柳太郎、1995、「生態人類学の領域と展望」『生態人類学を学ぶ人のために』、3-16頁、世界思想社：京都。

麻生正信、1991、「丸木舟について」『多古町南借当遺跡』千葉県文化財センター調査報告第195集、145-151頁、四街道。

麻生　優、1960、「第一貝塚の調査」『蜆塚遺跡　その第三次発掘調査』、104-145頁、浜松市教育委員会：浜松。

網谷克彦、1996、「鳥浜貝塚出土の木製品の形態分類」『鳥浜貝塚研究』1、1-22頁、福井県立若狭歴史民俗資料館：小浜。

網野善彦、1982、『東と西の語る日本の歴史』、そしえて：東京。

網野善彦、1986、「日本論の視座」『日本民俗文化大系』第1巻、45-108頁、小学館：東京。

網野善彦、1990、「日本社会論の視点」『日本論の視座』、21-108頁、小学館：東京。

天羽利夫、1966、「御物石器の研究」『考古学雑誌』第52巻第1号、43-56頁、日本考古学会：東京。

安斎正人、1994、『理論考古学』、柏書房：東京。

青森県立郷土館、1984、『青森県立郷土館　総合案内』、青森。

朝日新聞社、2000、「下太田貝塚」『古代史発掘総まくり2000』、44-45頁、東京。

朝日新聞社金沢支局、1986、『常次郎氏の春夏秋冬』、東京。

【い】

飯沼次郎、1978、『広益国産考』日本農書全集第14巻、農山漁村文化協会：東京。

市川健夫、1980、『雪国文化誌』、日本放送出版協会：東京。

市川健夫、1981、「日本におけるブナ帯文化の構図」『地理』第26巻第4号、11-19頁、古今書院：東京。

市川健夫・斎藤　功、1985、『再考　日本の森林文化』、日本放送出版協会：東京。

市川健夫・山本正三・斎藤　功編、1984、『日本のブナ帯文化』、朝倉書院：東京。

井上　肇・田中和之他、1990、『さいたまの海』特別展展示図録、埼玉県立博物館：大宮。

猪狩みち子、1991、「いわき地方における鹿角製斧状製品の編年的考察」『いわき市教育文化事業団研究紀要』2、1-19頁、いわき。

猪狩みち子・大竹憲治他、1988、『薄磯貝塚』いわき市埋蔵文化財調査報告第19冊、いわき。

伊野良夫、1980、「人里の植物たち－クズ－」『植物の生活誌』、78-87頁、平凡社：東京。

岩波書店編集部、1955、『忘れられた島』、岩波書店：東京。

【う】

上東克彦・福永裕暁、1994、「鹿児島県加世田市村原（栫ノ原）遺跡」『日本考古学年報』45、613-616頁、日本考古学協会：東京。

上町利一、1939a、「朝日村秋神のわらび粉」『ひだびと』第7年第1号、29-32頁、飛騨考古土俗学会：高山。

上町利一、1939b、「朝日村秋神のわらび粉」『ひだびと』第7年第2号、90-92頁、飛騨考古土俗学会：高山。

上山春平編、1969、『照葉樹林文化』、中央公論社：東京。

上山春平・佐々木高明・中尾佐助、1976、『続・照葉樹林文化』、中央公論社：東京。

内田祐一、1996、「アイヌ民族におけるオオウバユリ鱗茎の保存処理工程の地方差について」『帯広百年記念館紀要』第14号、37-58頁、帯広。

梅棹忠夫、1957、「文明の生態史観序説」『中央公論』2月号（第72巻第2号）、32-49頁、中央公論社：東京。

梅棹忠夫、1967、『文明の生態史観』中公叢書、中央公論社：東京。

梅棹忠夫、1974、『文明の生態史観』中公文庫、中央公論社：東京。

梅棹忠夫、1976、「環境（environment）」『生態学入門』、35-37頁、講談社：東京。

引用文献

梅棹忠夫、1981、「生態系から文明系へ」『文明学の構築のために』、3-15頁、中央公論社：東京。
梅棹忠夫、1984、「近代日本における日本文明」『近代日本の文明学』、7-58頁、中央公論社：東京。
梅棹忠夫編、2001、『文明の生態史観はいま』、中央公論新社：東京。
梅棹忠夫・川勝平太、1998a、「日本よ，縦に飛べ！」『文藝春秋』8月号、262-276頁、文藝春秋社：東京。
梅棹忠夫・川勝平太、1998b、「『文明の生態史観』の歴史的・今日的意義」『季刊民族学』86、92-110頁、千里文化財団：吹田。
梅棹忠夫・吉良竜夫、1976、「生態学（ecology）」『生態学入門』、31-34頁、講談社：東京。
梅棹忠夫・小山修三・岡田康博、1996、「日本文明は三内丸山から始まる」『縄文鼎談』、15-28頁、山川出版社：東京。
梅沢太久夫、1987、「縄文時代前期における一つの画期」『埼玉の考古学』、99-110頁、柳田敏司先生還暦記念論文集刊行委員会：大宮。
梅原 猛・渡辺 誠、1989、『縄文の神秘』人間の美術1、学習研究社：東京。

【え】

江坂輝彌、1944、「武蔵野台地の中期縄文式文化期涌泉集落に就いて」『人類学雑誌』第59巻第1号、6-8頁、日本人類学会：東京。
江坂輝弥、1959、「縄文文化の時代における植物栽培起源の問題に対する一考察」『考古学雑誌』第44巻第3号、10-16頁、日本考古学会：東京。
江坂輝弥、1965、「青竜刀形石器考」『史学』第38巻第1号、75-102頁、三田史学会：東京。
江坂輝弥、1967、『日本文化の起源』、講談社：東京。
江坂輝弥、1977、「縄文の栽培植物と利用植物」『季刊どるめん』第13号、15-31頁、JICC出版局：東京。

【お】

大島襄二、2001、「『陸の論理』と『海の論理』」『文明の生態史観はいま』、120-136頁、中央公論新社：東京。
岡崎 敬、1971、「日本考古学の方法」『古代の日本』第9巻、30-53頁、角川書店：東京。
岡田康博、1995a、「円筒土器文化の巨大集落」『季刊考古学』第50号、25-30頁、雄山閣出版：東京。
岡田康博、1995b、「青森県三内丸山遺跡」『縄文時代における自然の社会化』季刊考古学別冊6、10-29頁、雄山閣出版：東京。
岡田康博・伊藤由美子、1995、「円筒土器文化の植物利用」『考古学ジャーナル』389、20-24頁、ニューサイエンス社：東京。
岡村道雄、2001、「縄文時代の最新情報」『発掘された日本列島　2001　新発見考古速報』、67-74頁、朝日新聞社：東京。
岡村道雄、2002、「縄文時代の最新情報」『発掘された日本列島　2002　新発見考古速報』、69-83頁、朝日新聞社：東京。
荻中美枝、1985、「アイヌの食糧採取」『日本民俗文化大系』13、59-61頁、小学館：東京。
小薬一夫・小島正裕、1986、「『分銅形』打製石斧の系譜（覚書）」『東京考古』第4号、109-121頁、東京考古談話会：東京。

【か】

粕渕宏昭他、1994、『製油録　甘蔗大成　製葛録　唐方渡俵物諸色大略絵図（松前）』日本農書全集第50巻、233-296頁、農山漁村文化協会：東京。
金子浩昌・忍沢成視、1986a、『骨角器の研究』縄文篇Ⅰ、184～186・192～194頁、慶友社：東京。
金子浩昌・忍沢成視、1986b『骨角器の研究』縄文篇Ⅱ、慶友社：東京。
鎌木義昌、1965、「縄文文化の概観」『日本の考古学』Ⅲ、1-28頁、河出書房新社：東京。
神村 透、1977、「ワラビ粉にも注意を」『季刊どるめん』第13号、62-63頁、JICC出版局：東京。
萱野 茂、1987、『アイヌの民具』、200～201頁、すずさわ書店：東京。
川勝平太、1997、『文明の海洋史観』、中央公論社：東京。
菅野智則・山本直人・宮尾 亨・岩崎厚志・松井 章、2008、「アメリカ　オレゴン州サンケン・ビレッジ遺跡」『考古学研究』第54巻第4号、120-123頁、考古学研究会：岡山。

【き】

北村四郎・村田　源・堀　勝、1957、『原色日本植物図鑑　草本編Ⅰ』、保育社：大阪。
北村四郎・村田　源、1961、『原色日本植物図鑑　草本編Ⅱ』、保育社：大阪。
北村四郎・村田　源、1964、『原色日本植物図鑑　草本編Ⅲ』、保育社：大阪。
木下　忠、1975、「民俗学」『考古学ゼミナール』、328-331頁、山川出版社：東京。
木村　滋編、1996、「耕耘」『季刊民族学』76、62-65頁、千里文化財団：吹田。
吉良竜夫、1976、「サクセッションとクライマックス」『生態学入門』、51-54頁、講談社：東京。
岐阜県教育委員会編、1989、『岐阜県の諸職』、岐阜。

【く】

栗田勝弘、1993、「九州地方における野性堅果類、根茎類利用の考古・民俗学的研究」『大分県立宇佐風土記の丘歴史民俗資料館研究紀要』、1-49頁、宇佐。

【け】

毛塚万理、1994、「古文書からみた中世の桶・樽」『日本および諸外国における桶・樽の歴史的総合研究』、55-81頁、生活史研究所：東京。

【こ】

甲元眞之、1993、「考古学と民族誌」『新版古代の日本』第10巻、169-182頁、角川書店：東京。
小島俊彰、1976、「加越能飛における縄文中期の石棒」『金沢美術工芸大学学報』20、35-56頁、金沢。
小島弘義・浜口哲一、1977、「上ノ入遺跡　炭化球根」『季刊どるめん』第13号、90-95頁、JICC出版局：東京。
後藤信祐、1986、「縄文後晩期の刀剣形石製品の研究（上）」『考古学研究』第33巻第3号、31-60頁、考古学研究会：岡山。
後藤信祐、1987、「縄文後晩期の刀剣形石製品の研究（下）」『考古学研究』第33巻第4号、28-48頁、考古学研究会：岡山。
小林達雄、1977、「縄文世界の社会と文化」『日本原始美術体系』1、156-159頁、講談社：東京。
小林達雄、1988『古代史復元』3（縄文人の道具）、講談社：東京。
小林達雄、1996『縄文人の世界』、175頁、朝日新聞社：東京。
小山修三・松山利夫・秋道智弥・藤野淑子・杉田繁治、1981、「『斐太後風土記』による食糧資源の計量的研究」『国立民族学博物館研究報告』6巻3号、363-596頁、吹田。
近藤日出男、1984、「南四国地方のトチノミの食習俗」『土佐民俗会誌』43、22-31頁、土佐民俗学会：高知。
近藤日出男、1988、「南四国のヒガンバナ球根加工事例について」『大豊史談』19、73-85頁、大豊史談会：高知。

【さ】

斎藤晃吉、1974、「宝達葛」『押水町史』、531-541頁、押水町役場：石川県押水町。
酒井一男、1969、「くず」『江川』福岡県甘木市江川地区民俗資料緊急調査報告書、46-53頁、甘木市教育委員会：甘木。
酒詰仲男、1957、「日本原始農業試論」『考古学雑誌』第42巻第2号、1-12頁、東京。
酒詰仲男、1961、『日本縄文石器時代食料総説』、土曜会：京都。
坂本育男、1993、「晒し葛」『福井県の諸職』、71-75・169・170頁、福井県教育委員会：福井。
坂本　稔・小林謙一・舛田奈緒子・今村峯雄、2004、「炭素14年代法に用いる土器付着炭化物の同定の試み」『日本文化財科学会第21回大会研究発表要旨集』、2-3頁、京都。
阪本平一郎、1963、「吉野葛製法史考」『歴史研究』第8号、17-31頁、大阪府立大学歴史研究会：堺。
佐久間惇一、1985、「三面のヤマノイモ」『日本民俗文化大系』13、66頁、小学館：東京。
佐々木高明、1971、『稲作以前』、日本放送出版協会：東京。
佐々木高明、1982、『照葉樹林文化の道』、日本放送出版協会：東京。
佐々木高明、1986、『縄文文化と日本人』、小学館：東京。
佐々木高明、1991、『日本史誕生』日本の歴史1、集英社：東京。
佐々木高明、1993、『日本文化の基層を探る』、日本放送出版協会：東京。
佐藤洋一郎、1999、『DNA考古学』、東洋書店：東京。

引用文献

佐藤洋一郎・小山修三・岡田康博、1996、「栽培する縄文人」、『縄文鼎談』、129-146頁、山川出版社：東京。
佐原　眞、2000、「宝さがしからの脱却」『NEWTONアーキオ』12、160-167頁、ニュートンプレス出版：東京。

【し】

塩野半十郎、1970、『多摩を掘る』、武蔵書房。
潮見　浩、1977、「縄文時代の食用植物」『考古論集』、121-144頁、松崎寿和先生退官記念事業会：広島。
鹿谷　勲、1985、「吉野葛」『技術と民俗（上巻）』日本民俗文化大系第13巻、65頁、小学館：東京。
篠田省一、1960、「葛澱粉に関する研究」『農業及園芸』35-6、92頁。
渋谷綾子・ピーター・マシウス・鈴木忠司、2006、「旧石器時代石器資料の残留デンプン分析調査報告」『新潟県立歴史博物館研究紀要』第7号、17-24頁、長岡。
市立函館図書館、1968、『市立函館図書館蔵郷土資料分類目録』第3分冊、561頁、函館。

【す】

杉山是清、1989a、「ワラビの地下茎採取活動（1）」『民具マンスリー』第22巻7号、1-12頁、神奈川大学日本常民文化研究所：横浜。
杉山是清、1989b、「ワラビの地下茎採取活動（2）」『民具マンスリー』第22巻8号、11-22頁、神奈川大学日本常民文化研究所：横浜。
杉山是清、1989c、「ワラビの地下茎採取活動（3）」『民具マンスリー』第22巻9号、6-18頁、神奈川大学日本常民文化研究所：横浜。
杉山是清、1995、「『明治前期産業発達資料』にみる蕨粉生産地」『民具マンスリー』第27巻10号、7-19頁、神奈川大学日本常民文化研究所：横浜。
鈴木公雄、1988、『考古学入門』、東京大学出版会：東京。
鈴木三男・吉川純子・菅野宗武、2000、「ナラガシワ（ブナ科）の時空分布変遷の解析　1．縄文の出土資料と現在の分布（予報）」『日本植生史学会　第15回大会講演要旨集』、13-14頁、滋賀県立琵琶湖博物館：草津。

【た】

高橋光子・佐藤洋一郎他、1998、「富山・桜町遺跡出土クリ遺体のDNA解析」『日本文化財科学会　第15回大会研究発表要旨集』、58-59頁、日本文化財科学会第15回大会実行委員会：千葉。
高橋光子・佐藤洋一郎他、1999、「縄文時代におけるクリの栽培化に関する研究」『日本文化財科学会　第16回大会研究発表要旨集』、96-97頁、日本文化財科学会第16回大会実行委員会：奈良。
高橋龍三郎、1992、「四万十川流域におけるヒガンバナ・木の実の食習」『民俗文化』4、125-209頁、近畿大学民俗学研究所。
高堀勝喜、1964、「金沢市近郊八日市新保並びに御経塚遺跡の調査」『石川県押野村史』、615-670頁。
高堀勝喜・吉岡康暢、1968、「石川県石川郡鶴来町白山上野住居址群第1・2次調査概報」『石川考古学研究会々誌』第11号、21-39頁、金沢。
田川基二、1959、『原色日本羊歯植物図鑑』、保育社：大阪。
田口和博、1986、『葛記念館の本』、広八堂：甘木。
田口　尚・鈴木　信他、1996、『三沢川流域の遺跡群XVIII』北海道埋蔵文化財センター調査報告書第102集、札幌。
橘　礼吉、1989、「白山麓の焼畑地域における堅果類の食物利用」『石川県立歴史博物館紀要』2、1-26頁。
大正町誌編纂委員会、1970、「萱芝山の山焼きと分割配当」『大正町誌』、322-328頁、高知県大正町。
高根村史編集委員会、1984、「わらび粉生産」『高根村史』、1392-1394頁、岐阜県高根村。

【ち】

筑紫　豊、1974、『日本の民俗　福岡』、第一法規出版：東京。
知里真志保、1976、『分類アイヌ語辞典　植物編・動物編』知里真志保著作集別巻1、平凡社：東京。

【つ】

津川兵衛・トーマス＝サセック・藤井　聡、1988、「澱粉食品工業の原点　葛粉－その歴史、製造、性質、

利用」『食品工業』第31巻第12号、18-50頁、光琳：東京。
津川兵衛・トーマス=サセック、1991、「葛粉製造の復興で町おこし」『食品工業』第34巻第7号、68-76頁、光琳：東京。
辻　秀子、1983、「可食植物の概観」『縄文文化の研究』第2巻、18-41頁、雄山閣出版：東京。
辻　稜三、1987、「近畿地方における堅果類の加工に関する研究」『季刊人類学』18-4、60-106頁、京都大学人類学研究会：京都。
辻　稜三、1988、「四国山地におけるヒガンバナのアク抜き技術」『古代文化』第40巻第11号、32-36頁、古代学協会：京都。
辻森由美子、1983、「石製品」『野々市町御経塚遺跡』、274-286頁、野々市町教育委員会：石川県野々市町。

【と】
富樫泰時、1983、「青竜刀形石器」『縄文文化の研究』第9巻、197-205頁、雄山閣出版：東京。
戸原和人、2000、「松ヶ崎（まつがさき）遺跡」『発掘された日本列島　2000　新発見考古速報』、20頁、朝日新聞社：東京。
戸原和人・堀井泰樹他、1998、「松ヶ崎遺跡第5次発掘調査概要」『京都府遺跡調査概報』第82冊、1-24頁、（財）京都府埋蔵文化財調査研究センター：向日。
富田禮彦編、1930a、『大日本地誌体系　斐太後風土記』上、雄山閣：東京。
富田禮彦編、1930b、『大日本地誌体系　斐太後風土記』下、雄山閣：東京。

【な】
直良信夫、1965、『古代人の生活と環境』、校倉書房：東京。
直良信夫・江坂輝彌、1941、「亀ヶ岡泥炭層遺跡出土遺物に就いて」『古代文化』第12巻第3号、18-27頁、東京。
中池敏之、1982、『新日本植物誌シダ篇』、187頁、至文堂：東京。
中尾佐助、1966、『栽培植物と農耕の起源』、岩波書店：東京。
中尾佐助、1967、「農業起原論」『自然－生態学的研究－』、329-494頁、中央公論社：東京。
中尾佐助、1988、「先農耕段階とその類型」『畑作文化の誕生』、325-344頁、日本放送出版協会：東京。
長倉三朗、1965、「岐阜県北部（飛騨）のくりぬき用具とわらび粉の製造工程」『物質文化』6、43-50頁、物質文化研究会：東京。
中越穂太郎、1968、「蕨粉」『梼原町史』、222-223頁、梼原町史編纂委員会：高知県梼原町。
中沢道彦、2006、「縄文時代遺跡出土炭化球根類に関する覚書（1）」『佐久考古通信』97、9-15頁、佐久考古学会：小諸。
長沢宏昌、1994、「時代別・食文化を探る　縄文時代」『山梨考古』第49号、12-22頁、山梨考古学協会：山梨県石和町。
長沢宏昌、1997「炭化種子に着目した調査事例」『山梨県考古学協会誌』9、37-42頁、山梨県考古学協会：山梨県石和町。
長沢宏昌、1998、「縄文時代遺跡出土の球根類とそのオコゲ」『列島の考古学』、427-445頁、渡辺誠先生還暦記念論集刊行会：いわき。
中島栄一、1983、「石冠・土冠」『縄文文化の研究』9、149-169頁、雄山閣出版：東京。
長田　実、1958、「第三貝塚地域の発掘調査」『蜆塚遺跡　その第二次発掘調査』、114-155頁、浜松市教育委員会：浜松。
名久井芳枝他、1991、『若者たちと民具』、一芦舎：岩手県滝沢村。

【に】
西田正規、1984、「定住革命」『季刊人類学』第15巻第1号、3-35頁、京都大学人類学研究会：京都。
西田正規、1986、『定住革命』、新曜社：東京。
西田正規、1989、『縄文の生態史観』、東京大学出版会：東京。
西田正規・佐原　真、1998、「移住と定住の社会」『歴博』87、18-23頁、国立歴史民俗博物館：佐倉。
西田泰民、2006、「炭化物の生成実験」『新潟県立歴史博物館研究紀要』第7号、25-50頁、長岡。

引用文献

【ぬ】

沼田　真、1979、『生態学方法論』、古今書院：東京。
沼田　真、1980、「人里の植物たち－ススキ－」『植物の生活誌』、68-77頁、平凡社：東京。

【の】

能城修一・鈴木三男・網谷克彦、1996、「鳥浜貝塚から出土した木製品の樹種」『鳥浜貝塚研究』1、23-50頁、福井県立若狭歴史民俗資料館：小浜。
野村　崇、1983、「石剣・石刀」『縄文文化の研究』9、181-196頁、雄山閣出版：東京。
野本寛一、1987、「焼畑文化の形成」『山人の生業』日本の古代第10巻、119-178頁、中央公論社：東京。
野本寛一、1991「第2巻　山の民俗誌－解説」『日本民俗文化資料集成』第2巻、501-513頁、三一書房：東京。

【は】

橋口尚武、1978、「伊豆諸島の救荒食」『季刊ドルメン』19、92-100頁、JICC出版局：東京。
橋口尚武、1983、「調理」『縄文文化の研究』2、63-76頁、雄山閣出版：東京。
橋口尚武、1997、「シュウデ・天南星・海亀・カツオドリ」『季刊ヴェスタ』29、70-76頁、味の素食の文化センター：東京。
橋目　哲・山本隆慶、1987、「温泉津町湯里に伝わる特産『西田葛』」『ゆざと』、7-19頁、島根県大田農業改良普及所・湯里地区むらづくり推進協議会：島根県温泉津町。
畠中清隆、1983、「鳥浜貝塚出土の丸木舟」『鳥浜貝塚』3、82-87頁、福井県立若狭歴史民俗資料館：小浜。
畠山　剛、1989、『縄文人の末裔たち』、東京：彩流社。
畠山三郎太、1968、「鹿角製土掘具」『考古学ジャーナル』17、11-13頁、ニューサイエンス社：東京。
林　直樹、1992、「柱状節理利用の石棒製作址」『季刊考古学』41、85-86頁、雄山閣出版：東京。
林　宏、1980、『吉野の民俗』、文化出版局：東京。
林　弥栄・古里和夫・中村恒雄、1985、『原色樹木大図鑑』、北隆館：東京。

【ひ】

東　和幸、2001、「地下茎植物採掘痕と考えられる掘り込み」『貝塚』57、1-9頁、物質文化研究会：東京。
平林春樹、1987、「ワラビ」『日本のシダ植物図鑑』第5巻、352-387頁、東京大学出版会：東京。
廣松　渉、1986、『生態史観と唯物史観』、ユニテ：名古屋。
廣松　渉、1991、『生態史観と唯物史観』、講談社：東京。

【ふ】

福山俊彦、1995、「恩賀遺跡（西野牧小山平遺跡）」『石棒の謎をさぐる』飛騨みやがわシンポジウム資料、31-35頁、岐阜県宮川村。
藤　則雄、1987、『考古花粉学』、雄山閣出版：東京。
藤本　強、1982、「総論」『縄文文化の研究』6、3-7頁、雄山閣出版：東京。
藤本　強、1988、『もう二つの日本文化』、東京大学出版会：東京。
藤森栄一、1970、『縄文農耕』、学生社：東京。
福井県立若狭歴史民俗資料館、1985、『特別展　いま甦生る丸木舟』、小浜。
文化庁、1988、『日本民俗地図』9、国土地理協会：東京。

【ほ】

細川　修、1979、「南安曇郡奈川村のワラビ粉習俗」『信濃』第31巻第1号、63-72頁、信濃史学会：松本。

【ま】

マシウス, P. J.・西田泰民、2006、「残留デンプン分析の先行研究と目的」『新潟県立歴史博物館研究紀要』第7号、1-6頁、長岡。
前田保夫、1980、『縄文の海と森』、蒼樹書房：東京。
牧野富太郎、1982、『原色牧野植物大図鑑』、北隆館：東京。
牧野富太郎、1989、『改訂増補牧野新日本植物図鑑』、北隆館：東京。
松井　章、1991、「家畜と牧－馬の生産」『古墳時代の研究』4、105-119頁、雄山閣出版：東京。

松井　章、1995、「生業と環境」『展望　考古学』、286-296頁、考古学研究会：岡山。
松井　章、2005、『環境考古学への招待』、岩波書店：東京。
松岡數充・三好教夫、1998、「最終氷期最盛期以降の照葉樹林の変遷」『図説日本列島植生史』、224-236頁、朝倉書店：東京。
松下まり子、1992、「日本列島太平洋岸における完新世の照葉樹林発達史」『第四紀研究』31-5、375-387頁、日本第四紀学会：東京。
松谷暁子、1989、「水呑場北遺跡出土土器付着球根状炭化物の識別について」『花鳥山遺跡水呑場北遺跡』山梨県埋蔵文化財センター調査報告書第45集、143-145頁、山梨県教育委員会。
松谷暁子、1991「獅子之前遺跡出土植物遺残について」『獅子之前遺跡発掘調査報告書』山梨県埋蔵文化財センター調査報告第61集、102～103頁、山梨県教育委員会。
松谷暁子、1992、「米泉遺跡出土土器付着物の走査型電子顕微鏡による観察」『石川県立埋蔵文化財センター年報』第12号、143-152頁、金沢。
松谷暁子、1994、「津島岡大遺跡（第5次調査）出土土器内面付着炭化物について」『津島岡大遺跡』4、243-248頁、岡山大学埋蔵文化財調査研究センター：岡山。
松谷暁子、1996a、「中溝遺跡から出土した炭化植物について」『中溝遺跡　揚久保遺跡』山梨県埋蔵文化財センター調査報告書第115集、49-53頁、山梨県教育委員会。
松谷暁子、1996b、「中谷遺跡出土炭化種子について」『中谷遺跡』山梨県埋蔵文化財センター調査報告書第116集、177-179頁、山梨県教育委員会。
松山利夫、1972、「トチノミとドングリ」『季刊人類学』第3巻第2号、69-98頁、京大人類学研究会：京都。
松山利夫、1975、「野生食用植物の加工方法に関する事例研究－白山麓の場合」『石川県白山自然保護センター研究報告』第2集、103-114頁、石川県吉野谷村。
松山利夫、1977「野生堅果類、とくにトチノミとドングリ類のアク抜き技術とその分布」『国立民族学博物館研究報告』2巻3号、498-540頁、吹田。
松山利夫、1982、『木の実』、法政大学出版局：東京。

【み】

三浦純夫、1988、「結桶の出現と普及」『考古学と技術』同志社大学考古学シリーズⅣ、471-481頁、京都。
水田　稔・桐谷　優、1990、「群馬県碓氷郡松井田町恩賀遺跡」『日本考古学年報』41、450-452頁、日本考古学協会：東京。
南木睦彦・宮路淳子・松井　章、1998、「松ヶ崎遺跡出土の動植物遺存体」『京都府遺跡調査概報』第82冊、20-22頁、（財）京都府埋蔵文化財調査研究センター：向日。
宮本常一、1979、『民具学の提唱』、未来社：東京。
三方町立郷土資料館、1990、「ユリ遺跡夏浦地区」『古代のロマン　三方のあけほの展』、4-9頁、福井県三方町。
宮川村教育委員会、1995、『石棒の謎をさぐる』飛騨みやがわシンポジウム資料、岐阜県宮川村。

【む】

村井一郎、1991、「くず粉つくり」『石川県の諸職』、石川県教育委員会：金沢。
村田文夫、1970、「関東地方における縄文前期後半期の生産活動について」『古代文化』第22巻第4号、75-88頁、古代学協会：京都。

【も】

森川昌和・網谷克彦他、1984、『鳥浜貝塚』4、福井県立若狭歴史民俗資料館：小浜。

【や】

安田喜憲、1980、『環境考古学事始』、日本放送出版協会：東京。
安田喜憲、1987、『世界史のなかの縄文文化』、雄山閣出版：東京。
安田喜憲、1997、『縄文文明の環境』、吉川弘文館：東京。
安田喜憲、1998、『増補改訂版　世界史のなかの縄文文化』、雄山閣出版：東京。
安田喜憲・三好教夫編、1998、『図説日本列島植生史』、朝倉書店：東京。
矢野　久編、1962、「内野葛」『筑穂町史』、506-507頁、福岡県筑穂町。
山内清男、1964、「日本先史時代概説・縄式文化」『日本原始美術・縄文式土器』、140-144頁、講談社：東京。

引用文献

山越　茂・上野修一他、1981、『篠山貝塚発掘調査報告書』、栃木県教育委員会：宇都宮。
山田昌久・工藤利幸他、1982、『御所ダム建設関連遺跡発掘調査報告書』岩手県埋蔵文化財センター文化財調査報告書第32集、岩手県都南村。
山田昌久・森川昌和、1979、「木製品」『鳥浜貝塚』、85-142頁、福井県教育委員会。
山本暉久、1977a、「石棒祭祀の変遷（上）」『古代文化』第31巻第11号、1-41頁、古代学協会：京都。
山本暉久、1977b、「石棒祭祀の変遷（下）」『古代文化』第31巻第12号、1-24頁、古代学協会：京都。
山本直人、1983、「石皿」『野々市町御経塚遺跡』、240-243頁、野々市町教育委員会：石川県野々市町。
山本直人、1985、「石川県における打製石斧について」『石川考古学研究会々誌』第28号、35～56頁、金沢。
山本直人、2007、「縄文時代の植物食利用技術」『なりわい　食料生産の技術』縄文時代の考古学5、17-30頁、同成社：東京。
山森伸正、1990、「富山県小矢部市桜町遺跡」『日本考古学年報』41、475-480頁、日本考古学協会：東京。

【ゆ】
湯尻修平・高堀勝喜他、1976、『野々市町御経塚遺跡調査（第8次）概報』、石川県教育委員会：金沢。

【よ】
横田洋三、1992、「縄文時代の丸木舟」『考古学ジャーナル』343、5-9頁、ニューサイエンス社：東京。
横山浩一、1985、「総論」『岩波講座　日本考古学』1、1-15頁、岩波書店：東京。
吉田邦夫、2006、「煮炊きして出来た炭化物の同位体分析」『新潟県立歴史博物館研究紀要』第7号、51-58頁、長岡。

【わ】
渡辺　誠、1968、「日本列島における土器出現の背景をめぐって」『古代文化』第20巻第8・9号、171-177頁、古代学協会：京都。
渡辺　誠、1969、「縄文時代の植物質食料採集活動について（予察）」『古代学』15-4、266-276頁、古代学協会：京都。
渡辺　誠、1971、「兵庫県城崎郡香住町の縄文時代遺物」『古代文化』第23巻第4号、88-90・92頁、古代学協会：京都。
渡辺　誠、1972、「縄文時代における植物質食料採集活動の研究」『古代文化』第24巻第5・6号、139-170頁、古代学協会：京都。
渡辺　誠、1973a、『縄文時代の漁業』、雄山閣出版：東京。
渡辺　誠、1973b、「食生活の変遷」『縄文土器と貝塚』古代史発掘2、136-139頁、講談社：東京。
渡辺　誠、1974a、「縄文人の自然環境に対する適応の諸相」『第四紀研究』第13巻第3号、160-167頁、日本第四紀学会：東京。
渡辺　誠、1974b、「ドングリのアク抜き－野生堅果類利用技術伝承に関する事例研究1－」『平安博物館研究紀要』第5輯、29-79頁、古代学協会：京都。
渡辺　誠、1974c、「食料資源」『考古学ジャーナル』100、31-34頁、ニューサイエンス社：東京。
渡辺　誠、1975、『縄文時代の植物食』、雄山閣出版：東京。
渡辺　誠編、1975、『京都府舞鶴市桑飼下遺跡発掘調査報告書』、舞鶴市教育委員会：舞鶴：平安博物館：京都。
渡辺　誠、1978a、「低地の縄文遺跡」『古代文化』第30巻第2号、37-43頁、古代学協会：京都。
渡辺　誠、1978b、「縄文人の生活誌4・トチのコザワシ」『えとのす』第9号、146-150頁、新日本教育図書：下関。
渡辺　誠、1980、「飛騨白川村のトチムキ石」『藤井祐介君追悼記念　考古学論叢』、347-370頁、藤井祐介君を偲ぶ会：吹田。
渡辺　誠、1981a、「トチのコザワシ」『物質文化』36、27-41頁、物質文化研究会：東京。
渡辺　誠、1981b、「縄文時代におけるブナ帯文化」『地理』第26巻第4号、39-46頁、古今書院：東京。
渡辺　誠、1982a、「縄文人の食生活」『季刊考古学』創刊号、14-17頁、雄山閣出版：東京。
渡辺　誠、1982b、「採集対象植物の地域性」『季刊考古学』創刊号、28-31頁、雄山閣出版：東京。
渡辺　誠、1983a、「トチの実食用化の上限について」『角田文衛博士古稀記念古代学叢論』、25-40頁、京都。
渡辺　誠、1983b、『縄文時代の知識』、東京美術：東京。
渡辺　誠、1984、「照葉樹林文化論と縄文文化研究」『民族学研究』49-3、281-283頁、日本民族学会：保谷。
渡辺　誠、1985、「西北九州の縄文時代漁撈文化」『列島の文化史』2、45-96頁、日本エディタースクール

　　　　出版部：東京。
渡辺　誠、1986a、「韓国におけるドングリ食」『名古屋大学文学部研究論集』95（史学32）、111-129頁。
渡辺　誠、1986b、『火と石と土の語る文化』『週刊朝日百科　日本の歴史』36、朝日新聞社。
渡辺　誠、1987a、「日韓におけるドングリ食と縄文土器の起源」『名古屋大学文学部研究論集』98（史学33）、
　　　　97-111頁、名古屋。
渡辺　誠、1987b、「縄文時代の植物食料－ドングリ類－」『考古学ジャーナル』279、24-27頁、ニューサイ
　　　　エンス社：東京。
渡辺　誠、1989、「トチのコザワシ」『名古屋大学文学部研究論集』104（史学35）、53-77頁、名古屋。
渡辺　誠、1990a、「低湿地遺跡調査の新展開」『考古学ジャーナル』317、2-3頁、ニューサイエンス社：東京。
渡辺　誠、1990b、「岩手県下におけるドングリ類のアク抜き」『名古屋大学古川総合資料館報告』第6号、
　　　　171-174頁、名古屋。
渡辺　誠、1992、「縄文時代集落研究の新展開」『名古屋大学加速器質量分析計業績報告書』Ⅲ、3-6頁、名
　　　　古屋大学年代測定資料研究センター：名古屋。
渡辺　誠、1995a、「縄文宗教と食料問題」『季刊考古学』第50号、14-17頁、雄山閣出版：東京。
渡辺　誠、1995b、「日韓におけるドングリ食と縄文土器の起源」『日韓交流の民族考古学』、1-40頁、名古屋
　　　　大学出版会：名古屋。
渡辺　誠、1996a、『よみがえる縄文人』、学習研究社：東京。
渡辺　誠、1996b、「水場研究の問題点」『考古学ジャーナル』405、2-5頁、ニューサイエンス社：東京。

索　引

【あ】
青田遺跡　207
アク　121
旭川市博物館　177、181
朝日村秋神　158-159
朝日村胡桃島　129
阿仁町　163
阿仁町比立内　157
甘木市秋月　103、106、112
甘木市江川　114
網野善彦　27
天羽利夫　229
新井小学校裏遺跡　29、31
荒川川床第1地点遺跡　29
安斎正人　3

【い】
石狩紅葉山四九号遺跡　202、220
石切小原遺跡　226
石皿　203
市川健夫　9
伊藤常次郎　181
今西錦司　3、12
岩船郡朝日村　175

【う】
上ノ入遺跡　29、31
上野原遺跡　22
上町利一　158
上山春平　7、17
内田祐一　181
ウバユリ　35、185
梅棹忠夫　3-5、11-12
梅原　猛　11

【え】
江坂輝弥　32

【お】
大宇陀町上新　91、93、111
オオウバユリ　35、177、186
大蔵永常　28、108、181
大崎町永吉　106
大島襄二　11
岡崎　敬　7、17
荻中美枝　181
御経塚遺跡　198、204-205、226

桶　209
忍沢成視　221
押水町宝達　58、63、66、108、231
押水町山崎　42、51、108、231
オニユリ　35
恩賀遺跡　227
オントゥレパカム　177

【か】
鉤形木鍬　221
カケヤ　206
カタクリ　34、185
花鳥山遺跡　29
金子浩昌　221
鎌木義昌　27
上北田遺跡　29
上中町熊川　72、80-81、110
神村　透　21
亀ヶ岡遺跡　29、31
カラスウリ　33、181
川勝平太　11-12

【き】
キカラスウリ　30、33、182
キツネノカミソリ　29、31、34
杵　206
木下　忠　28
球根類　32、37
ギョウジャニンニク　30、181
御物石器　229
吉良竜夫　3、17

【く】
クズ　17、33、39、191、211-212
クズ粉　39、118-121、196
熊川くず　72
久保和士　12
栗田勝弘　22
クログワイ　29、31
鍬　199
桑飼下遺跡　7、15-16

【け】
堅果類　37、232

【こ】
広益国産考　28、121、164、181

索引

考古生態学　9
敲打　227
敲打技術　225
敲打製石製品　225
高地葛　67
甲元眞之　28
コオニユリ　35
後藤信祐　228
小林　繁　158
小林達雄　225
小松市小原　174、185
根茎類　32、37、231
近藤日出男　181、184、232-233

【さ】
酒井一男　108
酒詰仲男　16、19、21、32
桜町遺跡　21、202、220、222
佐々木高明　8-9、11、32
佐藤洋一郎　21
残存調査　19、26、191
三内丸山遺跡　11、21、30、202、220

【し】
塩尻市立平出遺跡考古博物館　173
潮見　浩　21
塩屋金清神社遺跡　228
獅子之前遺跡　29-30
蜆塚遺跡　221
自然環境　27
自然湧水点　207、209
苅内遺跡　207
シッタップ　181
下太田貝塚　202、220
下田遺跡　29
釈迦堂遺跡群　29-30
条件調査　19、26、191
清水　207
縄文海進　27、212
照葉樹林　27、212
照葉樹林文化　7-9、16-17
植物遺体　29
植物採集活動　13、15、17-19、23
植物質食料採集活動　18
植物食　18
白峰村　185

【す】
鋤　199
杉山是清　123、129、158
鈴木公雄　28
鈴木三男　21
珠洲市馬緤町　167-168、174

【せ】
製葛録　28、108、115-117、121
生態学　3-4、8
生態学的方法論　3、7
生態学的歴史観　4、5、9
生態学方法論　8
生態考古学　1、3、12
生態史観　3-5、10-12
生態人類学　10
青竜刀形石器　230
石刀　228
石棒　227
石冠　229
石剣　228

【た】
台石　166、203、205
高根村中洞　134、160
高根村日和田　134-135、160
高橋龍三郎　22、188
打製石斧　199、221
橘　礼吉　232-233
田野畑村民俗資料館　151
炭化球根　22、29-30
段階的仮説　25、211

【ち】
地下茎　32、37
地下水　209

【つ】
辻　秀子　21
辻　稜三　181、184、232-233
津島岡大遺跡　30
槌　206

【て】
テンナンショウ　17、35、186

【と】
刀剣形石製品　228
トゥレプタウライニ　177
遠野市　162
遠野市立博物館　152
冨樫泰時　230
トコロ　34、183
独鈷石　229
鳥浜貝塚　7、29、207、210、220、222

【な】
直良信夫　32
中尾佐助　7、16-17、21、32
長倉三郎　158

長沢宏昌　22、29-30、219
中島栄一　229
中谷遺跡　30
中溝遺跡　30
奈川村　161
奈川村黒川渡　149
奈川村歴史民俗資料館　149
七尾市小川内　67、71
ナラ林文化　9

【に】
西木村　163
西木村上桧木内　156
西田くず　99
西田正規　10、32

【ぬ】
沼田　真　3、8

【の】
ノビル　29、31、34

【は】
羽咋市福水町　168-169、174
橋口尚武　21、181、223
橋目　哲　108
八王子市　174
八丈島　186
羽根尾貝塚　202、220
判ノ木山西遺跡　30

【ひ】
東　和幸　22
ヒガンバナ　17、34、184
飛騨民俗村飛騨の里　139
美々8遺跡　220
ヒメドコロ　34
廣松　渉　9

【ふ】
深鉢　209
深鉢形土器　209
福井県立博物館　89
福井県立若狭歴史民俗資料館　83
藤本　強　27
藤森栄一　19、32
ブナ帯文化　8-9
ブナ林　9
フネ　210
文化　5-6
文化的連続性　27
文明　5-6、12
文明の海洋史観　11

文明の生態史観　3-5、7、11

【ほ】
宝達葛　42
細川　修　158

【ま】
松井　章　3
松岡數充　212
松ヶ崎遺跡　31
松下まり子　212
松谷暁子　22、30、219
松山利夫　181、187、232-233
丸木舟　210

【み】
三島村黒島　114
水　207
水呑場北遺跡　29
峰一合遺跡　30
宮下遺跡　29
宮本常一　28
三好教夫　212
民具学　25-26、28
民俗学　19-20、25-26
民俗考古学的研究　13、22
民俗考古学的方法　25
民俗モデル　25-26、191、196、213

【も】
木製掘り棒　202、219

【や】
安田喜憲　10、12
野生堅果類　37
野生根茎類　37
ヤマノイモ　31、33、167
山内清男　16
山本隆慶　108
ヤマユリ　35

【ゆ】
結桶　209
唯物史観　4-5、9、12
涌泉　209
湯里公民館　99
温泉津町西田　96、98、112、113
ユリ遺跡　210
ユリ科ネギ属　30

【よ】
ヨコヅチ　206
横山浩一　28

索 引

吉野葛　91
米泉遺跡　29-30

【ら】
落葉広葉樹　27、212

【ろ】
鹿角製掘具　221

【わ】
若狭鯖街道文化資料館　81-82
輪島市立民俗資料館　173
渡辺　誠　8-12、16-22、27-29、32、221-222、229
ワラビ　17、35、123、191、211-212
ワラビ粉　123、164-166、197

著者略歴

山本　直人（やまもと　なおと）

1957年　石川県生まれ
1980年　広島大学文学部史学科卒業
1982年　名古屋大学大学院文学研究科博士課程前期修了
　　　　石川県立埋蔵文化財センター主事をへて
1990年　名古屋大学文学部講師
現　在　名古屋大学大学院文学研究科教授　博士（文学）

縄文時代の植物採集活動
― 野生根茎類食料化の民俗考古学的研究 ―
増訂版

2002年11月15日　初版発行
2008年 6月15日　増訂版発行

著　者　山本　直人
発行所　株式会社 溪水社
　　　　広島市中区小町 1-4　（〒730-0041）
　　　　電　話　(082) 246-7909
　　　　Ｆ Ａ Ｘ　(082) 246-7876
　　　　E-mail: info@keisui.co.jp

ISBN978-4-86327-025-1　C3021